Colección Filosofía y Teoría Políticas
dirigida por Fabián Ludueña Romandini

La pregunta por el sentido de la política,
su alcance, su tradición y sus posibilidades
ha sido fundamental en las más diversas culturas.
La presente colección busca interrogarse sobre
el fenómeno de lo político atendiendo a
la pluralidad de perspectivas históricas y escuelas
teóricas. En igual medida, la política se encuentra
en asiduo contacto con otros saberes y prácticas
de cuya variedad también se querrá dar cuenta.
En la línea del legado de Hannah Arendt,
se trata de que los libros vayan tejiendo la trama
de investigaciones que, al mismo tiempo,
permita pensar en un nuevo mundo público común
frente a los desafíos crecientes de la política global
en el presente siglo.

Magoja, Eduardo Esteban
Aristóteles, el juez y la equidad - 1a ed . - Ciudad Autónoma de Buenos Aires / Barcelona :
Miño y Dávila editores, 2023.
170 p. ; 23 x 15 cm.

ISBN 978-84-19830-51-7

THEMA: QDTS [Filosofía social y política]

BISAC: PHI019000 [Philosophy / Political]

Edición: Primera. Febrero de 2024

ISBN: 978-84-19830-51-7
E-ISBN: 978-84-19830-52-4
Depósito legal: M-3796-2024

© 2024, Miño y Dávila srl / Miño y Dávila editores sl

Diseño: Gerardo Miño
Armado y composición: Eduardo Rosende

Página web: www.minoydavila.com

Mail producción: produccion@minoydavila.com
Mail administración: info@minoydavila.com

Dirección: Miño y Dávila s.r.l.
Tacuarí 540. Tel. (+54 11) 4331-1565
(C1071AAL), Buenos Aires, Argentina.

Eduardo Esteban Magoja

Aristóteles,
el juez
y la equidad

MIÑO y DÁVILA
◆ E D I T O R E S ◆

ÍNDICE

PRÓLOGO

Cuando el juez *aplica* la ley: algunas palabras preliminares

Pocos autores de la antigüedad han sido objeto de tantos análisis, de diversa índole, como Aristóteles. El filósofo ha motivado, mediante los escritos que se le atribuyen a él o a su escuela de pensamiento, infinitas interpretaciones postuladas desde una multiplicidad de miradas. A ello ha contribuido, desde ya, la panoplia de temas que abarca el *corpus aristotelicum*: desde sus tratados físicos hasta sus obras sobre retórica o poética, pasando por sus obras éticas y médicas, el Estagirita se ha convertido en un punto de referencia ineludible para comprender los orígenes de muchas de nuestras disciplinas. Elaborar lecturas consistentes de textos tan complejos presupone un enorme desafío que solo puede ser reducido a través de un conocimiento cabal de las diversas ideas que se plasman en diferentes instancias de su producción intelectual.

En esta monografía, Eduardo Magoja se ocupa con precisión y cuidado de examinar los modos complejos en que Aristóteles piensa la labor judicial. Con minuciosidad filológica, curiosidad filosófica e interés jurídico (respondiendo a su doble formación en derecho y filosofía), el autor consigue invitar al lector a una revisión de los principales conceptos aristotélicos en materia de administración de justicia, focalizando la atención en la figura del juez y en la importancia que reviste la "equidad" en el correcto desempeño de esa función.

En este sentido, es sabido que la *epieíkeia* –término que podría asimilarse al concepto romano de la *aequitas*– parecería configurar una noción clave a la hora de comprender el rol que le corresponde al juez en la Atenas clásica, en tanto se trata de un instituto que presupone un complemento de la legislación y que permitiría un accionar judicial creativo y discrecional. En estas páginas, sin embargo, Magoja regresa a las fuentes y explica hasta qué punto en Aristóteles se procura limitar esa actuación "libre" del juez; de acuerdo con esta línea de pensamiento iusfilosófico, la labor de quienes han de decidir un asunto de derecho debe alinearse con la voluntad del legislador (*nomothétes*).

El camino que sigue Magoja para demostrar su hipótesis es coherente, en la medida que en sus reflexiones se aúnan las reflexiones aristotélicas que proceden de diversos textos, incluyendo la *Ética Nicomaquea*, la *Retórica*, la *Política* y diversos tratados físicos y metafísicos, para comprender la idea de equidad en el contexto mayor de la propia conceptualización de la *pólis* como espacio político-social.

Así, partiendo de las bases esenciales de la teoría política que enarbola el *corpus*, se concluye en el primer capítulo que todo orden jurisdiccional requiere consolidar el buen vivir cívico a través de la idea de la comunidad armónica de ciudadanos. El segundo capítulo, especialmente centrado en el valor de la *epieíkeia*, se propone indagar en las dudas que el filósofo deja entrever a la hora de pensar la libertad de acción del juez en ese contexto de promoción de la felicidad inherente a la buena convivencia colectiva. De hecho, la corrección de la norma jurídica en los casos particulares –nos dice Magoja– ocurre en situaciones excepcionales, pues no corresponde allí apartarse de los lineamientos que las reglas universales instalan para la preservación de la unidad política. Esto se despliega, de modo todavía más preciso, en el último capítulo, en el que se detallan las formas de la equidad y los modos en que operan de manera concreta en el trabajo que debe llevar a cabo quien desempeña un rol en la toma de decisiones de un tribunal. Con ello se deja en claro que Aristóteles imagina una figura judicial fuertemente condicionada por límites de su actuación, en tanto y en cuanto la interpretación de las fuentes jurídicas requiere recuperar el accionar legislativo y ser fiel a los principios allí establecidos. Si toda exégesis –salvo en casos extraordinarios– supone continuar la senda de quienes fundaron la ley, entonces la justicia en cada caso concreto debe ser escudriñada con detenimiento para evitar manifestaciones prácticas del derecho que se aparten del sentido racional originario.

La mirada de Magoja aporta fuertes argumentos para leer en el planteo jurídico de Aristóteles una impronta conservadora, si tenemos en cuenta que, para él, la labor judicial necesita quedar supeditada a la lealtad con relación al acto de *nomothesía* y al respeto del imperio de la ley fijada. Leídos los pasajes en su conjunto, entonces, sería factible acompañar la conclusión de que el juez *epieikés* sería, en la visión de Aristóteles, aquel que ejercita la equidad para garantizar el mantenimiento y la estabilidad de la ley, respetando los valores que la informan y las virtudes que de ella emanan.

Además de sugerir la necesidad de una revisión de muchos de nuestros presupuestos sobre el derecho griego antiguo, el texto que aquí se prologa también lleva a una serie de interrogantes que interpelan nuestras creencias contemporáneas acerca del papel de los operadores judiciales. En particular, este libro nos orienta hacia la recuperación de una reflexión comprometida en torno del activismo judicial del que tanto se habla en la actualidad. ¿Qué margen de acción tienen los magistrados? ¿En qué medida el juez "co-crea" la norma al aplicarla siguiendo de cerca sus experiencias afectivas y su percepción de los asuntos particulares? ¿Cuál es el límite de la discrecionalidad en la administración de justicia? Se trata de algunas de las preguntas clave que han venido acompañando los debates de la filosofía del derecho desde sus inicios, en tanto interrogan nuestros presupuestos éticos con relación tanto a la independencia de los jueces como a los límites de la experiencia legislativa.

La interpretación de Aristóteles que el lector encontrará en estas páginas recupera esos debates históricos para aportar evidencias acerca de los peligros de una justicia distorsionada que, sobre la base de la generalización de acciones excepcionales, pueda terminar privilegiando miradas individuales por sobre el respeto del interés común que persigue la *pólis*. Desde este lugar, leer estas páginas implica comprender mejor el posicionamiento aristotélico y, al mismo tiempo, identificar los retos actuales que enfrentan las alusiones a la "equidad" en distintos contextos de "aplicación" del derecho. Toda analogía que este volumen permite vislumbrar con nuestras inquietudes actuales referidas al funcionamiento de los aparatos de justicia contribuye al debate, y es aquí quizás que radica una de las mayores aportaciones que rescato de este estudio imprescindible acerca de la justicia aristotélica. Quien lea este libro advertirá enseguida que lo que Magoja le pregunta sabiamente aquí a los testimonios del filósofo de Estagira es precisamente lo que todos quienes nos ocupamos del derecho debemos cuestionarnos cada vez que un juez aplica la ley (o dice aplicarla) en una controversia determinada que llega a sus manos. Volver a la *epieíkeia* aristotélica e identificar los peligros de no comprender el tenor de su naturaleza, en definitiva, crean la ocasión de seguir pensando, con nuevos bríos, aspectos claves y tradicionales de la filosofía del derecho. Y ello es un motivo adicional, sin duda alguna, para felicitar con creces al autor de este libro.

Emiliano J. Buis
UBA-CONICET

[...] et cum ceterae virtutes quasi tacitae sint et intus inclu-
sae, solam esse iustitiam quae nec sibi tantum conciliata sit
nec occulta, sed foras tota promineat et ad bene faciendum
prona sit, ut quam plurimis prosit.

[...] y mientras las demás virtudes permanecen prácticamente
calladas y encerradas en sí mismas, solamente la justicia,
sin estar tan volcada sobre sí misma ni permanecer oculta,
emerge por entero hacia fuera y es propicia a hacer el bien
para beneficiar a todos cuantos pueda.
Aristóteles, fr. 3 (Gigon).

ACLARACIONES PRELIMINARES

L os textos griegos de las obras de Aristóteles y de los demás autores de la Antigüedad citados pertenecen a las ediciones señaladas en la sección correspondiente de la bibliografía. Dado que en este estudio se pone un especial énfasis en la lectura de las obras en su lengua original, hemos optado por incluir, junto con la traducción al castellano, conceptos o expresiones en el idioma original griego siempre que sea pertinente. Todas las traducciones de autores antiguos y modernos, salvo indicación contraria, nos pertenecen. Vale destacar que, tanto para las traducciones como para la interpretación de los textos aristotélicos, se han consultado ediciones comentadas, comentarios y traducciones a diferentes lenguas modernas, los cuales también se consignan en la bibliografía. Sobre todo, en el caso de *Ética Nicomaquea* se ha recurrido a las observaciones de Gauthier & Jolif (2002); para *Retórica*, a las de Grimaldi (1980); y con relación a *Política*, a las de la monumental obra de Newman (1887-1902), cuya consulta sigue siendo sin duda imprescindible.

Las referencias bibliográficas han sido colocadas, por lo general, en el cuerpo del texto principal siguiendo el esquema: apellido de autor, año de la edición utilizada y número de página. En los casos en que se repiten los apellidos, hemos consignado la letra inicial del nombre de los autores para evitar ambigüedades. Asimismo, cuando ha sido importante destacar el año de la primera edición, se lo ha colocado entre corchetes y después del año de la edición utilizada. La cita completa de la obra se encuentra en la bibliografía final por orden alfabético y, eventualmente, por año dentro de la producción de un mismo autor; y las ediciones, comentarios y traducciones de los autores antiguos se incorporan en el listado bibliográfico, bajo el apartado correspondiente, organizados por apellido del editor, comentador y/o traductor.

Usamos transliteraciones en los casos de expresiones o conceptos griegos que no son transcripciones directas de las obras. Estas se han llevado a cabo siguiendo un criterio de tipo fonético, indicando el espíritu áspero con la letra "h" y el sonido gutural aspirado, identificado en griego con el grafema "χ", como "kh". Asimismo, "φ" ha sido transcripta como "ph", "υ" como "y" y el diptongo "ου" se ha mantenido como "ou". No se ha hecho ninguna distinción con respecto a la cantidad vocálica, por lo que las letras "ε" y "η" han sido transliteradas como "e", y "o" y "ω" como "o". Se acentúa la transliteración con los tres tipos de acento griego: el acento agudo ('), el grave (`) y el circunflejo (^), en todos los casos ubicados en la vocal o el sonido vocálico del diptongo correspondiente, siguiendo el emplazamiento de los acentos de las palabras originales. Con el fin de mantener cierta uniformidad, en las citas de autores modernos se han adaptado las transliteraciones según los criterios mencionados. Por último, en relación con la transcripción de los nombres propios griegos al castellano, se ha decidido seguir las formas propuestas por Fernández Galiano (1969).

Abreviaturas de Aristóteles y sus obras

• Arist.	Aristóteles
– Ath.	Constitución de los Atenienses
–DA	De Anima
–EE	Ética Eudemia
– EN	Ética Nicomaquea
– GA	Generación de los Animales
–Metaph.	Metafísica
–MM	Magna Moralia
–PA	Partes de los animales
–Ph.	Física
– Pol.	Política
– Rh.	Retórica
–Top.	Tópicos

Abreviaturas de otros autores clásicos y sus obras

• A.	Esquilo
– Supp.	Suplicantes
• Aeschin.	Esquines
• And.	Andócides
• Antiphon.	Antifonte
• Dem.	Demóstenes
• E.	Eurípides
– Cyc.	Cíclope
– Heracl.	Heraclidas
– Supp.	Suplicantes

• Hdt.	Heródoto
• Is.	Iseo
• Isoc.	Isócrates
• Lycurg.	Licurgo
– *Leoc.*	*Contra Leócrates*
• Lys.	Lisias
• Pl.	Platón
– *Lg.*	*Leyes*
– *R.*	*República*
• Plu.	Plutarco (*Vidas Paralelas*)
– *Per.*	*Pericles*
• S.	Sófocles
– *Aj.*	*Áyax*
– *Ant.*	*Antígona*
• Th.	Tucídides
• X.	Jenofonte
– *Mem.*	*Recuerdos de Sócrates*

INTRODUCCIÓN

El derecho, entendido como un sistema de normas jurídicas, busca establecer y promover la coordinación entre los hombres con el fin de alcanzar la paz social.[1] En efecto, la coordinación humana, como no es fácil que se dé espontáneamente, requiere la presencia de leyes que regulen la vida intersubjetiva y definan los márgenes de actuación ciudadana dentro de la empresa cooperativa estatal. Sin embargo, las leyes por sí mismas no son suficientes para establecer una sociedad no violenta, sino que se necesita, además, de un tercero imparcial que resuelva los conflictos que puedan generarse entre los particulares y que ponga freno a la venganza ilimitada. Así pues, en el derecho, si dejamos a un lado las instituciones propias del poder ejecutivo, hay dos grandes protagonistas: la ley y el juez.

La relación entre ambas instituciones puede presentar algunos inconvenientes. La práctica del derecho exhibe una tensión inmanente que se traduce en las dicotomías normas generales/normas particulares, legislación/jurisdicción, creación de leyes/aplicación de leyes, actividad legislativa/libertad interpretativa del juez. Al interior de la propia administración de justicia, estas dicotomías expresan el problema de la racionalidad de la decisión judicial, consistente en que en la aplicación del derecho vigente se asegure simultáneamente la seguridad jurídica y la corrección normativa.[2] Tal cuestión plantea la pregunta acerca de cómo debe ser la actividad judicial frente a lo dispuesto por el legislador en sus leyes. En líneas generales, se pueden identificar dos grandes posturas antitéticas. Por un lado, algunos

---

1   Así, por ejemplo, Raz (1982: 144 y ss.), Finnis (2000) y Nino (2014: 150-161), entre muchos otros.
2   *Cf.* Habermas (2010: 267-268).

consideran que el juez solo debe limitarse a aplicar la ley al caso de manera automática y abstenerse de realizar una exégesis que vaya más allá de su letra. El ejemplo paradigmático de este modelo queda resumido en la famosa expresión de Montesquieu (1989 [1748]: 163), quien consideraba a los jueces "la boca que pronuncia las palabras de la ley, seres inanimados que no pueden mitigar la fuerza y el rigor de la ley misma". Por otro lado, hay autores que defienden la figura de un juez activo que debe contar con amplios márgenes de libertad interpretativa; incluso, se afirma que este en ocasiones tiene el deber de ir más allá de la norma y entrometerse en competencias de otros poderes del Estado. El ejemplo más claro de esta última posición sería el llamado activismo judicial, concebido en términos amplios como aquella postura a partir de la cual los jueces intervienen y derogan las normas establecidas por el poder legislativo.[3] Una breve ojeada en conjunto a la historia de la filosofía del derecho muestra que, en distintos contextos, se ha defendido una u otra posición –incluso posiciones intermedias– sin que se llegara a un acuerdo definitivo respecto a qué modelo de juez es más apropiado. Es muy probable que semejante divergencia obedezca a la contraposición más básica que revelan las mudanzas históricas de la propia ciencia del derecho, advertida por Kantorowicz (1965), entre dos tendencias: el formalismo y el finalismo.

Nadie niega que la actividad del juez debe ser en algún punto virtuosa, satisfacer las exigencias del Estado de derecho y ejercerse del modo más racional posible. El problema es que esto no es tan sencillo. En efecto, en la práctica judicial, los jueces a veces tienen que lidiar con "casos difíciles", es decir, aquellos en los que es posible una "elección entre alternativas",[4] sea por la textura abierta del lenguaje, la existencia de antinomias o la presencia de lagunas.[5] En estas situaciones, el poder del juez se ve fuertemente incrementado, de manera que, como exigencia básica, debería crear derecho de forma racional y mediante razones que justifiquen su decisión con argumentos válidos, sólidos y persuasivos;[6] nunca de forma arbitraria, como por ejemplo, diría Raz (1972: 847), arrojando una moneda, ni –agregaríamos nosotros– dejándose llevar por las emociones ni en función de intereses personales. Por cierto, tampoco los casos de fácil resolución están exentos de problemas, pues como demostró D. Kennedy (2010: 93), la indeterminación o certeza de la norma no es una cualidad inherente de ella, sino que depende de las necesidades y de aquello que busque el in-

---

3   *Cf.* G. Jones (2001: 143) y Kmiec (2004: 1463).
4   Hart (2009: 160).
5   *Cf.* Etcheverry (2014 y 2015).
6   *Cf.* Atienza (2013: 110-116).

térprete. Su sentencia, además, sería el vehículo a través del cual expresa su ideología, sus intereses políticos y morales: así pues, queramos o no, el juez es un "actor ideológico" (*ideological performer*).[7]

La justicia entregada bajo la guía estricta de las pasiones y sin un criterio de racionalidad que la encauce siempre está en peligro de ser la mayor injusticia. Una decisión jurídica de este tipo es todo lo contrario a lo que se espera en una comunidad bien organizada: parcial, injusta, subjetiva, arbitraria y no igualitaria. El mayor problema es que a escala global, las decisiones jurídicas que no se condicen con la legislación, los principios que estructuran la organización política y los valores sobre los que esta se asienta tienen el potencial de minar la credibilidad del propio Estado. Se trata, para ser más precisos, de una afrenta al Estado de derecho como forma de organización que busca establecer las condiciones para el desarrollo personal y el bienestar general. En efecto, siguiendo la concepción de Fuller (1969: 42-43), las exigencias del Estado de derecho suponen la satisfacción de ciertos *desiderata* que constituyen los "estándares distintivos por los cuales la excelencia en la legalidad puede ser testeada". Estos principios formales de las leyes, que en su conjunto representan "la moralidad interna del derecho", son ocho: a) generalidad; b) publicidad; c) no retroactividad; d) claridad; e) no contradicción; f) posibilidad de cumplimiento; g) estabilidad; y h) congruencia.[8] Así pues, el derecho, concebido como la empresa que sujeta las conductas humanas al gobierno de las reglas,[9] requiere del cumplimiento de los *desiderata* enunciados; de lo contrario, está condenado al fracaso. No hay dudas de que en este proyecto los jueces cumplen un papel esencial, y lo que ellos dictaminen y el modo en que lo hagan impacta de forma directa en la calidad de la institución estatal.

En el dictado de resoluciones que desafían la legalidad, el juez no solo estaría violando un deber jurídico, sino que no se tomaría en serio el valor del derecho como mecanismo tendiente a constituir una sociedad pacífica. Ciertamente, la conformación de una sociedad bien ordenada es una tarea cooperativa en la que los jueces deben velar por la estabilidad del esquema y sus principios más básicos; de ahí que la labor interpretativa deba ser llevada a cabo con seriedad y con vistas a satisfacer las exigencias a las que aspira el Estado de derecho. La práctica judicial se encuentra atravesada por una pretensión de corrección, incluso en los casos de difícil resolución.[10] Toda comunidad política en la que su sistema jurídico

---

7   D. Kennedy (1997: 155-156).

8   *Cf.* Fuller (1969: 46-91).

9   *Cf.* Fuller (1969: 106).

10   *Cf.* Alexy (2010: 297-305).

ofrezca genuinas razones para la acción depende en gran medida de que, además de existir consistencia en el plano legislativo, las decisiones judiciales guarden una relación de concordancia y armonía en dos direcciones. De abajo para arriba, la actuación del juez debe corresponderse en la mayor medida de lo posible con lo fijado por el legislador en las leyes y, en especial, en la Constitución Nacional. En línea horizontal, es decir, entre los órganos encargados de aplicar las leyes entre sí, debe existir una cadena narrativa coherente y previsible. Así, es deseable que los jueces guarden cierto grado de uniformidad y criterios de decisión compartidos; de otro modo, la ausencia de una base interpretativa común tornaría la práctica judicial en una suerte de catedral –tomando prestada una famosa metáfora de Nino (1997: 51)–, cuya construcción se modela simultáneamente desde distintos diseños arquitectónicos y diferentes materiales, sin ningún grado de coherencia entre sí.

La incertidumbre del derecho compromete la convivencia pacífica y armoniosa. Mucho peor es si, como una variante de su manifestación, los tribunales se apartan del sentido de la ley y se inclinan a poner su voluntad en el lugar de aquella establecida por el cuerpo legislativo en las leyes. Esto genera un estado caótico. Lo que se rompería sería, para decirlo mediante un concepto clave del pensamiento político de la Grecia antigua, la *eunomía*: el buen orden legal de la ciudad que resultaba esencial tanto en la conformación de la unidad política como también respecto a su sostenimiento en el tiempo.[11]

Una de las mayores aspiraciones de los Estados es el establecimiento de un ordenamiento jurídico uniforme, en el que sus engranajes se acoplen entre sí mediante un funcionamiento coordinado, y la seguridad jurídica, la garantía básica que expresa la confianza hacia las instituciones, gobierne el desarrollo de la empresa estatal. A tales fines, como venimos enfatizando, sin duda la jurisdicción debe estar en la misma sintonía que la legislación: trabajar al unísono y respetando el principio básico de sujeción a las leyes. Esta es la preocupación central que se aborda en el presente libro, pero en y desde la filosofía político-jurídica de Aristóteles.[12] El

---

11 Así, ver en especial el fr. 7 del llamado "Anónimo de Jámblico".

12 La bibliografía de Aristóteles sobre la filosofía práctica, sumamente abundante y con un notable y extraordinario incremento en la segunda mitad del siglo XX, tras la llamada "rehabilitación de la filosofía práctica" –véase Volpi (1999), entre otros–, hace que sea imposible llevar adelante un trabajo exhaustivo y que, de alguna manera, no omita o no les dé a algunas investigaciones relevantes el reconocimiento que se merecen. Conociendo estas limitaciones, lo que tratamos en esta obra es realizar todos los esfuerzos posibles para introducir una lectura novedosa en el campo de la filosofía del derecho, mediante un análisis de los textos aristotélicos y bajo la guía de algunas de las posturas más importantes dentro de la literatura especializada.

ARISTÓTELES, EL JUEZ Y LA EQUIDAD

Estagirita se ocupó de reflexionar sobre este problema al teorizar acerca del imperio de la ley (*nómos*), pero, en especial, de la equidad o *epieíkeia* (ἐπιείκεια). Esta institución recibe su mayor desarrollo en *Ética Nicomaquea* (V.10) –contenido reproducido en *Ética Eudemia* (IV.10)–, una exposición más reducida en *Retórica* (I.13) y en *Magna Moralia* (II.1), y unas breves referencias en *Política* (1287a25-28) y en *Tópicos* (141a15-18). A grandes rasgos, la teoría de la equidad de Aristóteles sostiene que el *nómos* debe ser soberano en todos los aspectos generales de la vida comunitaria, que los jueces (*dikastaí*) tienen que ocuparse de los casos particulares y que, cuando en esta tarea la ley no regula con corrección el asunto, ellos deben rectificarla mediante un movimiento que concilie la justicia legal (*nomikòn díkaion*) con la justicia absoluta.[13]

La teoría de la equidad de Aristóteles es ese tipo de ideas que atraviesa la historia del pensamiento jurídico y que tiene una indudable incidencia en el quehacer interpretativo judicial. Pero también es esa clase de propuestas que admite diversas interpretaciones, resemantizaciones y apropiaciones, incluso por cosmovisiones enfrentadas. No es por eso extraño que, en lo que respecta a la naturaleza de la *epieíkeia*, se pueden identificar *grosso modo* dos grandes tipos de lecturas. Una parte de la literatura sostiene que se trata de un criterio extranormativo, en el sentido de que el argumento de equidad va más allá del registro de la ley, a un plano externo de la juridicidad que se identifica con un orden metafísico de una justicia o ley naturales. El mayor representante de esta lectura, y en rigor su fundador, es Tomás de Aquino, quien en *Sententia Libri Ethicorum* (V, lect. 16, n. 1081) afirmaba que "lo equitativo es mejor que lo justo legal, pero se contiene bajo lo justo natural" (id quod est epiiches melius iusto legali, sed continetur sub iusto naturali) y encuadraba el pensamiento aristotélico en la dicotomía entre el derecho positivo y el derecho natural, entendiendo este

---

13   En rigor, de acuerdo con el sistema jurídico ático y el procedimiento de las cortes atenienses, todo el protagonismo argumentativo lo tenían las partes; los jueces se limitaban a emitir un voto a favor del actor o del demandado y no argumentaban una interpretación del caso o la ley. Es por eso que, por ejemplo, en el tratamiento de la *epieíkeia* que se ofrece en *Retórica* (I.13), Aristóteles está pensando en actos equitativos llevados adelante por los ciudadanos en conflicto y no tanto en el juez. Incluso, si uno mira los textos de los oradores se justifica esta idea. Así, Carey (1996: 42) señala, tras indagar los discursos forenses, que "cuando se menciona explícitamente la *epieíkeia*, es como una característica de las partes en un pleito más que una cualidad que deben mostrar los miembros del jurado". Si bien ello es cierto, creemos que no impide aplicar sus consideraciones sobre la equidad al actuar propio de ese magistrado, que es como lo entiende parte de la literatura especializada y que nosotros, compartiendo esta tradición, seguimos en el desarrollo del libro.

último con un carácter inmutable y universal.[14] Sin embargo, vale aclarar que no todos los exponentes de este tipo de interpretación se apoyan en la teoría del derecho natural tomista. Hurri (2013: 155), por ejemplo, interpreta el texto aristotélico mediante categorías foucaultianas y aun así llega a la conclusión de que la equidad tiene a disposición el "registro del derecho supralegislativo y la justicia extralegal".

A diferencia de esta lectura, otra parte de los especialistas sostiene que la equidad es un recurso de corte intranormativo, en el sentido de que la corrección de la norma significa un amoldamiento de la justicia legal llevado a cabo desde dentro, sin salirse de sus contornos. El juez se aparta de la letra de la ley, pero no cuestiona en modo alguno su validez; no realiza, pues, una suerte de corrección externa y absoluta.[15] Esta interpretación cuenta con mayores adeptos en la comunidad académica, entre los cuales se destacan Chroust (1942: 126), Vernengo (1974: 1209), Georgiadis (1987: 164), Shiner (1994: 1250) y Brunschwig (1996: 140), entre muchos otros.[16] En el marco de los debates iusfilosóficos actuales, Vega (2013 y 2014a y b) ha enriquecido este enfoque mediante una caracterización de la equidad como un principio de racionalidad interno al derecho, que gobierna el propio desarrollo práctico de las instituciones jurídicas y que permite, al momento de aplicarse las leyes a casos concretos, la realización de los valores político-morales reflejados en la base del orden constitucional.

En materia de límites a la actividad interpretativa del juez, defender una u otra de aquellas dos grandes lecturas tiene consecuencias distintas. En caso de que se trace la oposición entre, por un lado, la legalidad y, por el otro, la justicia, se da lugar a cierto empoderamiento del juez o, por lo menos, se ofrece un instrumental teórico que le permite mayor libertad. Esto sucede con Gardner (2000: 168-170), quien sostiene que la equidad permite a los magistrados abandonar la ley para realizar la justicia. Incluso, llega a afirmar que la equidad es la rebelión de la justicia contra la ley. Beever (2004: 36) se refiere a esta concepción como "la doctrina de la discrecionalidad equitativa", precisamente porque legitima a los jueces a apartarse de la justicia legal y de las normas legales sobre la base de la equidad.

En el caso de que, por el contrario, se entienda la equidad como un instituto intranormativo, el panorama cambia un poco. La actividad del juez se

---

14 En la actualidad, la interpretación tomista de la *epieíkeia* es compartida, a modo de ejemplo, por autores tales como Lamas (1991: 435-438), Massini Correas (1998: 262-266), Rossi (2007, 2008a y b) y Tale (2011), entre otros pensadores del iusnaturalismo clásico.

15 *Cf.* Vega (2013: 197).

16 Asimismo, Zahnd (1996: 280-294), Harris (2013: 28) y Könczöl (2013: 168).

mantiene dentro de contornos más claros y fijos, pues lo ubica dentro de la dimensión institucional de la ley, sin hacer alusión a un campo metajurídico. Esta segunda línea de interpretación es, según creemos, la que mejor se ajusta a la teoría política y jurídica de Aristóteles. Sin embargo, y a pesar de ser más restrictiva, los autores que pertenecen a ella no suelen aclarar de modo expreso qué modelo de magistrado defiende Aristóteles en materia de discrecionalidad y libertad judicial. Incluso, a veces dan a entender que el magistrado puede tener una posición activa e innovadora. Así, por ejemplo, se puede ver una defensa a favor de una mayor discrecionalidad del juez en aquellos autores de la escuela hermenéutica que entienden la equidad como la actividad natural de todo acto de aplicación de la ley y no como un recurso excepcional aplicable a casos muy puntuales y extraordinarios. En este sentido se pronuncia Gadamer (2012 [1975]: 389-390), quien dice que la ley siempre es deficiente, necesita ser corregida y no permite en ningún caso una aplicación simple. También se expresa del mismo modo D'Agostino (1973: 73-75), cuando sostiene que la equidad no es adaptación, sino creación: un recurso del propio desarrollo del derecho que permite establecer una mediación entre norma y realidad. Así, afirma que Aristóteles muy probablemente "no veía el uso de la ἐπιείκεια como un evento excepcional, sino como un aspecto, en sí fisiológico, de la dinámica jurídica".

Este aspecto debe ser precisado, pues llevado a un extremo genera, al menos, dos problemas: en primer lugar, no se ajusta del todo con el lugar privilegiado que le da Aristóteles a la ley en sus obras, en especial en *Ética Nicomaquea* (X.9) y en *Política* (1287a-b); y, en segundo término, no concuerda con la desconfianza que el Estagirita muestra en *Retórica* (1354a31-b16) respecto a la actividad de los jueces.

El propósito central del libro es demostrar que una lectura de la *epieíkeia* realizada a la luz del pensamiento iusfilosófico global de Aristóteles da cuenta de que la libre discrecionalidad y creatividad del juez no es del todo deseable. Incluso, en cierto sentido se puede afirmar que es algo reprochable. Así pues, la tesis que se intenta defender es que el juez que practica la equidad no tiene amplios márgenes de libertad interpretativa y su tarea es solo maximizar el valor de la ley positiva, mantenerla incólume y conservar su validez. Los magistrados no deben innovar o, de hacerlo, tienen que moverse lo menos posible de la ley, sin salirse del derecho vigente y respetando un criterio específico: recuperar el sentido de justicia al que el legislador (*nomothétes*) apunta de manera ideal. Lo que pretende Aristóteles, para decirlo de forma más clara, es que los jueces mantengan una fuerte lealtad al legislador originario, porque ahí está expresada en su forma más pura la razón y es el lugar en donde se definen las condiciones para la realización del fin (*télos*) del régimen político o constitución (*politeía*).

En función del propósito fijado, el libro se estructura en tres capítulos que se caracterizan por ir desde lo más general, pero fundamental, hacia lo más específico. Dicho con otros términos, se parte desde la teoría política aristotélica y, luego de pasar por su teoría de la legislación, se estudia con cierto detalle la equidad y el proceso que lleva a cabo el juez que echa mano de ella. En tal sentido, el capítulo I, que se titula "La *pólis* y el imperio de la ley", está dedicado a presentar de modo general las bases de la teoría política aristotélica y, de un modo un poco más detallado, su pensamiento acerca de la ciencia legislativa, la ley y la justicia natural. Aristóteles tiene una concepción que articula las instituciones jurídico-políticas y establece entre ellas una relación ineludible. Es por eso que, antes de focalizarnos en estudiar su teoría de la equidad, que trata sobre el último eslabón de la cadena de producción normativa (la aplicación de la ley a casos concretos y excepcionales), conviene dar este paso preliminar.

En el capítulo II, "La equidad como justicia más justa", se desarrollan las características de la *epieíkeia*, tanto en su valencia jurídica como también moral. En especial, se explicará de qué manera ella opera como un ejercicio de enderezamiento de la ley realizado desde dentro de la norma que permite bajar la universalidad de la ley a un caso particular. También veremos, a partir de la teoría de la acción y responsabilidad aristotélica, los diversos supuestos en los que podría tener lugar. Este análisis, que nos permitirá delimitar el campo de actuación del recurso, se complementa con un desarrollo de las críticas que formula Aristóteles a la libertad judicial, colocando un especial énfasis en el rol de las emociones y el carácter excepcional del remedio. Así, nos proponemos ofrecer un panorama preciso de la fuerte sospecha que tiene el filósofo respecto a la actuación del juez.

El capítulo III, titulado "El camino de la equidad", se ocupa del proceso que lleva a cabo el juez que practica la equidad. Siendo un poco más precisos, veremos que la actividad del juez *epieikés*, lejos tener amplios márgenes de libertad, se encuentra contenida por parámetros objetivos que fijan un contorno acotado de acción. En esta oportunidad, se colocará un especial énfasis en las capacidades intelectuales que intervienen en la corrección de la ley, los lineamientos especiales y pasos que sigue el magistrado, y los materiales a los que recurre en este proceso. Se mostrará, sobre todo, cómo el hecho de mirar la figura del legislador se vuelve la principal exigencia interpretativa.

Finalmente, luego de realizar este recorrido, que va desde el desarrollo de la estructura de la *pólis* y sus principales instituciones jurídicas hasta llegar a la explicación concreta de la equidad, se retoma la idea central de nuestro trabajo acerca de que para Aristóteles el ejercicio de la equidad en el campo judicial, si bien se opone al formalismo, no abandona en modo alguno la ley ni cuestiona su autoridad y validez. Al contrario, en aquellos casos excepcionales y en los que el *nómos* no regula con suficiencia el caso, la equidad se erige como un dispositivo que permite al juez sujetarse a la razón y los principios normativos que informan la norma dentro de un campo de actuación muy limitado que privilegia por sobre todo la lealtad al legislador. La equidad, de este modo, prosigue con un horizonte claro el trabajo legislativo en el campo particular y concreto de resolución de conflictos, sin saltos ni rupturas, sino homenajeando el imperio de la ley.

CAPÍTULO I

La *pólis* y el imperio de la ley

διὸ οὐκ ἐῶμεν ἄρχειν ἄνθρωπον, ἀλλὰ τὸν νόμον,[17] ὅτι ἑαυτῷ
τοῦτο ποιεῖ καὶ γίνεται τύραννος.

Por lo cual no dejamos que [nos] gobierne un hombre,
sino la ley, porque [aquel] lo hace para sí mismo
y se convierte en tirano.
Aristóteles, EN 1134a35-b1.

La misión de la política, como ciencia arquitectónica que se ocupa del más alto bien realizable en la acción (la felicidad o *eudaimonía*)[18] y que organiza todas las demás artes y ciencias subordinadas, es definir los medios para alcanzar el mejor modelo de *koinonía politiké* y reconocer los obstáculos que a nivel práctico existen para su logro. La rama legislativa es una parte privilegiada de la verdadera actividad política, puesto que se ocupa de la promulgación de leyes y su propósito es el bien humano, la promoción de la excelencia o virtud (*areté*)[19] y el bienestar general de la ciudad.

---

17   A diferencia de la edición base que utilizamos, en lugar de λόγον ("razón") preferimos seguir la variante νόμον ("ley") ofrecida en el códice Marcianus 213.

18   La traducción de *eudaimonía* como "felicidad" es discutible. Sin embargo, no hay problema en su uso en la medida que se aclare que con ella no se hace referencia a una cuestión sentimental transitoria o una actitud subjetiva, sino a un estado que, incluso, es admirable y digno de reconocimiento. Al respecto, ver Rowe & Broadie (2002: 12). Asimismo, en relación con el concepto aristotélico de *eudaimonía*, puede verse la explicación de Broadie (1991: 3-70) y Dybikowski (1995), entre otros. En el pasaje 1101a14-16 de *Ética Nicomaquea*, encontramos la definición trazada en forma de pregunta: "¿Qué nos impide, pues, llamar feliz al que actúa de acuerdo con la virtud perfecta y está suficientemente provisto de bienes externos no por un tiempo cualquiera, sino durante una vida completa?" (τί οὖν κωλύει λέγειν εὐδαίμονα τὸν κατ᾽ ἀρετὴν τελείαν ἐνεργοῦντα καὶ τοῖς ἐκτὸς ἀγαθοῖς ἱκανῶς κεχορηγημένον μὴ τὸν τυχόντα χρόνον ἀλλὰ τέλειον βίον;).

19   El término *areté* se traduce indistintamente algunas veces como "excelencia" y otras, como "virtud". No desconocemos que esta última variante corre el riesgo de contaminar el concepto con una connotación ligada al cristianismo. Sin embargo, preferimos hacer uso de esta opción por dos razones: en primer lugar, porque en ocasiones nos permite evitar repeticiones en la redacción; y, en segundo lugar –lo que es más importante–, porque es de uso frecuente en la comunidad académica. En lo que respecta a los problemas de la traducción de *areté*, ver Poratti (1992: 82),

Entre política y legislación existe un *continuum*, una relación de continuidad práctica que establece sobre el legislador la exigencia de promulgar leyes que sean consistentes con las prioridades del régimen constitucional (*politeía*). Esta continuidad no se agota en el plano de elaboración de normas generales, sino que también debe ser realizada de modo coordinado y coherente en el campo de resolución de conflictos. La jurisdicción es por completo dependiente, no solo de la legislación, sino, a nivel más básico, de la *politeía* y los principios sobre los que esta se estructura. Semejante idea, que prioriza la división del trabajo jurídico en la práctica del derecho, ocupa un lugar central en el pensamiento de Aristóteles. En efecto, la posibilidad de que la legislación constituya motivo de obediencia y forme, de este modo, ciudadanos virtuosos, depende en gran medida de que, además de existir consistencia en el plano legislativo, las decisiones judiciales prosigan con la tarea del legislador. Una asociación humana en la que la práctica jurídica no cuente con una unidad mínima de sentido global, que parta desde los principios políticos de la *politeía*, informe las leyes y alcance incluso la instancia de resolución de conflictos, es caótica.

Hemos dicho, en la introducción del libro, que Aristóteles articula las instituciones jurídico-políticas y que por eso conviene comenzar el estudio de la equidad con una presentación de su teoría política y legislativa. Este es el tema del que se ocupa el presente capítulo. Lo que cabe agregar en esta oportunidad es que la realización de este paso encuentra su justificación en dos razones adicionales y mucho más específicas: la primera es que si la preocupación central que estructura la investigación es la tensión inmanente entre legislación y jurisdicción, se deben presentar las particularidades de ambas instituciones y ello no se puede hacer sin antes presentar la cosmovisión filosófico-política de Aristóteles. La segunda razón es que la práctica de la jurisdicción y, junto con ella, la de la equidad son el punto de apoyo de la propia legislación y, en un nivel más básico, de la política misma. Sin saber cómo piensa el Estagirita la política y la legislación, llevar a cabo un estudio riguroso sobre el rol del juez sería como moverse a ciegas y tanteando un terreno desconocido.

Con miras a desarrollar los puntos señalados, el capítulo se estructura de la siguiente manera. En primer lugar, se define la *pólis* ("ciudad-Estado") bajo la concepción aristotélica, colocando un especial énfasis en el concepto de *politeía*. En segundo lugar, pasaremos de la instancia política a la jurídica y analizaremos la visión de Aristóteles sobre la institución legislativa. El desarrollo de este punto nos permitirá, en un tercer movimiento

---

quien sostiene que es una determinación ontológica que no hace referencia a un deber ser o a un modelo ideal inalcanzable, sino "al modo más o menos pleno con que alguien es aquello mismo que es".

del trabajo, realizar la conexión de la teoría de la legislación con la teoría de la jurisdicción y presentar, pues, el escenario en el cual se enmarca la institución de la *epieíkeia*.

— 1 —
La cosmovisión aristotélica de la comunidad política

1.1. La identidad de la pólis *en la* politeía

En el libro I de *Política*, Aristóteles se ocupa de desarrollar el *status* ontológico de la *pólis* y la diferencia de cada comunidad (*koinonía*). En su exposición, aplica el método analítico y sigue dos criterios para cualificar cada *koinonía*: el *télos* y el tipo de dominio. En relación con el primero, dice que toda comunidad tiende a un bien y ese bien es el fin, que es determinante en su ontología. Tanto la casa (*oîkos*) como la aldea (*kóme*) tienen un fin, pero la ciudad (*pólis*) tiende al fin supremo y es la "comunidad perfecta" (κοινωνία τέλειος).[20] En lo que respecta al dominio, va a mostrar que en cada una de estas asociaciones existe una diferencia acerca de su gobierno: mientras que en el *oîkos* y en la *kóme* hay verticalidad, la *pólis* se caracteriza por su horizontalidad.

En la exposición acerca de la constitución de la *pólis*, Aristóteles entremezcla una visión de corte histórico-genético[21] y otra de tipo ontológico. En términos cronológicos, explica que primero se constituye la casa, en donde el padre (*patér*) ejerce el dominio vertical al igual que un rey. Esta comunidad tiene como fin la satisfacción de necesidades primeras, cotidianas e inmediatas. En segundo término, a partir de una multitud de casas se constituye la aldea, la cual satisface necesidades no cotidianas. Existe también aquí un dominio vertical; por eso, Aristóteles dice que estuvieron al principio gobernadas por reyes. La *pólis* es presentada al final del proceso y constituye la *koinonía téleios*, pues tiene el límite de la total autosuficiencia y existe con el fin de "vivir bien" (εὖ ζῆν), no la simple vida. Esto supone un componente virtuoso que puede atarse a la felicidad de la que Aristóteles habla en la *Ética Nicomaquea*. El buen vivir es aquello hacia lo cual tienden la casa y la aldea y, por eso, "toda *pólis* existe por naturaleza"

---

20   *Pol.* 1252b28.

21   Semejante perspectiva se correspondería con el origen de la *pólis* griega por medio del sinecismo (*synoikismós*), un proceso de agregación de aldeas previas en entidades más abarcadoras. En relación con el tema y la pertinencia del pensamiento de Aristóteles, ver Gallego (2009: 31-63).

(πᾶσα πόλις φύσει ἔστιν).[22] La "naturaleza es fin" (φύσις τέλος ἐστίν) y la *pólis* como naturaleza realizada se ve al final. Es una naturaleza que implica a las comunidades anteriores, de modo que no es posible disociar el proceso de las necesidades del proceso que explica su aparición. Se puede decir, pues, que las comunidades son políticas en el sentido de que no pueden ser separadas del orden de la politicidad.

El naturalismo político de Aristóteles tiene una serie de presupuestos metafísicos y físicos, sin los cuales pierde su densidad teórica. Hemos dicho que la *pólis* es "por naturaleza" (φύσει) y que constituye el fin hacia el cual la familia y la aldea tienden; sin embargo, esta idea que expone Aristóteles en *Política* se entiende mejor a la luz de algunas nociones generales presentadas en las ciencias teóricas. Así, de *Metafísica* (1014b35-1015a11) resulta interesante destacar la sexta definición de *phýsis* que analiza Aristóteles, según la cual dice que es "la substancia de las cosas que son por naturaleza" (ἡ τῶν φύσει ὄντων οὐσία). Al mismo tiempo, aclara que las cosas no poseen naturaleza hasta tanto alcancen "la forma y la configuración" (τὸ εἶδος καὶ τὴν μορφήν), que es aquello que se realiza plenamente una vez que cumple su *télos*. Así pues, afirma que la *phýsis* no es solo la materia, sino "la forma y la sustancia" (τὸ εἶδος καὶ ἡ οὐσία).

En lo que respecta a *Física* (193a28-b8), Aristóteles también presenta esta relación de la naturaleza con la forma o la esencia propia de algo. Define la *phýsis* como la materia que subyace en cada cosa que tenga en sí misma el principio del movimiento y del cambio, y también dice que "es la configuración y la forma según la definición" (ἡ μορφὴ καὶ τὸ εἶδος τὸ κατὰ τὸν λόγον). En este sentido, sostiene que una cosa es por naturaleza no cuando está "en potencia" (δυνάμει), sino cuando es "en acto" (ἐντελεχείᾳ) y alcanza así la forma específica de su definición.

Este breve desarrollo nos permite ver cómo el enfoque teleológico de Aristóteles supone que la realización plena de la naturaleza de la *pólis* se logra cuando alcanza la totalidad a la que se despliega, esto es, su *télos* (el vivir bien); y este fin se explicita cuando realiza por completo su forma o esencia, a la cual tiende por naturaleza. Si tomamos en cuenta *Ética Nicomaquea*, hay que agregar también que ese fin supone el bien y lo mejor. Esto mismo lo sostiene en *Física* (195a24-25), cuando dice que aquello para lo cual las cosas son es "lo mejor y su fin" (βέλτιστον καὶ τέλος). Entonces,

---

22   Sobre el tema, ver Ambler (1985), Keyt (1987), Miller (1989 y 1995: 37-45), Soares (2002), Kraut (2002: 240-246), Reeve (2009), Chappell (2009), Bertelloni & Crespo (2013: 105-108), Pangle (2013: 29-39) y Trott (2014). También resulta muy interesante el reciente trabajo de Rapp (2021), quien propone que la afirmación "la *pólis* existe por naturaleza" debe entenderse en el sentido de que la ciudad existe de acuerdo con la naturaleza humana (el hombre como *zôon politikón*).

como explica Miller (1989: 217), el naturalismo político de Aristóteles se entiende y cobra sentido a partir de su visión teleológica de la naturaleza: así, "la *pólis* existe por naturaleza, en última instancia, porque debe existir para que los seres humanos realicen sus fines naturales". Semejante afirmación, por cierto, no anula la intervención humana. En efecto, si bien la *pólis* tiene sus raíces en un componente natural, su creación y perpetuación también requieren del legislador.[23] La naturaleza y la razón humana, pues, cooperan mutuamente.

En el pasaje 1253a20-29, luego de desarrollar la idea del hombre como "animal político por naturaleza" (φύσει πολιτικὸν ζῷον),[24] Aristóteles insiste en que la *pólis* es por naturaleza anterior a la casa y a cada uno de los individuos. En esta instancia privilegia una perspectiva ontológica, pues dice que, en el orden del ser, la *pólis* es primera (*próteros*)[25] en el proceso

---

23   Que Aristóteles hable, por un lado, de la existencia de la *pólis* por naturaleza y, por el otro, la caracterice como algo elaborado por el legislador (*Pol.* 1253a30-31) ofrecería un dilema que, siguiendo a Rosler (2005: 74-75), se puede formular en estos términos: (a) la *pólis* existe por naturaleza; (b) la *pólis* es creada por un legislador artesano; y (c) lo que existe por naturaleza no puede ser también un artefacto. Sin embargo, el dilema se diluye tan pronto advertimos, como explica Reeve (2009: 513-517), que "no todo lo que tiene una naturaleza estándar [...] realiza o perfecciona su naturaleza *por* naturaleza". Dicho con las propias palabras de Aristóteles (*Ph.* 199a15-17), a veces se necesita del arte, pues este "completa lo que la naturaleza no puede llevar a término" (ἐπιτελεῖ ἃ ἡ φύσις ἀδυνατεῖ ἀπεργάσασθαι). El tema es muy complejo, para lo cual puede verse también el desarrollo de Miller (1989: 215-216).

24   Al respecto, ver Kullmann (1991), Miller (1995: 30-36) y Rosler (2005: 67-73). Cabe destacar que, en la visión aristotélica, el hombre es un animal político porque tiene el potencial innato para alcanzar la vida en una comunidad política. Este potencial abarca la capacidad innata de percepción moral y de justicia, lo cual es un requisito previo de la conformación de la *pólis*, y también la inclinación natural de vivir en tal comunidad. Dicho con las palabras del Estagirita (*Pol.* 1253a29-30), "la tendencia hacia tal tipo de comunidad existe en todos por naturaleza" (φύσει μὲν οὖν ἡ ὁρμὴ ἐν πᾶσιν ἐπὶ τὴν τοιαύτην κοινωνίαν). *Cf.* Miller (1989: 206).

25   La prioridad por naturaleza de la *pólis* respecto a las otras comunidades e incluso al individuo es una apuesta metafísica muy fuerte en el terreno de lo político. No faltaron autores, como Popper (2017: 219 y ss.), que incluso vieron en dicha concepción un antecedente del totalitarismo moderno. Sin embargo, semejante lectura es apresurada, pues se pierde de vista que Aristóteles maneja distintos sentidos de prioridad (*cf.* Rosler, 2005: 81), de los cuales se aplicarían a la *pólis* especialmente dos: por un lado, ella es más completa o perfecta (prioridad en la completitud) y, por el otro, sin ella los miembros no pueden existir (prioridad en la separación). Miller (1995: 47-53) estudia en particular estas dos interpretaciones y concluye que la afirmación "la *pólis* existe por naturaleza" establece que "para promover los fines naturales de sus miembros, la *pólis* alcanza la autosuficiencia, proporcionándoles todo lo que necesitan para realizar sus fines naturales", y que la afirmación "la *pólis* es anterior por naturaleza al individuo" se refiere de modo complementario a la idea de que "los seres humanos no pueden realizar sus fines naturales sin la *pólis*". Sobre los sentidos de prioridad en Aristóteles, ver en especial el trabajo de Cleary (2010).

de desarrollo de las comunidades prepolíticas y constituye la causa final de estas comunidades. Así, el todo es anterior a las partes y la *pólis* es un todo omniabarcador.[26] El sistema metafísico aristotélico, como se puede advertir, hace difícil considerar la *pólis* separada de las partes y, más aún, las partes separadas de ella, de manera que la ontología política prima por sobre la perspectiva cronológica.[27]

La caracterización de la *pólis* como una comunidad que engloba a otras no debe hacernos confundir y pensar que se trata de una pura unidad, sin ninguna diferencia interna.[28] En realidad, es un compuesto constituido por muchas partes.[29] La *pólis* es un conjunto de ciudadanos (*pólitai*), los cuales se definen en modo estricto como aquellos que tienen el poder de tomar

---

26 No queremos decir con ello que la *pólis* sea un todo orgánico con partes componentes, como si se tratara de un ser vivo. Semejante tesis, defendida, por ejemplo, por Keyt (1987: 79), es a nuestro modo de ver exagerada. Así, Miller (1995: 56) explica que en realidad "la *pólis* es un todo en el sentido de una comunidad: su fin natural es un bien común en el que los miembros individuales participan directamente". Dicho de otra manera, la prioridad de la ciudad sobre los individuos "se basa en el principio de comunidad de que los individuos pueden realizar su potencial solo si están sujetos a la autoridad de la *pólis*". Asimismo, en contra de la interpretación de la *pólis* como organismo, ver Mayhew (1997).

27 Esto hace, como han advertido muchos autores, que la obra aristotélica en términos históricos no tenga mucho valor. Así, por ejemplo, ver Davies (1997).

28 Aristóteles rechaza por completo la excesiva unificación de la *pólis* en su crítica a la *República* de Platón, formulada en el pasaje 1261a15-24 de *Política*. La ciudad no es una cuestión de simple número o cantidad (la forma más elevada de homogeneidad), ni tampoco es correcto considerar que en esta perfecta unidad encuentra lugar la idea del mayor bien. Al contrario, la pura semejanza entre los individuos la destruye. En realidad, para Aristóteles, lo que preserva a la ciudad es, por un lado, la amistad (*philía*) –véase sección 4 del Anexo– y, por el otro, la igualdad recíproca o, como dice en *Ética Nicomaquea* (1132b32-34), la "reciprocidad proporcional" (ἀντιπεπονθὸς κατ' ἀναλογίαν), gracias a la cual "la *pólis* se mantiene unida" (συμμένει ἡ πόλις). En el ámbito de la ética, este principio establece que debe haber una relación de equivalencia entre lo que se da y lo que se recibe dentro de una asociación integrada por personas que ejercen distintas actividades y oficios: por ejemplo, un agricultor provee de alimentos a un zapatero, quien le provee a cambio zapatos en la proporción adecuada. Si no se diera esta mutua retribución proporcional, no habría ni cambio entre los bienes ni tampoco asociación posible. En el campo de la política, Aristóteles utiliza este principio para explicar la relación que debe haber entre los que gobiernan y los que son gobernados en el marco de una comunidad de libres e iguales. En efecto, en la *koinonía politiké* no es posible que todos gobiernen de forma simultánea, sino mediante algún tipo de ordenación temporal igualitaria. Tampoco pueden gobernar siempre los mismos individuos, pues todos son iguales entre sí por naturaleza. Así pues, lo justo es que todos participen en el gobierno de manera tal de preservar la igualdad en el poder. De hecho, este tipo de división en el ejercicio de las funciones se da entre los propios gobernantes con respecto a los diferentes cargos que comprende la administración política. En relación con la importancia del concepto de reciprocidad, ver Rosen (1975: 237-239) y Yack (1993: 133-140).

29 *Pol.* 1274b39-40.

parte en "la administración deliberativa o judicial" (ἀρχῆς βουλευτικῆς ἢ κριτικῆς).[30] Tampoco hay que entender la *pólis* como un simple agregado de individuos. Si así fuese, no sería más que una multitud dispersa, sin ningún tipo de vínculo político y por completo indefinida. En realidad, la *pólis* es una entidad unificada que, si bien lleva dentro de sí la diferencia, tiene una identidad propia que reposa en la *politeía*: el elemento definitorio que hace que una *pólis* siga siendo la misma a través del tiempo. En efecto, en ocasión de discutir este aspecto, Aristóteles descarta que la identidad de la ciudad esté dada por el área geográfica o por algún elemento material como las murallas. Tampoco depende de sus miembros en concreto, pues, aunque continuamente unos mueren y otros nacen, la *pólis* es la misma mientras continúe el linaje de los que la habitan. La respuesta al interrogante de cómo y cuándo hay que decir que la ciudad es la misma u otra diferente descansa en "el *eîdos* de su composición" (εἶδος [...] τῆς συνθέσεως).[31] La forma o la causa formal de la comunidad de ciudadanos es precisamente la *politeía*[32] y solo cuando esta se altera se puede decir que la ciudad desaparece. Aristóteles destaca este aspecto en una de las definiciones más concisas y, a la vez precisas, de lo que es una comunidad política. Así, señala que la ciudad es una "comunidad de ciudadanos en un régimen" (κοινωνία πολιτῶν πολιτείας) y que cuando se altera el régimen y se vuelve diferente, entonces se puede decir que ya la ciudad no es la misma.[33]

En algunas ocasiones, Aristóteles coloca el acento en el elemento humano y define la *pólis* como "un conjunto de *polîtai*" (πολιτῶν τι πλῆθός).[34] Tanto esta definición como aquella ofrecida en el pasaje 1276b1-4 se complementan entre sí y muestran una clara yuxtaposición entre los conceptos de *pólis*, *polîtai* y *politeía*,[35] muy difundida en las fuentes atenienses.[36] También revelan que, en un sentido ontológico, la ciudad, como sucede con todo individuo concreto sujeto a nacer y perecer, es un compuesto de forma y materia: mientras que el primero de estos elementos corresponde, como dijimos, a la *politeía*, el segundo se refiere a los *polîtai*.[37] Esta cuestión, como es evidente, tiene importantes similitudes con el concepto

---

30   *Pol.* 1275b17-20.

31   *Pol.* 1276b7.

32   En relación con la *politeía* como causa formal, ver en especial Duke (2020: 63-73).

33   *Pol.* 1276b1-4.

34   *Pol.* 1274b41 y 1275b20-21.

35   *Cf.* Hansen (2013: 49).

36   Dem. 8.69-70; Lys. 18.1; Pl. *R.* 501e y *Lg.* 715b; Aeschin. 3.8; Isoc. 7.20, 8.50-51 y 16.17-18.

37   Reeve (2009: 512).

de sustancia (*ousía*) que Aristóteles desarrolla en *Metafísica* (1029a).[38] En efecto, al indagar acerca de si la *ousía* es la "esencia" (τὸ τί ἦν εἶναι),[39] "lo universal" (τὸ καθόλου), "el género" (τὸ γένος) o "el sujeto" (τὸ ὑποκείμενον), y al analizar si es posible identificarla sin más con este último –lo cual va a rechazar al igual que el universal y el género–, extrae la siguiente conclusión: *ousía* en el sentido más propio es la forma (*eîdos*), en un sentido derivado lo es el compuesto (*tò sýnolon*) de materia y forma (una sustancia *hylemórfica*, como un planta o un hombre en concreto) y, en último término, la materia (*hýle*).

Aristóteles nos muestra que, en la constitución ontológica de una sustancia sensible, la forma y la materia se requieren de manera mutua. La materia es el sustrato o soporte de la forma, es decir, aquello que es configurado y estructurado formalmente. Pero por sí misma no se puede decir que es algo determinado, ni de cierta cantidad ni tampoco respecto a ninguna otra especificación por la que se delimita lo que es. No es capaz, pues, de existencia separada ni tampoco tiene determinación alguna: es pura potencialidad. Solo la forma es la que le establece a una entidad sus características propias, su independencia ontológica y una identidad que se preserva en su propio devenir. En palabras de Moreau (1979: 88), "la materia es *lo que* ha venido a ser esto o aquello a causa de la generación; la forma es esto o aquello que ha venido a ser, pero el esto o el aquello considerado en su esencia: no el *objeto* resultante, que es el compuesto (τὸ σύνολον) de la forma y la materia, sino lo que ello tenía que venir a ser para ser actualmente lo que es: *lo que ello había de ser* (τὸ τί ἦν εἶναι), o dicho con un término escolástico, su *quididad*". Así pues, la forma, que por cierto se identifica con la esencia,[40] tiene un mejor derecho para exigir el título de *ousía*, pues satisface todas sus características definitorias: primero, constituye un sustrato de inherencia y predicación de los demás modos de ser; segundo, es un ente capaz de existir separado del resto; tercero, es algo determinado (un *tóde ti*); cuarto, es una unidad intrínseca; y, por último, es en acto (*enérgeia*).[41] La materia solo cumple con el primer requisito y el compuesto, si bien cumple con todos, lo hace por efecto de ser materia y forma.

---

38   *Cf.* Miller (1995: 151).

39   En rigor, la traducción de τί ἦν εἶναι por "esencia" no es del todo correcta, pero optamos por esta opción dado que es una de las más familiares en la literatura. Otras alternativas más precisas serían traducir la expresión como "lo que algo era" o "el qué era ser". Al respecto, ver García Marqués (2017).

40   *Cf.* Gómez Lobo (1996: 316).

41   Al respecto, ver Reale (1999: 165-168).

A partir de estas consideraciones sobre cómo en el pensamiento metafísico aristotélico la forma es más importante que la materia, no debe llamarnos la atención que en aquella esté la respuesta al problema de la unidad y la identidad de la *pólis*. Ciertamente, la *politeía* organiza la *pólis*, la guía hacia su fin y define su identidad esencial. El concepto de autoridad (*kýrios*), como señala Miller (1995: 151), ayuda a iluminar y enriquecer este paralelo. En efecto, la fuente de unidad de una cosa es, conforme la naturaleza (*katà phýsin*), su autoritativo y rector principio (*arkhé*), y este es la causa formal antes que la causa material. En el caso del alma, por ejemplo, ella es un complejo unificado por la autoridad natural de la parte racional y ejerce naturalmente su gobierno sobre los componentes materiales de los seres vivos.[42] En un mismo sentido, la *politeía* tiene una función similar en la teoría política aristotélica: "al asignar derechos políticos, la constitución define el gobierno (*políteuma*) que es la autoridad (*tò kýrion*) para la *pólis*, [...] transformándola de una mera multitud o colección de comunidades no integradas en una comunidad ordenada y dirigida a objetivos determinados".[43]

1.2. La ciudad como koinonía politôn politeías

Aristóteles ofrece varias definiciones de *politeía*. Así, en 1274b38 de *Política* dice que el régimen político es un "ordenamiento de los habitantes en la ciudad" (τὴν πόλιν οἰκούντων ἐστὶ τάξις). Esta propuesta, que incluye tanto a los ciudadanos como a los que no lo son, será rectificada luego de caracterizar la *pólis* como un conjunto de *polîtai* y precisar qué es un ciudadano. Esto muestra, una vez más, el estrecho vínculo que existe entre los conceptos de *pólis*, *politeía* y *polítes*, y sugiere que el concepto de ciudadanía tiene un papel muy importante en lo que respecta a la caracterización de la comunidad perfecta. Sin embargo, como hemos visto, la *pólis* no es un simple agregado de ciudadanos, sino una entidad unificada, ordenada y configurada en virtud de la *politeía*. Así pues, Aristóteles en el pasaje 1278b6-14 ofrece una nueva definición, en la que se incorpora su reflexión acerca del concepto de ciudadano como aquel que tiene el derecho de participar en las magistraturas deliberativas y judiciales:

ἐπεὶ δὲ ταῦτα διώρισται, τὸ μετὰ ταῦτα σκεπτέον, πότερον μίαν θετέον πολιτείαν ἢ πλείους, κἂν εἰ πλείους, τίνες καὶ πόσαι, καὶ διαφοραὶ τίνες αὐτῶν εἰσιν. ἔστι δὲ πολιτεία πόλεως τάξις τῶν τε ἄλλων ἀρχῶν καὶ μάλιστα τῆς κυρίας πάντων. κύριον μὲν γὰρ πανταχοῦ τὸ πολίτευμα τῆς πόλεως, πολίτευμα

---

42   *DA* 410b10-15 y *Pol.* 1254a30-31.
43   Miller (1995: 151).

δ᾽ ἐστὶν ἡ πολιτεία. λέγω δ᾽ οἷον ἐν μὲν ταῖς δημοκρατίαις κύριος ὁ δῆμος, οἱ δ᾽ ὀλίγοι τοὐναντίον ἐν ταῖς ὀλιγαρχίαις, φαμὲν δὲ καὶ πολιτείαν ἑτέραν εἶναι τούτων.

Después de haber determinado estas cuestiones, hay que examinar a continuación si debemos admitir un solo régimen político o varios, y si hay varios, cuáles y cuántos, y qué diferencias hay entre ellos. Un régimen político es un ordenamiento de la ciudad en relación con las diversas magistraturas y especialmente con la [magistratura] que tiene autoridad sobre todas. Pues en todas partes es soberano el gobierno de la ciudad, y el gobierno es el régimen político. Digo, por ejemplo, que en las democracias soberano es el pueblo y, por el contrario, en las oligarquías lo es la minoría, y decimos que también su régimen político es diferente.

Aristóteles define la *politeía* como la organización (*táxis*) de las instituciones políticas (*arkhaí*), en especial las más importantes, que son aquellas que detentan el poder soberano (*kýrios*). La *politeía*, pues, se identifica con el *políteuma*, que viene a ser el gobierno, es decir, el conjunto de ciudadanos que tienen el derecho de participar en los órganos de deliberación y decisión judicial y que además se encuentran habilitados para hacerlo. Vale aclarar que, cuando hablamos de gobierno, no nos referimos a una abstracción. Semejante idea es extraña al pensamiento griego; de hecho, el uso frecuente de *políteuma* como el conjunto de aquellos que participan en el poder[44] demuestra que el término se refiere al cuerpo de ciudadanos con derechos políticos en lugar de un gobierno establecido con entidad propia.[45] Entonces, la *politeía* aristotélica no es una estructura rígida, una entidad que es establecida y luego funciona de forma autónoma. No es correcto pensar las instituciones de gobierno como si se trataran de algo separado de los ciudadanos.[46] En realidad, como afirma Trott (2014: 161), la *politeía* es "una actividad, específicamente, un ordenamiento de ciudadanos-gobernantes en el esfuerzo por lograr un fin".

En el desarrollo de este tema, Aristóteles realiza un movimiento que va desde la discusión acerca de la *politeía* en sí misma hacia el análisis de sus diferentes tipos. Comienza desde lo más abstracto y general y se diri-

---

44 *Pol.* 1293a23-24, 1297b4-10 y 1332b27-32.

45 *Cf.* Trott (2014: 163).

46 Así, por ejemplo, Castoriadis (1997: 203) explica respecto al mundo griego en general que "no hay Estado como aparato o instancia separada de la colectividad política" y que el poder "es la colectividad misma que lo ejerce". De hecho, en lo que respecta a la Atenas democrática, el pueblo se da a sí mismo sus propias leyes, administra justicia a través de sus tribunales y se autogobierna: es, en términos de Tucídides (5.18.2), *autónomos, autódikos y autotelés.*

ge hacia la formulación de una pregunta bien concreta: ¿quién es *kýrios*?[47] La respuesta depende del tipo de régimen. Por ejemplo, en una democracia, el pueblo es *kýrios* y, por lo tanto, es quien organiza las instituciones políticas y determina el reparto del ejercicio de la autoridad: en ella, todos los hombres tienen iguales derechos y participan del mismo modo en el poder. En cambio, en una oligarquía, *kýrios* son unos pocos (los ricos); de este modo, los derechos cívicos los ejerce una minoría y la plataforma político-jurídica se estructura de acuerdo con una organización de índole partidista. En este sentido, pues, la *politeía* exhibe toda su especificidad a partir de los compromisos políticos de sus gobernantes y su propia concepción de la política y la justicia.[48] Los intereses del grupo gobernante son los que tienden a organizar el régimen constitucional de acuerdo con los fines que privilegian. Aristóteles ofrece en *Retórica* (1366a1-15), al momento de destacar los elementos que hay que tener en cuenta en la construcción de los discursos deliberativos, una imagen concisa y clara del *télos* que inspira a cuatro *politeîai*.[49] Así, dice que el fin de la democracia es la "libertad" (ἐλευθερία); el de la oligarquía, la "riqueza" (πλοῦτος); el de la aristocracia, "la educación y las leyes" (παιδείαν καὶ τὰ νόμιμα);[50] y el de la tiranía, la propia "preservación" (φυλακή).

A medida que cada grupo participa de la *eudaimonía* de modo diferente, surgen especies y variedades de ciudades. En palabras de Aristóteles, al perseguirse ese fin por medios distintos, "sus modos de vida y sus regímenes políticos se vuelven diferentes" (τούς τε βίους ἑτέρους ποιοῦνται καὶ τὰς πολιτείας).[51] La búsqueda de diversas concepciones de felicidad determina las diferentes formas de *politeîai*, cuyo carácter distintivo está determinado por los compromisos políticos de sus ciudadanos-gobernantes y, sobre todo, por cuál es su visión acerca de la buena vida. La mejor ciudad, por cierto, es aquella que está mejor gobernada, y la ciudad mejor gobernada es la que posibilita en mayor grado la felicidad entendida como "una actualización y ejercicio acabado de la virtud, y ello no en sentido relativo, sino en sentido absoluto" (ἐνέργειαν […] καὶ χρῆσιν ἀρετῆς τελείαν, καὶ ταύτην οὐκ ἐξ ὑποθέσεως ἀλλ᾽ ἁπλῶς).[52]

---

47   *Cf.* Hansen (2013: 40).

48   *Cf.* Irwin (1988: 449-451).

49   En el pasaje 1294a9-29 de *Política*, Aristóteles habla, en lugar del *télos* de los regímenes, de su "rasgo distintivo" (ὅρος).

50   En *Política* (1283b21 y 1294a10) y *Ética Nicomaquea* (1131a25-29), la aristocracia es definida por la excelencia (*areté*).

51   *Pol.* 1328a41-b2.

52   *Pol.* 1332a9-10.

Todos los regímenes políticos que miran el bien común (*koinê symphéron*) son "rectos" (ὀρθαὶ), pues están en conformidad con "la justicia en sentido absoluto" (τὸ ἁπλῶς δίκαιον).[53] Esta rectitud política, por cierto, radica en la conveniencia de toda *pólis* en su conjunto en cuanto comunidad de ciudadanos.[54] En cambio, los que miran el bien propio de los gobernantes son "desviaciones" (παρεκβάσεις).[55] En función de este criterio, Aristóteles ofrece una clasificación de seis regímenes: tres rectos y tres corruptos. En el primer grupo se encuentran la monarquía, la aristocracia y la *politeía* (una mezcla de oligarquía y democracia).[56] Los regímenes desviados, que son las formas degeneradas de cada uno de los rectos, son respectivamente la tiranía, la oligarquía y la democracia.[57]

Al respecto, Aristóteles sostiene en *Ética Nicomaquea* (1135a5) que solo hay un régimen político que en todas partes es "el mejor según la naturaleza" (κατὰ φύσιν ἡ ἀρίστη) y que su estudio es la tarea principal de la "filosofía de los asuntos humanos" (περὶ τὰ ἀνθρώπεια φιλοσοφία).[58] Asimismo, en *Política* (1288b21-27) afirma que el buen legislador y el verdadero político no deben ignorar cuál es el régimen mejor en términos absolutos o sin cualificación. De hecho, esta es una preocupación muy presente a lo largo del texto aristotélico. La mejor *politeía* es la "más correcta" de aquellas que Aristóteles llama constituciones rectas y se caracteriza, según la interpretación de Miller (1995: 191), por cumplir plenamente con dos condiciones:[59] la asignación de los derechos políticos se realiza sobre la base del mérito genuino o la excelencia ética,[60] y aquellos que tienen autoridad política gobiernan por el bien común y no en función de sus intereses individuales.[61]

La ciudad ideal no es la mejor imaginable (en el sentido de utópica e imposible), sino aquella capaz de ser puesta en práctica en condiciones óptimas.[62] De acuerdo con las propias palabras de Aristóteles formuladas en *Política* (1288b23-24), es aquel régimen político que se ajusta a nuestros deseos "si no lo impide ningún obstáculo externo" (μηδενὸς ἐμποδίζοντος

---

53 *Pol.* 1279a18-19.

54 *Pol.* 1283b40-42.

55 *Pol.* 1279a20.

56 A este último Aristóteles lo designa con el término común a todos los regímenes (*Pol.* 1279a38), pero, siguiendo la práctica usual de muchos traductores, la designaremos como "república" para evitar ambigüedades.

57 *Pol.* 1279b4-10.

58 *EN* 1181b12-15.

59 Asimismo, ver Duke (2020: 79).

60 *Pol.* 1283b23-40.

61 *Pol.* 1279a28-31.

62 *Cf.* Berti (2012: 103-104).

ARISTÓTELES, EL JUEZ Y LA EQUIDAD

τῶν ἐκτός).[63] Este régimen también sirve como un ideal normativo –aunque no abstracto ni universal, pues su naturaleza no es tal–[64] para evaluar todas las demás formas constitucionales.[65] El problema es que tal régimen, si bien es posible, no es sin embargo alcanzable en toda su plenitud en condiciones normales y, por eso, hay que buscar "la constitución más idónea para la mayoría de las ciudades".[66] Se trata, pues, de realizar una segunda navegación (un *deúteros ploús* en términos platónicos), es decir, ofrecer una segunda mejor solución que se aproxime lo más posible a aquel modelo.[67] En función de los criterios éticos de que la vida feliz es vivir conforme a la virtud, que esta es un término medio y que la mejor vida es la que está en un término medio, Aristóteles dice que en tal sentido "[la constitución] media es la mejor" (ἡ μέση βελτίστη),[68] esto es, aquella que está constituida por "la clase media" (τῶν μέσων).[69] Así pues, el candidato sería, dado su carácter mixto, la república o *politeía*.[70] Claro, el Estagirita no establece de manera expresa la relación entre constitución media y *politeía*; sin embargo, como explica Berti (2012: 88-89), "lo dice implícitamente cuando afirma que la constitución media debe ser una 'mezcla equilibrada' entre ricos y pobres, constituida principalmente por quienes poseen armas, esto es, por los que tienen suficiente riqueza para comprar armamento; exactamente lo mismo que había dicho anteriormente de la *politeía*".

---

63   Tal como explica Knoll (2017: 90), se ha discutido mucho entre los especialistas acerca de cuál es la ciudad ideal, descripta en los libros VII y VIII de *Política*. No hay consenso al respecto. Las aguas se dividen mayormente entre aquellos que consideran que se trata de una aristocracia (Barker, 1959: 353; Keyt, 1991: 260; Mulgan, 1991: 318; Chuska, 2000: 322-323; y Bates, 2003: 97) y quienes dicen que en realidad toma la forma del gobierno mixto denominado *politeía* (Bien, 1980: 315 y ss.; Ottmann, 2001: 210; y Balot, 2015). Por su parte, Nussbaum (1990, 2000: 109 y 2001a: 147) defiende la idea de una "democracia social" que se sitúa también dentro de esta segunda línea.

64   *Cf.* Canto Sperber (2000: 429).

65   *Cf.* Kraut (2002: 193) y Destrée (2015: 203).

66   Berti (2012: 86).

67   *Cf.* Miller (1995: 252).

68   *Pol.* 1296a7.

69   *Pol.* 1295b34-35.

70   *Cf.* Miller (1995: 271) y Berti (2012: 88).

— 2 —
El lugar de la legislación en la *politeía*

La afirmación de que la *politeía* es la *táxis* de las instituciones y de las magistraturas de la ciudad, las cuales el cuerpo cívico moldea de acuerdo con los fines que privilegia y su concepción política particular, supone que también la ley convencional es algo modelado y relativo. En rigor, la *politeía* configura la ley. Entonces, entre *politeía* y ley existe un orden de prioridad lógica y ontológica según el cual no es la ley la que define el régimen constitucional, sino al revés. El *nómos*, pues, se ajusta a las características de los regímenes y su concepción acerca de qué es la felicidad. En este aspecto, "la política es constitutiva del *nómos* tanto en el sentido más estricto de que las leyes se establecen en relación con formas políticas específicas como en el sentido más amplio de que su contenido está informado por una concepción particular del bien".[71] Veamos con un poco más de detalle estas cuestiones.

En términos generales, la ley de cada ciudad, que es definida como ley "particular" (ἴδιον),[72] es un "convenio" (συνθήκη) autoritativo acerca de qué es justo y correcto.[73] Esto muestra la existencia de una relación entre ley y justicia que va a tener fuertes semejanzas con la relación entre lo convencional (*nómos*) y lo natural (*phýsis*), y entre la opinión (*dóxa*) y la verdad (*alétheia*). Mientras que la ley se sitúa del lado de la opinión y lo convencional, la justicia está del lado de lo natural y verdadero.[74] En el marco de esta distinción, la ley debe tener siempre como objetivo último la justicia, aunque esto no es algo que siempre se cumple. Como veremos, hay leyes justas e injustas, lo cual dependerá del tipo de régimen político.

El Estagirita expone el carácter relativo de la ley cuando discute sobre quién debe detentar el poder soberano (*kýrios*). Los posibles candidatos son "la multitud [de ciudadanos]" (τὸ πλῆθος), "los ricos" (τοὺς πλουσίους), "los notables" (τοὺς ἐπιεικεῖς), "uno que sea el mejor de todos" (τὸν βέλτιστον ἕνα πάντων) o el "tirano" (τύραννον). Todas estas opciones, sin embargo, presentan serios inconvenientes que llevan a Aristóteles a plantear como mejor alternativa el imperio de la ley con algunas particularidades.[75] Así, en el pasaje 1282b1-6, dice que las "leyes establecidas de modo recto"

---

71   Duke (2020: 73).
72   *Rh.* 1368b7 y 1373b4-6.
73   La idea del *nómos* como "acuerdo", "convenio" o "contrato" es frecuente en las fuentes. Así, por ejemplo, ver Demóstenes (25.16).
74   *Cf.* Bates (2013: 62).
75   *Pol.* 1281a11-1282b13.

(νόμους […] κειμένους ὀρθῶς) son aquellas que deben ser soberanas y que el magistrado, cualquiera sea su número, tiene solo "autoridad" (κυρίους) en los asuntos en los cuales los *nómoi*, por la imposibilidad de establecer una regla general que abarque todo, no se expresan con precisión.

El planteo de Aristóteles es claro. En principio, la autoridad en la *pólis* la tienen las leyes, siempre y cuando estén establecidas de modo correcto; sin embargo, cuando yerran o no legislan con precisión un asunto particular en virtud de su generalidad (lo cual es una característica de toda ley), son los magistrados quienes deben tener autoridad. No nos interesa indagar aquí la cuestión acerca de la imposibilidad de la ley de dar un tratamiento adecuado y justo a todos los casos. Tendremos oportunidad de ocuparnos de este tema con detenimiento en el capítulo II, dedicado a la *epieíkeia*. Lo que nos interesa en esta instancia, en relación con el imperio de la ley, es ver cuál es el criterio que establece Aristóteles para determinar su carácter moral. La respuesta ofrecida en el pasaje 1282b10-13, como era de esperarse, está atada a la *politeía*. Así, Aristóteles dice que, de modo semejante a los regímenes políticos, también las leyes pueden catalogarse como malas o buenas y justas o injustas, y esto se define de la siguiente manera: las leyes que corresponden a los regímenes políticos rectos son "justas" (δικαίους) y las que corresponden a los regímenes desviados, por su parte, se tratan de normas "injustas" (οὐ δικαίους).

La distinción es tajante y la fuerza de semejante tesis, como advierte Duke (2020: 74), "se explica solo en términos de la priorización de Aristóteles de las causas finales en su ciencia política, de modo que los fines del régimen imparten excelencia y justicia (o sus contrarios) a sus leyes mediante una especie de transitividad normativa". Naturalmente, las mejores leyes y las más justas son aquellas establecidas dentro del mejor régimen político: la ciudad ideal.

Hemos visto que la distinción entre dos grandes tipos de regímenes descansa en los propósitos políticos: los rectos miran el *koinê symphéron* y los desviados, el bien propio (*tò ídion*) de los gobernantes. En este marco, Aristóteles identifica lo conveniente para la comunidad con la justicia política (*politikòn díkaion*), a la que caracteriza como el fin mayor y en su más alto grado, y la cual constituye, en virtud de ello, el objeto de la ciencia política.[76] Mediante el concepto de justicia política, Aristóteles no hace más que dejar en claro que la justicia solo es posible y encuentra su plena realización en el marco de la ciudad. En efecto, según sus propias palabras, ella existe en una comunidad compuesta de personas "libres e iguales" (ἐλευθέρων καὶ ἴσων). Así pues, entre aquellos que no estén en estas condiciones, no

---

76   *Pol.* 1282b16.

es posible hablar de justicia política, sino a lo sumo en un cierto sentido y por analogía: se trataría, pues, de un simulacro de justicia.[77]

La finalidad de la *pólis* es el reinado de la justicia. Solo en la comunidad política es posible establecer relaciones efectivas de justicia y formar ciudadanos virtuosos inclinados a practicar el bien:[78] que tengan, pues, una voluntad justa.[79] La ciudad es el único marco posible que permite al hombre alcanzar una vida perfecta en interrelación con la felicidad de los demás, mediante el ejercicio de la excelencia cívica y el respeto por la justicia.[80] El fin de la ciudad, entonces, no gira en torno a una cuestión de conveniencia (no es una asociación, una *summakhía*), sino que es el vivir bien: el desarrollo de una vida autosuficiente, feliz y buena.[81] En este sentido, el mejor régimen político es aquel cuyo gobierno permite en mayor medida la realización de la felicidad. Vale destacar que, en esta cosmovisión, hay una clara prioridad del bien común por sobre el bien particular, pues, aunque el bien del individuo y el de la ciudad se confunden, este último es más perfecto. Así, Aristóteles dice que, aunque es algo deseable buscar el bien de una persona, es mucho "más hermoso y divino [lograrlo] para un pueblo y para las ciudades" (κάλλιον δὲ καὶ θειότερον ἔθνει καὶ πόλεσιν).[82]

El filósofo clarifica la dependencia de las leyes a la excelencia y a la justicia de cada tipo de régimen político en un pasaje que no deja dudas acerca de su naturaleza. En efecto, en 1289a13 sostiene que todos las establecen en función de los regímenes políticos y "no los regímenes políticos en función de las leyes" (οὐ τὰς πολιτείας πρὸς τοὺς νόμους). Lo interesante es que inmediatamente después de realizar esta afirmación, Aristóteles vuelve a ofrecer una definición de *politeía* en la que incorpora algunas precisiones referentes al campo legislativo. Así, en el pasaje 1289a15-25 afirma:

πολιτεία μὲν γάρ ἐστι τάξις ταῖς πόλεσιν ἡ περὶ τὰς ἀρχάς, τίνα τρόπον νενέμηνται, καὶ τί τὸ κύριον τῆς πολιτείας καὶ τί τὸ τέλος ἑκάστης τῆς κοινωνίας ἐστίν· νόμοι δ᾽ οἱ κεχωρισμένοι τῶν δηλούντων τὴν πολιτείαν, καθ᾽ οὓς δεῖ τοὺς ἄρχοντας ἄρχειν καὶ φυλάττειν τοὺς παραβαίνοντας αὐτούς. ὥστε δῆλον ὅτι τὰς διαφορὰς ἀναγκαῖον καὶ τὸν ὁρισμὸν ἔχειν τῆς πολιτείας ἑκάστης καὶ πρὸς τὰς τῶν νόμων θέσεις· οὐ γὰρ οἷόν τε τοὺς αὐτοὺς νόμους συμφέρειν ταῖς ὀλιγαρχίαις οὐδὲ ταῖς δημοκρατίαις πάσαις, εἴπερ δὴ πλείους καὶ μὴ μία δημοκρατία μηδὲ ὀλιγαρχία μόνον ἔστιν.

---

77 Esto sucede, por ejemplo, en el caso de los individuos sometidos a una tiranía, en donde no se puede hablar de igualdad ni de libertad entre ellos. *EN* 1134a-b.

78 *EN* 1099b29-32.

79 *Cf.* Moreau (1979: 223).

80 *Cf.* Moreau (1979: 223).

81 *Pol.* 1281a1-2.

82 *EN* 1094b9-10.

Un régimen político es, en efecto, un ordenamiento en las ciudades acerca de las magistraturas, de qué modo están distribuidas, quién es soberano del régimen y cuál es el fin de cada comunidad. Las leyes, por su parte, están separadas de los rasgos característicos del régimen político, y según ellas deben gobernar los magistrados y vigilar a quienes las transgreden. En consecuencia, resulta claro que es necesario conocer las variedades de cada régimen político y su definición para establecer las leyes: pues no es posible que las mismas leyes convengan a [todas] las oligarquías ni a todas las democracias, si es que hay varias [clases], y no una sola democracia ni una [sola] oligarquía.

Las leyes son auxiliares al régimen político. Por un lado, sirven como criterio para establecer la legalidad o ilegalidad de las conductas y, por el otro, contribuyen a la realización del fin que estructura cada régimen en particular. El *télos*, pues, ocupa un lugar protagónico en la configuración de la ley; de ahí que determinadas leyes, como aquellas establecidas en una democracia, no sean adecuadas para una oligarquía y viceversa, pues en ambos casos están en juego fines distintos.[83] Así, por ejemplo, Aristóteles caracteriza como leyes paradigmáticamente oligárquicas aquellas que establecen que las magistraturas sean electivas y que dependan de la riqueza, y leyes paradigmáticamente democráticas las que estipulan la selección mediante sorteo y sin ninguna evaluación de los bienes personales.[84]

Según el enfoque teleológico de Aristóteles, todo conocimiento, arte, actividad, investigación y elección tienden a un bien, y la política es aquella ciencia que se ocupa del bien supremo, el más elevado de todos los bienes pasibles de ser alcanzados mediante la acción: la *eudaimonía*.[85] Hay un acuerdo unánime en que este es el fin último, aquel que se elige siempre por sí mismo y nunca por causa de otra cosa. Sin embargo, existen entre los hombres discrepancias acerca de cómo se alcanza la felicidad, que en última instancia residen en las distintas concepciones que se tienen acerca de su definición. Los hombres optan por diferentes medios (o fines intermedios) para alcanzar ese bien supremo, como el "placer" (ἡδονὴν), el "honor" (τιμὴν) y el "intelecto" (νοῦν),[86] que van a definir respectivamente las tres clases de vida: "la del goce" (τὴν ἡδονήν), "la política" (ὁ πολιτικὸς) y

---

83 Hay, pues, una variabilidad en función de los bienes. Resulta ilustrativa de esta variabilidad la analogía que ofrece Aristóteles (*EN* 1141a22-25) respecto a que lo bueno y lo sano son distintos para los hombres y para los peces. Así, por ejemplo, beber agua de mar puede ser mortal para el ser humano, pero es un elemento necesario para otros animales.

84 *Pol.* 1294b6-13.

85 *EN* 1094a y 1095a.

86 *EN* 1097b1.

"la contemplativa" (ὁ θεωρητικός).[87] Las distintas concepciones alternativas acerca del mejor estilo de vida con vistas a alcanzar el fin y bien humano supremos determinan diferentes compromisos políticos y, en definitiva, *politeîai*. No es casual, por eso, que Aristóteles defina el régimen político como "un cierto modo de vida de la ciudad" (ἡ γὰρ πολιτεία βίος τίς ἐστι πόλεως).[88] La ciudad encuentra en la *eudaimonía* el objeto privilegiado de su existencia y la apertura a la diversidad de regímenes para alcanzar esa meta. En *Política* (1328a37-b2) lo plantea de la siguiente manera:

> ἐπεὶ δ᾽ ἐστὶν εὐδαιμονία τὸ ἄριστον, αὕτη δὲ ἀρετῆς ἐνέργεια καὶ χρῆσίς τις τέλειος, συμβέβηκε δὲ οὕτως ὥστε τοὺς μὲν ἐνδέχεσθαι μετέχειν αὐτῆς τοὺς δὲ μικρὸν ἢ μηδέν, δῆλον ὡς τοῦτ᾽ αἴτιον τοῦ γίγνεσθαι πόλεως εἴδη καὶ διαφορὰς καὶ πολιτείας πλείους· ἄλλον γὰρ τρόπον καὶ δι᾽ ἄλλων ἕκαστοι τοῦτο θηρεύοντες τούς τε βίους ἑτέρους ποιοῦνται καὶ τὰς πολιτείας.

Y puesto que la felicidad es lo mejor y esta es una actividad y una práctica perfecta de la virtud, y que de ello resulta que unos pueden participar de ella y otros poco o nada, es evidente que esta es la causa de que surjan formas y variedades de ciudad y [una] pluralidad de regímenes políticos; en efecto, al buscar cada uno de ellos [la felicidad] de formas distintas y por diferentes medios, se hacen diferentes sus modos de vida y sus regímenes políticos.

Queda claro que las leyes se ajustan a las exigencias de cada tipo de régimen político.[89] La ley no es transpolítica, sino más bien subpolítica.[90] Al momento de establecer qué es justo o injusto y distribuir las magistraturas, los honores y todos los bienes materiales, su funcionalidad y efectividad dependen de su correspondencia con la concepción de bien que informa los compromisos políticos comunitarios. La ley, pues, expresa una forma de vida y se orienta, en los regímenes rectos (monarquía, aristocracia y república), a la realización del bien común y, en los regímenes desviados (tiranía, oligarquía y democracia), a la satisfacción de los intereses propios de los gobernantes.[91]

---

87 *EN* 1095b14-19.
88 *Pol.* 1294a40-1295b1.
89 *Pol.* 1282b10-11. Asimismo, Duke (2020: 63-84).
90 *Cf.* Bates (2013: 63).
91 *Pol.* 1279a17-b10. Al respecto, ver Moreau (1979: 225-231) y Lloyd (2008: 186-188).

— 3 —
Nómos, racionalidad y eticidad

Entre *politeía* y *nómos* hay una relación inseparable, pues "donde no rigen las leyes no hay régimen político" (ὅπου γὰρ μὴ νόμοι ἄρχουσιν, οὐκ ἔστι πολιτεία).[92] Al igual que la *politeía*, la ley está ligada a la idea de orden. Ciertamente, ley y orden son conceptos que van de la mano.[93] Aristóteles establece esta relación cuando en el pasaje 1287a18 de *Política* dice que "el orden es una ley" (ἡ γὰρ τάξις νόμος) y también cuando en 1326a29-30 afirma que la "ley es, en efecto, cierto orden" (ὅ τε γὰρ νόμος τάξις τίς ἐστι). Incluso, el Estagirita afirma que "la buena legislación es necesariamente un buen orden" (τὴν εὐνομίαν ἀναγκαῖον εὐταξίαν εἶναι).[94] Esto no significa, vale aclarar, que la ley sea solo orden. El *nómos* se encuentra sujeto a la organización de la *politeía*, la cual lo determina, informa y estructura de acuerdo con su fin propio. Constituye el instrumento del que se vale el esquema político para llevar a cabo su concepción de justicia y, en última instancia, la *eudaimonía*.[95] Entonces, en la medida que la ley es un orden orientado hacia un fin, se puede decir que es racionalidad. El propio Aristóteles destaca este aspecto cuando, al igual que Platón,[96] dice que el *nómos* es la expresión del "intelecto" (νοῦς) y que incluso se identifica con lo divino.[97]

En líneas generales, el *nómos* es un sistema de normas que regula la organización de las relaciones de la *pólis*. Mejor dicho, constituye un estándar de conducta derivado de la razón práctica de un legislador arquitectónico.[98] Pero no debe ser pensado como un elemento externo y abstracto, separado de su base material y que es capaz por sí mismo de producir un orden social e institucional si es observado. En realidad, el *nómos* es parte de la práctica más amplia de la *politeía*, de aquello que expresa una forma de vida. Esto da pie para afirmar que la ley, como expresión de un modo de ser comunitario, es mucho más que una mera disposición escrita de índole normativa que define qué se debe hacer. La ley es aquella regla cumplida y hecha costumbre por los ciudadanos, identificada con la justicia legal (*nomikòn díkaion*).[99] Lo justo y lo legal no son aspectos divorciados; tal como

---

92 *Pol.* 1292a32.
93 *Cf.* J. Jones (1956: 73) y Lisi (2000: 40).
94 *Pol.* 1326a30-31.
95 *Cf.* Duke (2020: 64).
96 *Lg.* 714a1-2.
97 *Pol.* 1287a29; *EN* 1177b26-31. Asimismo, Lisi (2000: 41).
98 *Cf.* Duke (2020: 17-21).
99 *EN* 1134b18-19.

dice el propio Aristóteles: "lo justo es lo legal e igualitario" (τὸ μὲν δίκαιον ἄρα τὸ νόμιμον καὶ τὸ ἴσον),[100] de modo que el orden legal instituido es un orden justo.[101]

La ley apunta a crear, fomentar y mantener un verdadero orden político lo más uniforme y coordinado posible en toda la cadena de producción normativa (desde la legislativa hasta la judicial), con vistas a realizar el fin de la *pólis*: "vivir bien" (εὖ ζῆν).[102] Lo que busca es, para ser más precisos, orientar a los ciudadanos hacia el bien. En términos de Aristóteles, la "voluntad de todo legislador" (βούλημα παντὸς νομοθέτου) es hacer buenos a los ciudadanos mediante la adquisición de "hábitos" (ἐθίζοντες).[103] Este aspecto no es menor, pues repercute directamente en el comportamiento que los ciudadanos deben expresar hacia la organización política. En efecto, ellos tienen la función de preservarla, al igual que la seguridad del navío es el fin de los marinos.[104] Entonces, un buen régimen político no es solo aquel que permite vivir bien, sino el que también garantiza la estabilidad y seguridad.[105] Son dos fines que se dan en un doble movimiento, desde la ley a la ciudadanía y viceversa, pero ambos tienden a construir un orden comunitario justo que posibilite la vida feliz.

Lo que está en juego en el campo legislativo es la formación de la excelencia ciudadana. Al respecto, hay tres medios por los cuales los hombres se vuelven buenos y virtuosos: la naturaleza (*phýsis*), la costumbre (*éthos*) y la enseñanza (*didakhé*).[106] Como la naturaleza es una cuestión de azar y la educación por sí misma muchas veces no tiene suficiente fuerza para forjar las almas de los individuos frente a la "pasión" (πάθος), se requieren buenas leyes con carácter coactivo que exhorten a la *areté*. En el concepto de ley no solo es fundamental su carácter racional, sino también su fuerza y compulsión: necesita ambos elementos, pues se trata de una "restricción racional" (*rational constraint*).[107] Sin coactividad, la ley no tendría esa capacidad ni sería un estímulo para el ciudadano en la toma de decisiones.

---

100 *EN* 1129a34.

101 Vale aclarar que de ningún modo esto significa afirmar que todas las leyes son justas. Aristóteles no niega que existan leyes injustas ni dice que la legalidad es el único criterio de justicia. Que entre legalidad y justicia no se da una relación de igualdad lo marca el propio Aristóteles (*EN* 1129b12) cuando declara que lo establecido por la legislación "es justo en cierto sentido" (ἐστί πως δίκαια). Al respecto, nos remitimos al detallado desarrollo de Kraut (2002: 111-118).

102 *Pol.* 1252b30 y 1280a31-32, entre otras menciones.

103 *EN* 1103b3-5.

104 *Pol.* 1276b26-29.

105 *Cf.* Garver (2011: 9).

106 *EN* 1179b20-21 y *Pol.* 1332a39-40.

107 Duke (2020: 17-39).

ARISTÓTELES, EL JUEZ Y LA EQUIDAD

Sería una suerte de adorno bien labrado y costoso: quizá muy bello a los ojos, pero sin utilidad práctica alguna. Es un hecho, para Aristóteles, que la mayoría de los hombres obedecen más a la "necesidad" (ἀνάγκη) que a la "razón" (λόγῳ), y a los "castigos" (ζημίαις) más que a la "bondad" (καλῷ).[108]

El verdadero político quiere hacer "a los ciudadanos buenos y obedientes a las leyes" (πολίτας ἀγαθοὺς […] καὶ τῶν νόμων ὑπηκόους)[109] y, con miras a cumplir este objetivo, el *nómos* tiene fuerza coercitiva. Esta *dýnamis* radica en su naturaleza racional, más precisamente por ser *lógos* "procedente de cierta forma de prudencia y de un intelecto" (ἀπό τινος φρονήσεως καὶ νοῦ).[110] Habíamos dicho que la ley es racionalidad. Pero, a la luz de estas últimas consideraciones, cabe afirmar que también es eticidad. La ley ordena lo que es bueno y busca formar ciudadanos virtuosos;[111] de ahí que, en palabras de Gerson (1987), la *pólis* sea una "comunidad de los virtuosos". Este es el *télos* ético del *nómos* y, por ello, quienes se preocupan de una buena legislación indagan "acerca de la virtud y el vicio políticos" (περὶ δ᾽ ἀρετῆς καὶ κακίας πολιτικῆς).[112] De hecho, Aristóteles dice que la ciudad en sentido propio es aquella que se preocupa "respecto a la virtud" (περὶ ἀρετῆς).[113]

La importancia del rol formativo de la ley muestra que su verdadera esencia gira en torno a la cuestión educativa.[114] En efecto, según Aristóteles, el verdadero legislador debe priorizar la educación correcta de los jóvenes, sin perder de vista que las normas educativas reflejan los fines del régimen político. Cada *politeía* tiene su propio *êthos* y la educación debe llevarse a cabo de acuerdo con sus características particulares.[115] En el caso de que el legislador no tenga en cuenta, en la formulación de las leyes, el carácter democrático u oligárquico del régimen político, terminará por perjudicar el orden vigente.[116] Vale aclarar que solo en la ciudad ideal el legislador promulga leyes en correspondencia con el mejor modo de vida, que es aquel que "se acompaña de una virtud provista de medios suficientes para participar en acciones virtuosas" (μετ᾽ ἀρετῆς κεχορηγημένης ἐπὶ τοσοῦτον ὥστε

---

108 *EN* 1180a4-5.
109 *EN* 1102a9-10.
110 *EN* 1180a21-22.
111 *EN* 1180a24, 1099b29-32 y 1102a7-10.
112 *Pol.* 1280b5-6.
113 *Pol.* 1280b7-8.
114 *Cf.* Bodéüs (1993: 55). En relación con los argumentos sobre la importancia de la educación en Aristóteles, ver Curren (2000: 93-125) y Duke (2020: 34-39).
115 *Cf.* Duke (2020: 77).
116 *Pol.* 1337a14-18.

μετέχειν τῶν κατ᾽ ἀρετὴν πράξεων).[117] En la mejor *politeía* se realiza, bajo el imperio de la ley, la verdadera concepción de *eudaimonía*.

El derecho legislado constituye un tema de enorme preocupación para el filósofo. De hecho, Aristóteles objeta que sus antecesores dejaron sin investigar este asunto, junto con el estudio de la *politeía*, y afirma que este trabajo es necesario para completar la filosofía de los asuntos humanos.[118] Sin ir más lejos, la pregunta acerca de cómo uno puede convertirse en un legislador capaz de hacer buenos a los ciudadanos gravita alrededor de uno de los puntos más sensibles en materia política y ética. En efecto, la buena legislación es el fin de la ciencia política y juega un papel central en la realización de la felicidad. No es extraño, pues, que Aristóteles sostenga que la parte arquitectónica de la sabiduría práctica (*phrónesis*) relativa a la ciudad es la *nomothetiké*: la ciencia legislativa.[119] En estos términos, y dado el lugar privilegiado que recibe la legislación en el seno de la *pólis*, se puede pensar que la *Política* haya estado dirigida a aquellos legisladores (arquitectónicos), contemporáneos a Aristóteles, deseosos de establecer el mejor régimen político posible en Grecia mediante una reflexión que no pierda de vista sus variantes, las ventajas y desventajas de cada una de ellas y el fin que informa toda la vida ciudadana.[120] Incluso, se puede extender la tesis de Vegetti (2005: 217) acerca de que el destinatario último de los discursos éticos son los buenos ciudadanos, y decir que esto mismo sucede con *Política* y que esta se dirige también a todos aquellos que forman parte de la vida política: los verdaderos protagonistas en la ciudad.

— 4 —

El significado de la justicia natural

Nuestro desarrollo acerca del vínculo *polís/nómos* y las características del derecho ha girado especialmente en torno a la ley escrita, su carácter axiológico y su identificación con la justicia legal. Pero con respecto a este punto hay que realizar una aclaración importante. Entre justicia y legalidad no hay una completa equivalencia. La justicia no agota todo su sentido en las leyes, de ahí que el propio Aristóteles diga que "todo lo legal es de algún modo justo" (πάντα τὰ νόμιμά ἐστί πως δίκαια).[121] En realidad, la justicia incluye, además de la dimensión formal de la ley, una dimensión material:

---

117 *Pol.* 1323b41-1324a2.
118 *EN* 1181b12-15.
119 *EN* 1141b24-26.
120 *Cf.* Bodéüs (1993: 45), Canto-Sperber (2000: 428) y Pellegrin (2012: 561).
121 *EN* 1129b12.

la justicia natural (*physikòn díkaion*), aquella que en todas partes "tiene la misma fuerza" (τὴν αὐτὴν ἔχον δύναμιν) más allá del parecer humano.[122]

No resulta exagerado afirmar que la justicia natural aristotélica es uno de los temas más trabajados, discutidos y controvertidos en la historia de la filosofía del derecho. Tampoco resulta exagerado decir que forma parte del principal aparato conceptual del que se valen las teorías iusnaturalistas actuales, sobre todo mediante la reinterpretación y resemantización del concepto a la luz de la visión de Tomás de Aquino. No hace falta entrar a discutir si estas afirmaciones son ciertas o no –lo cual, además de desviarnos de nuestros propósitos, es un análisis que no podemos llevar a cabo en detalle aquí–. Nuestro interés es destacar las principales características de la justicia natural y analizar cómo se vincula con la justicia legal, tratando en esta tarea de alejarnos lo menos posible de los textos aristotélicos y su contexto de producción.

Lo primero que hay que tener en cuenta es que tanto la justicia legal como la justicia natural son formas de un género de justicia más amplio y abarcador: la justicia política (*díkaion politiké*). Esto supone que hay una instancia de síntesis, un concepto englobante de lo justo legal y lo justo natural que rompe la posibilidad de pensar la relación en términos dicotómicos. Aristóteles no traza un dualismo en el campo del derecho como sí sucedía en el pensamiento de algunos sofistas respecto a la tensión *nómos/phýsis*, lo convencional y lo natural.[123] La distinción entre ambos conceptos se realiza al interior de la justicia política,[124] pero como partes de un movimiento propio de la institucionalidad de la *pólis*, el cual, antes que contraponerlas, las fusiona.

La justicia natural no es externa a la politicidad, es decir, una instancia metafísica que se sustrae a la institución del derecho ni en modo alguno rivaliza con la ley positiva. No es prepolítica, ni metajurídica ni ajena al orden jurídico. Sacarla de estos dominios es algo que Aristóteles no aceptaría con facilidad. Es muy probable que el origen de trazar erróneamente una oposición entre aquella y el derecho convencional esté en tratarla como una universalidad natural, como "el fuego [que] quema tanto aquí como en Persia" (τὸ πῦρ καὶ ἐνθάδε καὶ ἐν Πέρσαις καίει).[125] Dicho de otro modo, algunos autores ven la justicia natural con un carácter inmutable y

---

122 *EN* 1134b19-20.

123 La antítesis *nómos/phýsis* es un tema sobre el cual se ha escrito mucho. Entre los numerosos trabajos, ver Heinimann (1945), Gigante (1956), Pohlenz (1953), Guthrie (1971: 55-134), Romilly (2004 [1971]: 55-69), Kerferd (1981: 111-138) y Ostwald (1986: 250 y ss.).

124 *Cf.* Miller (1995:75).

125 *EN* 1134b26.

necesario, que hace imposible su conciliación con la convencionalidad y la variabilidad de la justicia positiva. Lo que no se logra ver es que en realidad ambas, como formas de la justicia política, son de carácter práctico: se vinculan a los asuntos humanos, a la acción, la prudencia y la deliberación de los agentes en el entramado de las relaciones intersubjetivas. Seguramente por esto Aristóteles afirma que tanto la justicia natural como la legal están "sujetas al cambio" (κινητὰ).[126]

Semejante expresión acerca de la variabilidad de la justicia no significa en modo alguno caer en un relativismo. En contra de aquellos que sostienen que el significado de la justicia cambia de un lugar a otro, Aristóteles declara que, si bien ello puede ser verdadero en cierto sentido, no lo es en sentido absoluto. En efecto, aun cuando la justicia es cambiante, "hay entre nosotros también algo [justo] por naturaleza" (παρ᾽ ἡμῖν δ᾽ ἔστι μέν τι καὶ φύσει).[127] Pero no hay que pensar que la justicia natural es algo necesario, esto es, lo que no puede ser de otro modo. Aristóteles no es Platón, no predica un *parádeigma* que se sustrae al mundo sensible y que es inmutable, como sucede con la idea de Bien.[128] Claro, el problema es cómo entender que, si bien la justicia natural tiene la misma fuerza en todos lados y escapa al parecer humano, aun así es variable. En otras palabras, la dificultad que se presenta es que esta justicia tiene en algún punto un carácter que hace que no sea reductible a lo convencional. Aristóteles no explica en *Ética Nicomaquea* (V.7) la forma de cambio a la que está sujeto lo justo por naturaleza. Sin embargo, de acuerdo con la materia, lo cierto es que no podría ser una regularidad absoluta, sino una regularidad relativa, es decir, aquello que sucede "en la mayor parte [de los casos]" (ὡς ἐπὶ τὸ πολύ).[129] Sobre este punto, lo que es indudable es que Aristóteles se niega a elegir entre dos concepciones dicotómicas de naturaleza: una que la ve

---

126 La tesis de la variabilidad de la justicia natural también se encuentra en *Magna Moralia* (1194b30-32), en donde dice que ella "no debe entenderse en el sentido de que no pueda cambiar nunca" (δεῖ δ᾽ οὕτως ὑπολαμβάνειν μὴ ὡς μηδέποτε ἂν μεταπεσόντα); incluso, sostiene que "las cosas que son por naturaleza participan del cambio" (τὰ φύσει ὄντα μεταλαμβάνουσι μεταβολῆς).

127 *EN* 1134b29.

128 *Cf.* Villey (1981: 38).

129 *Ph.* 198b35-36, Sinnott (2007: 180 n. 867) y Varela (2014: 114). Quizá en este sentido se debería entender la analogía de la justicia natural con la mano derecha, respecto a la cual Aristóteles enuncia en *Ética Nicomaquea* (1134b33-35) que "es por naturaleza la más fuerte y sin embargo todos pueden llegar a ser ambidiestros" (φύσει γὰρ [...] κρείττων, καίτοι ἐνδέχεται πάντας ἀμφιδεξίους γενέσθαι). Sin ir más lejos, cuando en *Magna Moralia* (1195a3) se refiere a este ejemplo, dice que lo justo por naturaleza es aquello que "persiste en la mayor parte [de los casos]" (ἐπὶ τὸ πολὺ διαμένον). En relación con el significado de esta metáfora, ver Miller (1995: 75-77) y Duke (2020: 135).

como aleatoria, indiferente e injusta, y frente a la cual las leyes humanas proporcionarían cierta seguridad; y la otra que la ve como un horizonte estático que fundamenta por sí mismo toda autoridad.[130] Aristóteles, claramente, busca trascender tanto un relativismo superficial como el derecho natural esencialista y dogmático.

La regularidad que expresa el carácter natural de la justicia política encuentra su base, antes que en el plano de la *phýsis*, en la *práxis* misma.[131] Así, como explica Vega (2014a: 439), se trata de una universalidad circunscripta a las acciones humanas, es decir, "una universalidad que tiene que ver con los valores prácticos, y no con las reglas teóricas que gobiernan la *phýsis*". Este universalismo de la justicia natural no se substrae ni deja de estar incluido en la institucionalización del derecho positivo en su contexto político y moral.[132] En este orden de ideas, se puede decir que la justicia natural expresa los principios prácticos sobre los que se asienta la actividad legislativa, los valores político-morales –incluso religiosos–[133] básicos y fundamentales de la *pólis* que dependen de su dimensión institucional. En esto radica la naturalidad que tiene la justicia política: respecto a las bases, la racionalidad y finalidad de la *politeía* según su especie, algo que no puede ser ajeno a la institucionalización de las leyes; de lo contrario, estas no tendrían razón de ser.

En esta línea de lectura que entiende la justicia natural como algo variable, Thorp (2021), en un trabajo que desafía con genialidad la interpretación tradicional de Aristóteles como el pionero de la teoría del derecho natural (inmutable y universal), sostiene que el filósofo está pensando mediante aquella categoría más bien en imperativos, en creencias y valores profundamente arraigados en un pueblo. Serían naturales porque son en algún punto innatos y están tan enquistados en la costumbre que los miembros de la comunidad están convencidos acerca de su verdad y universalidad. Incluso, dice Thorp (2021: 117-119), este tipo de variabilidad se complementa con otra que, según interpreta a la luz del ejemplo de la superioridad natural de la mano derecha y la posibilidad de llegar a ser

---

130 *Cf.* Baracchi (2008: 161-162).

131 Es importante señalar este punto, pues de lo contrario, si se lleva muy lejos la analogía entre la física y la ética, se corre el riesgo de caer en un naturalismo ético y de situar la ética en el campo de una ciencia demostrativa.

132 *Cf.* Vega (2011: 312).

133 En rigor, no es correcto hacer esta distinción, ya que lo moral, lo político y lo religioso en el pensamiento griego antiguo iban de la mano. Sin embargo, mientras se tenga presente ello, no hay inconvenientes en trazarla; de hecho, nosotros lo hacemos.

ambidiestro,[134] involucra el cambio, el mejoramiento de las inclinaciones naturales.

Habíamos dicho que la justicia natural, entonces, expresa los valores políticos, morales y religiosos más fundamentales de la ciudad. Unos principios políticos básicos del sistema democrático serían, por ejemplo, la igualdad de derechos políticos de todos los ciudadanos (*isonomía*)[135] y la libertad de expresión (*isegoría*), sin los cuales sería impensable la ciudadanía en cuanto concepto que abarcaba a todo aquel que podía participar de "la administración deliberativa o judicial" (ἀρχῆς βουλευτικῆς ἢ κριτικῆς).[136] Como valor moral se puede mencionar el deber de *gerotrophía* (el deber de honrar a los padres). La importancia de este deber lo atestiguan, por ejemplo, Jenofonte (*Mem.* 4.4.19-20), cuando por medio de Sócrates declara que una de las leyes no escritas es precisamente tal exigencia; y también Esquilo en *Suplicantes* (vv. 707-709), quien dice que "el respeto a los padres es la tercera [norma] que ha sido escrita entre las leyes de *Díke*" (τὸ γὰρ τεκόντων σέβας / τρίτον τόδ᾽ ἐν θεσμίοις / Δίκας γέγραπται).

En lo que respecta a un valor religioso, un ejemplo claro sería el deber de enterrar a los muertos. En la historiografía encontramos una situación interesante que da cuenta de cómo un principio de justicia podía ser natural para los griegos, pero no para otro pueblo y, por lo tanto, variable. Así, Heródoto (3.38) cuenta que el rey Darío convocó a algunos griegos, cuya práctica funeraria era quemar a los muertos, y les preguntó por cuánto dinero accederían a comerse los cadáveres de sus padres. Los griegos respondieron que jamás harían eso, cualquiera fuera el precio. Darío convocó, por otro lado, a una tribu de la India llamada Calatias, cuya práctica funeraria era devorar a los progenitores, y les preguntó por qué suma consentirían en quemar los restos de sus padres. La propuesta fue también rechazada por completo. El caso ilustra muy bien, como destaca Thorp (2021: 115), que "este tipo de valor profundamente arraigado [es lo que] Aristóteles tiene en mente aquí cuando habla de la justicia natural". Se trata de una práctica tan establecida y enquistada en un pueblo que, si bien puede variar en otro, no es una convención y de ahí su carácter natural: es algo que se impone sobre los integrantes de la comunidad como una fuerza que brota desde su propio interior, naturalizada y que no está sujeta al parecer individual, tal como dice Aristóteles en 1134b20 de *Ética Nicomaquea*.

---

134 El ejemplo se encuentra resumido en la nota 129.

135 De hecho, la relación que tenía la *isonomía* con la *demokratía* era tal que el primer concepto se utilizaba como sinónimo de esa forma de gobierno. Al respecto, ver Hdt. 3.80.6.

136 *Pol.* 1275b17-20.

La idea de la justicia natural que venimos desarrollando adquiere cierta dificultad, y hasta un desafío interpretativo, en *Retórica*. En esta obra, Aristóteles establece la distinción entre lo justo según la ley y lo justo natural mediante una breve mención acerca de cómo en las leyes coexisten dos formas distintas de justicia. Así, en el pasaje 1368b7-9, divide la ley en "particular" (ἴδιον) y "común" (κοινόν), y sostiene que la primera es la ley escrita establecida por cada ciudad para gobernarse a sí misma, y la segunda es la ley no escrita sobre la que parece haber un reconocimiento unánime en los pueblos. Un poco más adelante en su desarrollo, en el pasaje 1373b4-9, Aristóteles retoma la distinción y aclara que la ley particular puede ser tanto escrita como no, y que la ley común es aquella "según la naturaleza" (κατὰ φύσιν). Más allá de que existe cierta imprecisión en la clasificación,[137] el *nómos katà phýsin* se correspondería con la justicia natural de la que habla el Estagirita en *Ética Nicomaquea*, pues especifica que ella versa sobre algo común que todos los hombres "adivinan" (μαντεύονταί)[138] y que estos consideran como "justo o injusto por naturaleza" (φύσει [...] δίκαιον καὶ ἄδικον).[139] Habría, entonces, un correlato con la afirmación de que lo justo por naturaleza "en todas partes tiene la misma fuerza" (τὸ πανταχοῦ τὴν αὐτὴν ἔχον δύναμιν).[140]

Esta correlación, sin embargo, ofrece problemas. En efecto, en la caracterización de la ley natural que Aristóteles ofrece en su *Retórica* (1373b6-8) se dice algo que se contrapone a lo que venimos diciendo con respecto a su tratado ético: que los hombres reconocen que algo es justo o injusto, lo cual existe incluso cuando "en ningún modo hay entre ellos comunidad ni tampoco acuerdo" (μηδεμία κοινωνία πρὸς ἀλλήλους ἦ μηδὲ συνθήκη). El tema se complejiza un poco más cuando reparamos en los tres ejemplos que el filósofo ofrece del *nómos katà phýsin*: en primer lugar, cita a *Antígona*

---

137 La referencia de Aristóteles a la ley no escrita no es clara. En efecto, en el pasaje 1368b7-9 dice que la ley particular es escrita y propia de cada pueblo y la ley común es no escrita y parece estar reconocida de modo universal. Sin embargo, en 1373b4-9 dice que la ley particular puede ser tanto escrita como no y la ley común es el *nómos katà phýsin*.

138 Es interesante marcar que el verbo *manteúein* (μαντεύειν), mediante el cual Aristóteles designa la acción de "adivinar", tiene un significado muy fuertemente ligado con las ideas de profetizar, consultar un oráculo y de prever el porvenir –véase, al respecto, Beekes (2010) s.v. μάντις–. Este sentido muestra que hay una mezcla entre lo instintivo y lo religioso que se opondría a lo racional y científico. Sin embargo, no parece que Aristóteles esté pensando, cuando usa tal verbo, en un procedimiento alejado de la razón, sino que más bien quiere dar cuenta de que en una comunidad todos saben y conocen aquello que es común entre los hombres por ser una creencia tan arraigada en sus prácticas que ha devenido en algo "natural".

139 *Rh.* 1373b6-8.

140 *EN* 1134b19-20.

de Sófocles, en donde en los versos 456-457 se argumenta que enterrar a Polinices es justo, "pues no [es esto] de hoy ni de ayer, sino de siempre, y nadie sabe desde cuándo apareció" (οὐ γάρ τι νῦν γε κἀχθές, ἀλλ᾽ ἀεί ποτε / ζῇ τοῦτο, κοὐδεὶς οἶδεν ἐξ ὅτου φάνη); en segundo lugar, se refiere a Empédocles, quien sostiene, acerca de no matar lo que tiene vida, que "es ley para todos y se extiende largamente por el amplio éter y también a través de la inmensa Tierra" (τὸ μὲν πάντων νόμιμον διά τ᾽ εὐρυμέδοντος αἰθέρος ἠνεκέως τέταται διά τ᾽ ἀπλέτου αὐγῆς); y, por último, invoca una sentencia de Alcidamante, en la que se dice que "el dios dejó libres a todos, a nadie ha hecho esclavo por naturaleza" (ἐλευθέρους ἀφῆκε πάντας θεός, οὐδένα δοῦλον ἡ φύσις πεποίηκεν).

En los tres ejemplos ofrecidos, de acuerdo con Burns (2011: 109), pareciera ser que el concepto de ley natural tiene tres características. En primer lugar, Sófocles, Empédocles y Alcidamante sostendrían que los principios de la ley natural son universales, en el sentido de que se aplican a todo el género humano y en toda comunidad. En segundo lugar, tales principios son eternos; en todo tiempo conservan su validez. Por último, ofrecen un criterio para evaluar las instituciones, las costumbres y las prácticas humanas.

Todo esto significaría para Aristóteles que la justicia natural se sustraería al campo de la politicidad y pasaría a ser una instancia metajurídica, lo cual es algo que el propio filósofo rechaza en *Ética Nicomaquea* al caracterizar aquella justicia como parte de la justicia política. No existe una explicación concluyente acerca de cómo leer la referencia a la ley natural que hace en su tratado sobre retórica. Sin embargo, más allá de que una parte de la literatura considera que el desarrollo de Aristóteles en esta obra es confiable,[141] creemos que hay que tener cuidado con tales ejemplos, pues el Estagirita no parece tomarlos muy en serio, ni tampoco está interesado en exponer mediante ellos su teoría del derecho natural (variable). En realidad, en *Retórica* el filósofo está ofreciendo estrategias de persuasión y tomando como ejemplo normas de un derecho inter-*póleis* que circulaban en su tiempo. Esta clase de lectura es compartida por numerosos especialistas. Así, Irwin (1996: 142) dice que "el propósito del tratado aparentemente no ofrece razón alguna para suponer que estas cosas deban ser el propio pensamiento de Aristóteles" y Burns (2011: 110) sostiene que aquellas aseveraciones son "dispositivos estratégicos, o puntos de debate, a los que los estudiantes de retórica podían apelar de manera plausible si desean argumentar un caso particular".

No negamos que en algún punto varios ejemplos pueden coincidir con los valores morales, políticos y/o religiosos básicos de la justicia natural

---

141 *Cf.* Hamburger (1965: 65), Sigmund (1971: 9-10), Strauss (1974: 156) y Leyden (1985: 84), entre otros.

ARISTÓTELES, EL JUEZ Y LA EQUIDAD

–como el deber de honrar a los padres o el entierro de los muertos, entre otros–, pero la intención de Aristóteles es otra: apelar a un *tópos* argumentativo que se supone admitido y que, de hecho, gravitaba en el imaginario jurídico griego. Si se miran los testimonios que conservamos, desde el género trágico, la historiografía y hasta la filosofía, son muy recurrentes las menciones a *koinoì nómoi* que coexistían con el derecho escrito y que eran algo común. Este tipo de normas se presentan como valores que abrazaban a varias ciudades y que se definían por un mismo ideal. El concepto trataba de delimitar un derecho que no variara, sino que superara el marco de las prácticas locales y se aplicara a las relaciones humanas por el solo hecho de tratarse de eso.[142] En este sentido, la ley común tenía pretensiones de universalidad y su autoridad se aplicaba a determinadas materias que se caracterizaban por ser frecuentes en la vida social de los griegos y comprender valores compartidos. Estos principios abarcaban la veneración a los dioses,[143] el trato justo a los extranjeros,[144] la restitución de un favor,[145] la inhumación de los cadáveres,[146] el cuidado de los prisioneros que se han rendido,[147] la prohibición del incesto,[148] la preservación de los juramentos,[149] el deber de honrar a los progenitores,[150] la asistencia a los suplicantes y el respeto a los huéspedes.[151]

— 5 —

La continuidad práctica entre legislación y jurisdicción

En el plano de la politicidad, la legislación es el instrumento necesario para establecer una empresa cooperativa comunitaria que ofrezca las condiciones de posibilidad para el desarrollo ciudadano y, en última instancia, la realización de una vida feliz. Sin embargo, como ya sostuvimos en varias ocasiones, el establecimiento solo de leyes no alcanza para regular en toda su especificidad el complejo entramado que presentan las relaciones intersubjetivas. En efecto, la ley se ocupa de lo general y necesita de ma-

---

142 En relación con la idea de un *nómos* común en la antigua Grecia, ver Buis (2015).

143 X. *Mem.* 4.4.19 y A. *Supp.* (vv. 704-706).

144 A. *Supp.* (vv. 701-703).

145 X. *Mem.* 4.4.24.

146 S. *Ant.* (vv. 454-455) y *Aj.* (vv. 1130 y 1343); Th. 4.97.2-3; Isoc. 12.169; E. *Supp.* (vv. 311, 526 y 671-672).

147 Th. 3.58.3, 3.66.2 y 3.67.6; E. *Heracl.* (vv. 961-1017).

148 X. *Mem.* 4.4.20-23.

149 Th. 3.59.1-2 y Plu. *Per.* 29.

150 X. *Mem.* 4.4.20 y A. *Supp.* (vv. 707-709).

151 E. *Cyc.* (vv. 299-303).

gistrados en lo que respecta a la determinación de lo justo en casos concretos. Se requiere, pues, tanto de leyes como de individuos encargados de ejecutar y de aplicar estas normas. Sin ir más lejos, Aristóteles caracteriza el régimen político como aquel en el que "la ley" (νόμον) gobierna en todos los asuntos "generales" (καθόλου) y los "magistrados" (ἀρχάς) se ocupan de decidir en los casos "particulares" (ἕκαστα).[152]

En el ámbito de aplicación de leyes, cobra fuerte protagonismo la figura de un tercero imparcial que resuelve los problemas entre particulares: el juez (*dikastés*). En efecto, Aristóteles no desconoce que en lo que al derecho se refiere no basta solo con un sistema de normas jurídicas generales. Existe también la posibilidad de que se produzcan desacuerdos, conflictos y otros tipos de problemas de índole jurídica que puedan romper la convivencia pacífica. En rigor, las leyes y los jueces son elementos esenciales de la *politeía*, y entre ambas instituciones hay una continuidad práctica y ordenadora. El derecho es una práctica institucional compleja en la que existe un *continuum* entre legislación y jurisdicción. En el marco de esta relación, la prioridad la tienen las leyes, en su calidad de instrumento tendiente a la formación de ciudadanos virtuosos y mediante el cual se transmiten los valores y principios que estructuran el régimen político. Sin embargo, sobre el juez se apoya tal práctica legislativa y, en consecuencia, la instancia política misma. No es extraño, por eso, que Aristóteles identifique al juez como la "justicia viviente" (δίκαιον ἔμψυχον),[153] como aquel al que las partes en conflicto buscan para que se determine lo justo en un caso en concreto. En el ámbito jurisdiccional, el juez debe seguir los criterios de racionalidad de la propia estructura política y aquellos contemplados en la norma. No puede, pues, desafiar el carácter ordenatorio que tiene el *nómos* y su misión de establecer una comunidad eunómica.

Hemos visto varias razones que justifican el valor de la ley, pero lo que resta explicar es por qué tiene un carácter prioritario respecto al juez. El camino lo traza el propio Aristóteles cuando, en una sección de *Política* (III.15-16) en la que analiza la realeza, indaga si en la *pólis* deben gobernar las "mejores leyes" (ἀρίστων νόμων) o, en cambio, el "mejor hombre" (ἀρίστου ἀνδρὸς). Vale aclarar que, si bien se focaliza en discutir sobre el gobierno de la ciudad en general, sus ideas claramente alcanzan el ámbito jurisdiccional. De hecho, el propio Aristóteles entremezcla el plano institucional de la administración con el de la resolución de conflictos.

La reflexión toma la forma de un debate agonístico, en el cual las partes formulan argumentos a favor y en contra de cada una de las posturas;

---

152 *Pol.* 1292a33-34.
153 *EN* 1132a22.

Aristóteles, como si fuese un árbitro o un juez, ordena la disputa. El defensor del gobierno del mejor hombre comienza el *agón* con la afirmación de que las leyes solo enuncian reglas "universales" (καθόλου) y no dicen nada acerca de cómo lidiar con las circunstancias particulares que surgen con los casos.[154] Asimismo, agrega que, al igual que sucede en cualquier arte, no sería adecuado regirse solo con "normas escritas" (κατὰ γράμματ').[155] La crítica es indiscutible y muestra cuál es la principal debilidad del gobierno regido solo por leyes escritas. El problema es ilustrado mediante el ejemplo de los médicos egipcios, quienes al cabo de cuatro días podían cambiar el tratamiento del paciente. La idea es que ellos, al ejercer su profesión, no se tenían que restringir a seguir un conjunto de instrucciones preestablecidas –lo cual podía ser, además de infructífero, contraproducente–, sino que debían considerar las características del individuo y cómo se iba desarrollando la enfermedad.

Frente a esta objeción, el defensor del gobierno de la ley alega que lo que no está vinculado a "lo afectivo" (τὸ παθητικὸν) es superior a lo que por naturaleza se halla afectado por las pasiones, y mientras que la ley está libre de afección alguna, "toda alma humana la padece necesariamente" (ψυχὴν δ' ἀνθρωπίνην ἀνάγκη τοῦτ' ἔχειν πᾶσαν).[156] Dicho de otro modo, el *nómos* es racional. En contra de las pasiones y los deseos que generan una distorsión en los gobernantes y, en consecuencia, en la propia ciudad, la ley permite el ideal de una vida ordenada y razonable; por eso, "la ley es inteligencia sin apetito" (ἄνευ ὀρέξεως νοῦς ὁ νόμος ἐστίν).[157]

El gobierno de las leyes constituye la encarnación más confiable del gobierno de la razón.[158] Este argumento, que coloca el acento sobre la naturaleza racional del *nómos*, introduce el aspecto clave por el cual se debe priorizar ante todo la ley. A los fines de comprender mejor su fuerza argumentativa, hay dos pasajes puntuales de la obra aristotélica que deben ser leídos en conjunto. El primero, que corresponde a *Ética Nicomaquea* (1180a21-24), dice que la ley "tiene fuerza coercitiva" (ἀναγκαστικὴν ἔχει δύναμιν) y es la expresión de cierta "prudencia e inteligencia" (φρονήσεως καὶ νοῦ), y que si bien los hombres odian a aquellos que se oponen a sus impulsos –incluso cuando lo hacen rectamente–, "la ley no es odiada al ordenar lo bueno" (ὁ δὲ νόμος οὐκ ἔστιν ἐπαχθὴς τάττων τὸ ἐπιεικές). El segundo pasaje, que pertenece a *Política* (1287a28-32), complementa la idea con algunas cuestiones interesantes ligadas a la racionalidad de la ley. Aristóteles

---

154 *Pol.* 1286a10-11.
155 *Pol.* 1286a12.
156 *Pol.* 1286a19-20.
157 *Pol.* 1287a32.
158 *Cf.* Miller (2013: 61).

dice que quien apoya el imperio de la ley defiende que "solo la divinidad y la inteligencia gobiernen" (ἄρχειν τὸν θεὸν καὶ τὸν νοῦν μόνους); en cambio, quien apoya el gobierno del hombre incluye también el de una "fiera" (θηρίον), pues "el impulso afectivo distorsiona a los gobernantes y aún a los mejores hombres" (ὁ θυμὸς ἄρχοντας διαστρέφει καὶ τοὺς ἀρίστους ἄνδρας).

Mediante ambos argumentos se da cuenta de que la ley es el mejor candidato para gobernar todos los planos de la *pólis* debido a su imparcialidad, su carácter racional y la capacidad que tiene para promover de modo firme los fines políticos. Esto es posible porque lo racional, a diferencia de lo meramente pasional, no se extravía en la búsqueda de la justicia. La razón, que se identifica con la ley, busca el término medio. O, mejor dicho, "la ley es término medio" (ὁ γὰρ νόμος τὸ μέσον).[159] En el marco de la elección de los medios para la realización de un fin, el gobierno de la mejor ley supera al gobierno del mejor hombre, porque sirve para encauzar el comportamiento humano hacia la felicidad sin perder su rumbo. Pero esto no es todo con respecto al valor del *nómos*. En efecto, para Aristóteles, no se debe perder de vista sobre este punto ligado a la normatividad que, aún más soberanas y sobre asuntos más importantes que las leyes escritas (*katà grámmata*), son las leyes basadas en la costumbre (*katà tò éthos*). Estas leyes expresan el propio carácter de la *pólis*, su forma de vida y los principios político-morales que rigen todas sus instituciones: son, en este sentido, expresión de la justicia natural, entendida de acuerdo con lo analizado en el apartado 4 de este capítulo.

El desarrollo que Aristóteles realiza en *Ética Nicomaquea* sobre la estructura del alma (*phsykhé*) humana ayuda a iluminar la identificación de la ley con la razón que realiza el defensor del imperio del *nómos*.[160] Ciertamente, en la visión aristotélica la *phsykhé* se divide en dos partes: una parte irracional (*álogon*) y otra racional (*lógon*).[161] En ambos casos hay a su vez una subdivisión. Así, la parte irracional se subdivide en una parte que involucra la capacidad vegetativa (*threptikón*), que no tiene en absoluto relación con la razón, y en otra parte apetitiva (*orektikón*), vinculada con la capacidad referente a los deseos y las emociones (*páthe*). Esta segunda subparte, si bien no es en sí misma racional, participa en cierto modo de la razón: la participación se da precisamente porque ella es capaz de es-

---

159 *Pol.* 1287b4-5.

160 Al margen de alguna que otra breve mención para aclarar nuestras ideas, no hace falta entrar en detalle sobre la teorización que ofrece Aristóteles en *De Anima*. Al respecto, pueden verse los trabajos recopilados en Rorty & Nussbaum (1995), los cuales abordan de un modo muy enriquecedor los distintos aspectos que invita a estudiar la obra aristotélica.

161 *EN* 1102a27-33.

cucharla y obedecerla. En lo que respecta a la parte racional del alma, esta se divide en una subparte científica (*epistemonikón*) y en otra calculadora (*logistikón*): mientras que con la primera se conocen los entes cuya índole es tal que sus principios no pueden ser de otra manera (lo necesario e invariable), con la otra se conocen los entes que sí pueden ser de otra manera (lo contingente y variable).[162]

Como el propio Aristóteles señala, la distinción general entre una parte racional y otra irracional que es susceptible de someterse a la autoridad de la primera sirve de base para establecer la distinción entre dos clases de virtud: por un lado, las éticas, que corresponden a la subparte apetitiva, y, por el otro, las dianoéticas, que corresponden a la parte racional.[163] Pero la diferencia sirve además, aunque el filósofo no lo diga de forma explícita, para destacar que la ley, al ser inteligencia (*noûs*) sin apetito, se corresponde con la parte más elevada de la *phsykhé*. El *noûs*, que es la facultad distintiva del hombre y aquella que está en la cima de la jerarquía de las funciones del alma,[164] tiene "según la naturaleza" (κατὰ φύσιν) un carácter primigenio y dominante sobre los componentes materiales de los organismos vivos.[165] Así pues, se puede decir que la ley en cuanto *noûs* constituye el *lógos* rector al cual los hombres deben someterse a los fines de obtener una vida virtuosa y feliz.[166] En otras palabras, expresa la razón y es la mejor guía para transitar tal camino. Este es un aspecto que el gobierno del hombre jamás puede superar. No está, por naturaleza, en igualdad de condiciones para hacerlo.

El argumento sobre la naturaleza racional del *nómos*, si bien revela por qué el gobierno de la mejor ley supera al del mejor hombre, no niega, como es evidente, la existencia de inconvenientes al momento de ejercer la autoridad en casos concretos. Quien defiende el imperio del *nómos* es plenamente consciente de sus limitaciones. Es por eso que Aristóteles explica que las leyes, si bien deben ser soberanas en todos los aspectos de la vida social, tienen que atenuar su autoridad cuando la aplicación mecánica y literal podría hacer que la realización de la justicia se viera amenazada. Para decirlo de forma breve, su autoridad debe cesar cuando "se desvíen" (παρεκβαίνουσιν).[167] El Estagirita destaca este punto mediante una paráfrasis del juramento que realizaban los jueces atenienses al desempeñar

---

162 *EN* 1139a5-17.
163 *EN* 1103a3-7 y *EE* 1220a4-11.
164 *DA* 414b18-19.
165 *DA* 410b10-15.
166 Duke (2020: 20 y 24).
167 *Pol.* 1286a23.

su cargo.[168] Así, dice que la ley ordena a los gobernantes que juzguen y administren "con el criterio más justo" (τῇ δικαιοτάτῃ γνώμῃ) aquello que no puede abarcar la norma, y además les permite "corregir" (ἐπανορθοῦσθαι) lo que consideren mejor que lo establecido.[169]

A la luz de estas consideraciones, se afirma que el juez tiene autoridad para decidir sobre las cuestiones que el legislador deja indeterminadas o cuya regulación es deficiente para resolver algunos casos. Aquel, en principio, decidiría mejor acerca de lo justo conforme las circunstancias particulares que se le presentan; pero está claro que en aquellas situaciones especificadas en la norma nadie discute que "la ley gobernaría y juzgaría mejor" (ἂν ἄριστα ὁ νόμος ἄρξειε καὶ κρίνειεν).[170]

Todo esto muestra que la conclusión de la disputa acerca de si conviene que gobiernen las mejores leyes o el mejor hombre es que ambos contribuyen en aspectos distintos a la constitución de un buen gobierno.[171] Como dice Aristóteles, respecto al campo legislativo, está claro que tal hombre debe ser "legislador" (νομοθέτην) y que debe haber "leyes establecidas" (κεῖσθαι νόμους)[172] y, con relación al ámbito jurisdiccional, los mejores hombres deben ser jueces, pero siempre sometidos a la autoridad de la ley.

Esta síntesis, que reúne los aspectos positivos del gobierno de la mejor ley y del mejor hombre, no significa en modo alguno que el juez sea el centro de la práctica jurídica ni tampoco que sobre sus hombros descanse la efectiva realización de la justicia en la *pólis*. El juez aristotélico no es el juez Hércules dworkiniano que sostiene al mundo jurídico con sus fuertes brazos. En el pensamiento de Aristóteles, lo universal y la razón tienen más importancia que lo particular y lo pasional, de manera que en la *politeía* la ley es prioritaria y siempre más importante que los jueces. Sin ir más lejos, en términos teleológicos, el verdadero fin de la ciencia política y de toda verdadera ciudad es la buena legislación.[173] El *télos* que orienta la ac-

---

168 El juramento dikástico aparece en diversas fuentes de la oratoria forense, como por ejemplo Aeschin. 3.6, Antiphon. 5.7 y Dem. 20.118. Sobre el tema, ver Todd (1993: 54-55), S. Johnstone (1999: 40-42), Mirhady (2007) y Harris (2006a y 2013: 101-137).

169 *Pol.* 1287a25-28.

170 *Pol.* 1286a20-21 y 1287b17-18.

171 No está del todo claro por quién se inclina al final Aristóteles, si por el gobierno del mejor hombre o el gobierno de la ley. Tampoco creemos que toda la disquisición se trata de un completo argumento a favor del imperio de la ley y en contra de la monarquía, como entiende Robinson (1995: 60-61). En realidad, como se puede apreciar en la dinámica argumentativa, en ambos lados hay tanto aspectos negativos como positivos.

172 *Pol.* 1286a21-22.

173 *EN* 1112b12-15 y *EE* 1216b18.

tividad política es establecer "las leyes más rectas" (ὀρθοτάτους νόμους), lo cual se satisface cuando se encuentra en conformidad con la igualdad, es decir, con "la conveniencia de toda la ciudad y en relación con el [bien] común de los ciudadanos" (τὸ τῆς πόλεως ὅλης συμφέρον καὶ πρὸς τὸ κοινὸν τὸ τῶν πολιτῶν).[174] La actividad judicial también es importante, pero tiene una función subordinada a la ley: solo interviene con el fin de garantizar la estabilidad del sistema o recomponer el daño causado en un conflicto y a la luz de un criterio legal establecido.

El juez es un actor clave en la conservación del imperio de las leyes. En efecto, la "justicia" (δίκη) constituye "el orden de la comunidad política" (πολιτικῆς κοινωνίας τάξις) resultante de las leyes[175] y este orden no solo se promueve desde el campo legislativo, sino también desde el judicial. Así, en el ámbito de la resolución de conflictos, el ejercicio de "[la virtud de] la justicia" (δικαιοσύνη), que consiste precisamente en el "discernimiento de lo justo" (τοῦ δικαίου κρίσις), juega un papel central en el establecimiento de un esquema político cierto, uniforme y ordenado. Entre legislación y jurisdicción, pues, se debe mantener una continuidad fluida y, en este proceso, el juez adquiere un papel muy importante de la política misma, en especial como garante de la justicia. El problema es que en este movimiento algunas veces la legislación es deficiente o no alcanza para resolver por sí misma el caso con corrección. En este escenario, en el que el paso de la legislación a la jurisdicción presenta un desafío para la integridad del derecho, Aristóteles ideó su teoría de la *epieíkeia*: la virtud paradigmática de tal magistrado y de otros por extensión.[176] El tema de la equidad será objeto de desarrollo en los dos siguientes capítulos, respecto al cual, de acuerdo con los intereses y propósitos fijados en la introducción del libro, nos centraremos en la figura del juez.

---

174 *Pol.* 1283b40-42.

175 *Pol.* 1253a37-38.

176 *Cf.* Shiner (1994: 1252). Vale aclarar que, si bien la mayoría de los especialistas, como Nussbaum (1993) y Brunschwig (1996), suelen situar la equidad en la esfera de la práctica judicial y al hombre equitativo como el buen juez, lo cierto es que la equidad no es propiedad exclusiva de ese campo, sino que también se aplica al plano más amplio de las deliberaciones políticas. Así se ha expresado, en particular, Schillinger (2018).

CAPÍTULO II

La equidad como justicia más justa

οἴονται μὲν οὖν τινες ἐπίτηδες ἀσαφεῖς αὐτὸν ποιῆσαι τοὺς
νόμους, ὅπως ᾖ τῆς κρίσεως ὁ δῆμος κύριος. οὐ μὴν εἰκός,
ἀλλὰ διὰ τὸ μὴ δύνασθαι καθόλου περιλαβεῖν τὸ βέλτιστον· οὐ
γὰρ δίκαιον ἐκ τῶν νῦν γιγνομέων ἀλλ᾽ ἐκ τῆς ἄλλης πολιτείας
θεωρεῖν τὴν ἐκείνου βούλησιν.

*Algunos piensan que [Solón] hizo a propósito las leyes poco
claras, para que el pueblo sea soberano en el juicio.
Pero ello no es probable, sino que [fue] a causa de no ser
capaz de definir lo mejor de manera general;
pues no es justo considerar la voluntad de él a partir de lo
que acontece ahora, sino por el resto de la constitución.*
Aristóteles, Ath. 9.2.

Si, como se postuló en el capítulo anterior, la jurisdicción prosigue el trabajo de la legislación, esto supone reglas y un campo delimitado de la actuación del juez que garanticen la transición del plano universal al particular, de la ley al caso. Dicho de otro modo, la continuidad práctica que debe asegurar aquel encargado de aplicar la ley, aun en casos excepcionales e imprevistos, no debería trastocar en modo alguno la racionalidad interna del *nómos*. Uno de los mayores méritos de Aristóteles es haber encontrado la forma de realizar este pasaje, sin cortes ni saltos abruptos, mediante su teoría de la equidad. A través de ella, las dicotomías normas generales/normas particulares, creación de leyes/ aplicación de leyes y actividad legislativa/libertad interpretativa del juez, antes que encontrarse en oposición, se presentan reconciliadas en un solo movimiento que aspira a alcanzar la justicia.

Las instituciones encargadas de crear normas jurídicas (generales y particulares) se apoyan unas sobre otras. La legislación, sin la instancia de aplicación de leyes, es estéril; y la instancia de aplicación de leyes, sin normas generales previas, es vacía. Existe, pues, una clara división del trabajo jurídico que, en situaciones ideales u óptimas, se debería desarrollar en completa armonía. El problema es que, en situaciones reales, el *continuum* entre la legislación y la jurisdicción no está exento de complejidades. Más de una vez el juez se debe enfrentar a casos que no solo ponen a prueba sus capacidades, sino que desafían el valor del andamiaje de normas jurídicas sobre el que se estructura la *pólis*. La práctica de la jurisdicción debe contar con un mecanismo que permita mantener la integridad del gobierno de las leyes. Este mecanismo es precisamente la equidad.

En efecto, como veremos, la *epieíkeia* estructura el despliegue del propio desarrollo de las instituciones jurídicas como un principio de racionalidad interno que garantiza, aun en la aplicación de las leyes a casos difíciles y excepcionales, la realización de los principios de la base constitucional. Así, la equidad mantiene un vínculo muy fuerte con la idea de orden, pues si la ley, como firma Aristóteles, es una *táxis*, la equidad es aquello que preserva este valor político e institucional frente a la posibilidad de ruptura. Mantener el imperio de la ley es conservar el imperio de la razón, de la seguridad y de la autoridad, y excluir el desorden y todo aquello que pueda, aunque sea en lo más mínimo, depreciar las instituciones. Esto es posible porque la equidad aristotélica tiene características particulares que apuntan en esa dirección de índole conservadora y, además, porque tiene un campo limitado de actuación: no constituye, en modo alguno, una franquicia para que el juzgador actúe a discreción.

En función de los puntos señalados y con el propósito de ofrecer una caracterización precisa del instituto de la *epieíkeia*, este capítulo se organiza de la siguiente manera. En las dos primeras secciones, desarrollaremos los principales rasgos de la equidad en cuanto corrección de la justicia legal y garantía de la transición de lo universal a lo particular cuando la ley se aplica a un caso concreto. En segundo lugar, veremos, a la luz de la teoría de la acción y responsabilidad del Estagirita, cuándo podría operar dicha institución. Tras explorar la doble naturaleza de la equidad (jurídica y moral), se discutirá la tesis de la libre discrecionalidad a partir de las críticas que formula Aristóteles a la libertad judicial y la cuestión de las emociones en los litigios judiciales. Todo esto buscará demostrar cómo en realidad Aristóteles piensa la equidad con un campo de acción muy limitado y, además, nos permitirá tener una idea clara del instituto que nos sirva de base para desarrollar, en el último capítulo del libro, su dinámica y los contornos dentro de los cuales es legítimo que se mueva el juez.

— 1 —

La *epieíkeia* como corrección de la justicia legal

En el libro V.10 de *Ética Nicomaquea* –la obra que nos servirá de guía para nuestro desarrollo–, Aristóteles intenta precisar los significados de "equidad" (ἐπιεικείας) y "equitativo" (ἐπιεικοῦς), y determinar cuál es la relación de la equidad con la "justicia" (δικαιοσύνην) y de lo equitativo con "lo justo" (τὸ δίκαιον). En este marco, advierte una dificultad (*aporía*) en cuanto a la elucidación del concepto de *epieíkeia*. A veces se ve en él un valor digno de elogio, al punto tal que lo equitativo (*epieikés*) se utiliza como sinónimo de bueno (*agathós*); pero, al mismo tiempo, otras veces se reconoce que la equidad se diferencia de la justicia, lo cual resulta un tanto extraño, pues, si son diferentes, significa que lo justo no es bueno o que la equidad no es algo justo. El asunto presenta, entonces, cierta paradoja: si la equidad y la justicia se distinguen en género, entran en conflicto y si ambas son buenas, entonces son la misma cosa.[1]

Sin embargo, según Aristóteles todas estas afirmaciones tienen su cuota de verdad, pues lo equitativo, si bien es mejor a cierta clase de justicia, sigue siendo justo y aun así no se trata "de otro género" (ἄλλο τι γένος).[2] La equidad no es algo que está más allá de los contornos de la justicia.[3] Tanto la justicia legal como la justicia según la equidad son dos especies de justicia dentro del género.[4] Lo que sucede es que lo equitativo es justo, pero no lo justo de acuerdo con la ley, sino "una rectificación de la justicia legal" (ἐπανόρθωμα νομίμου δικαίου).[5] Esta es su *differentia specifica*. Se trata, pues, de un acto segundo que rectifica y perfecciona la primera parte de la justicia concebida en la letra de la ley.[6] No es su objeto, entonces, simplemente hacer a la ley más completa ni tampoco más exhaustiva, sino confeccionar y adaptar sus preceptos a los requerimientos de un caso concreto.[7]

La corrección de la equidad tiene lugar en virtud de las dificultades que ofrece la naturaleza del *nómos* y la de los asuntos prácticos. En efecto, mientras que la ley tiene carácter "universal" (καθόλου) y regula de forma general las conductas que satisfacen determinadas características genéricas, la acción humana es cambiante, contingente e imprevisible.[8] En tal sentido, la relación que guardan el plano normativo y el fáctico puede tener algunos problemas, pues los casos particulares en ocasiones presentan circunstancias especiales que nunca hubieran podido ser previstas en las normas. La aplicación mecánica de la ley, entonces, puede ser insuficiente para resolver el conflicto con verdadera justicia. Este problema no es algo que desconozca el legislador. Como explica Aristóteles, la ley abarca lo máximo posible sin ignorar que esto es erróneo y "no es por eso menos recta" (ἔστιν οὐδὲν ἧττον ὀρθός). El error no reside en las leyes ni en el autor de

---

1   *EN* 1137a34-b5.
2   *EN* 1137b9.
3   *Cf.* D'Agostino (1973: 76).
4   Vega (2014b: 118).
5   *EN* 1137b12-13.
6   *Cf.* D'Agostino (1973: 76-78) y Horn (2006: 142).
7   *Cf.* Sherman (1991: 16).
8   *EN* 1137b13-14.

la norma, sino "en la naturaleza de la cosa" (ἐν τῇ φύσει τοῦ πράγματός).[9] Desde el principio, la materia de los asuntos prácticos solo permite mostrar la verdad (alétheia) esquemáticamente y en líneas generales, pues se trata de cosas que suceden "en la mayor parte [de los casos]" (ὡς ἐπὶ τὸ πολύ).[10] No hay posibilidad alguna de ofrecer una precisión completa.[11] Quien con anterioridad a Aristóteles plantea esta problemática con total claridad es Platón, en un pasaje del Político (294a10-294b6) que conviene reproducir:

> ὅτι νόμος οὐκ ἄν ποτε δύναιτο τό τε ἄριστον καὶ τὸ δικαιότατον ἀκριβῶς πᾶσιν ἅμα περιλαβὼν τὸ βέλτιστον ἐπιτάττειν· αἱ γὰρ ἀνομοιότητες τῶν τε ἀνθρώπων καὶ τῶν πράξεων, καὶ τὸ μηδέποτε μηδὲν ὡς ἔπος εἰπεῖν ἡσυχίαν ἄγειν τῶν ἀνθρωπίνων, οὐδὲν ἐῶσιν ἁπλοῦν ἐν οὐδενὶ περὶ ἁπάντων καὶ ἐπὶ πάντα τὸν χρόνον ἀποφαίνεσθαι τέχνην οὐδ᾿ ἡντινοῦν.

Porque una ley no podría jamás prescribir lo más recto, abarcando al mismo tiempo con exactitud lo mejor y lo más justo para todos. Porque las desigualdades entre los hombres y sus acciones y el hecho de que nunca, por decirlo así, ninguno de los asuntos humanos se mantiene quieto, no permiten que una técnica, cualquiera que sea, revele en ningún asunto nada que sea simple y válido en todos los casos y en todo tiempo.

Según la virtud judicial de la equidad, cuando el legislador se expresa de forma incompleta o yerra por hablar en general, es adecuado corregir lo que falta y lo que aquel hubiese dicho en el caso particular si estuviese presente y hubiese legislado de saberlo.[12] En tal sentido, la equidad consiste principalmente en el ejercicio de la inteligencia práctica de un juez para "ajustar" o "adecuar" las leyes universales a situaciones concretas.[13] Para decirlo de acuerdo con la explicación dada por Beever (2004: 35), mediante la epieíkeia se realizan los juicios morales que se requieren para reconciliar la justicia legal con la justicia absoluta y suplir, de este modo, el vacío que existe entre ambas. Un pasaje de Magna Moralia (1198b25-33) sintetiza estas ideas:

> ἔστιν δὲ ἡ ἐπιείκεια καὶ ὁ ἐπιεικὴς ὁ ἐλαττωτικὸς τῶν δικαίων τῶν κατὰ νόμον. ἃ γὰρ ὁ νομοθέτης ἐξαδυνατεῖ καθ᾿ ἕκαστα ἀκριβῶς διορίζειν, ἀλλὰ καθόλου λέγει, ὁ ἐν τούτοις παραχωρῶν, καὶ ταῦθ᾿ αἱρούμενος ἃ ὁ νομοθέτης ἐβούλετο μὲν τῷ καθ᾿ ἕκαστα διορίσαι, οὐκ ἠδυνήθη δέ, ὁ τοιοῦτος ἐπιεικής. οὐκ ἔστιν δὲ ἐλαττωτικὸς τῶν δικαίων ἁπλῶς· τῶν μὲν γὰρ φύσει καὶ ὡς ἀληθῶς ὄντων

---

9   EN 1137b18.
10   EN 1094b21.
11   Cf. Shiner (1994: 1257).
12   EN 1137b19-24.
13   Cf. Zahnd (1996: 280).

δικαίων οὐκ ἐλαττοῦται, ἀλλὰ τῶν κατὰ νόμον, ἃ ὁ νομοθέτης ἐξαδυνατῶν ἀπέλιπεν.

La equidad y el [hombre] equitativo toman menos de las cosas justas de acuerdo con la ley. Pues cuando el legislador no es capaz de definir algo con exactitud y en sus detalles, sino que habla de forma general, el [hombre] que cede y toma aquello que el legislador quería definir para cada caso particular, pero no pudo, tal es equitativo. No es alguien que toma menos de las cosas absolutamente justas, pues no cede en las cosas que son por naturaleza y verdaderamente justas, sino en las que son por ley y que el legislador, por incapacidad, dejó [indeterminadas].

En *Retórica* (1374a27-28), Aristóteles ofrece una definición breve de la equidad como "lo justo que está más allá de la ley escrita" (τὸ παρὰ τὸν γεγραμμένον νόμον δίκαιον).[14] Esta expresión, si bien es bastante clara y precisa, debe ser tomada con cierto cuidado para evitar malentendidos. No se trata del abandono de la ley ni se rechaza su carácter de instrumento orientador para la realización de los valores político-morales de la ciudad. Dicho de otro modo, la equidad no significa salirse fuera de la justicia legal. En realidad, lo que quiere destacar Aristóteles es que el criterio general fijado por la norma se queda corto, es deficiente y, por eso, requiere ser ajustado. El uso del sustantivo *élleimma* (ἔλλειμμα) justifica esta interpretación. En efecto, el filósofo dice que la equidad se enmarca dentro de aquellos actos justos y se caracteriza por cubrir "el *élleimma* de la ley particular y escrita" (τοῦ ἰδίου νόμου καὶ γεγραμμένου ἔλλειμμα).[15] El significado de dicho término hace precisamente alusión al "defecto", la "deficiencia" o la "falta" que presenta la ley, pero no en el sentido de que esta tiene un completo vacío, sino en el de que sus disposiciones se quedaron cortas en la determinación de lo justo. Así, Shiner (1994: 1255) explica que la idea de *élleimma* ofrece la imagen de una distancia entre dos cosas y en la que no se ha alcanzado el punto deseable de encuentro. No se trata simplemente de una laguna normativa como si fuera el agujero que tienen las rosquillas en su interior. En efecto, una laguna normativa se da cuando a "un caso definido en términos de las propiedades que han sido consideradas relevantes por la autoridad normativa no se le ha correlacionado solución normativa alguna".[16] En cambio, el concepto de *élleimma*, si bien

---

14   No compartimos, pues, la traducción que propone Horn (2006: 153) de la preposición *pará* (παρά) como "contrario". Aristóteles no ve la equidad como algo que se contradice con la justicia legal, pues no son dos términos que expresan una rivalidad entre sí. En realidad, la equidad indica aquello que corrige la ley frente a la deficiencia que presentan sus palabras.

15   *Rh.* 1374a25-26.

16   Rodríguez (1999: 349). Asimismo, ver Alchourrón & Bulygin (2012: 33).

en cierto sentido indica un vacío, expresa más bien un yerro de la regulación porque las circunstancias exigen otro resultado.[17] Entonces, cuando Aristóteles evoca tal concepto, quiere decir que la ley escrita no alcanza por sí sola; por eso, la equidad la rectifica compensando el defecto de su esquema inevitablemente universal. Tanto la ley como la equidad apuntan hacia un mismo lado.[18] Ambas buscan la realización de la justicia; pero la excesiva abstracción de la ley le impide a veces a esta alcanzar tal meta y, por esto, entra en escena la *epieíkeia* como su mejor complemento en la definición de la justicia en el caso concreto.[19]

Aristóteles dice que el defecto de la ley ocurre, en parte, "contra la voluntad" (ἀκόντων) de los legisladores y, en parte, "conforme su voluntad" (ἑκόντων): mientras que el primer supuesto se presenta cuando aquello que el *nomothétes* debía determinar se le pasa inadvertido, el segundo se produce cuando él no puede definir todos los casos y necesita usar una fórmula general que cubra la mayoría.[20] Este último supuesto, vale señalar, es algo muy propio de la actividad legislativa; incluso connatural a la práctica. En efecto, aquello que no es fácil definir a causa de su indeterminación, pero que conviene legislarlo, debe ser expresado de forma general. No hay otro camino en la regulación normativa de un asunto contingente, cambiante y plagado de casi infinitas particularidades. Si alguien quisiera, por ejemplo, determinar en las leyes "el herir con la espada, su tamaño y con cuál" (τὸ τρῶσαι σιδήρῳ πηλίκῳ καὶ ποίῳ τινί), no podrá hacerlo jamás y pasaría la vida abocada en esa empresa.[21]

En *Retórica* (1374a35-b1), Aristóteles da un ejemplo práctico de la equidad que, a pesar de ser muy breve, puede ayudar a ilustrar los puntos que venimos señalando. Así, dice que "si uno llevando un anillo levanta la mano

---

17   Se ha interpretado, sin embargo, que la equidad también cubriría aquellos casos en los que existe por completo un vacío legal. En tal sentido se expresa Barden (1981: 362), quien dice que Aristóteles "apeló a [la equidad] precisamente cuando no hay estatuto ni precedente que cubra adecuadamente el caso que nos ocupa". El problema de esta lectura es que se prescinde de toda regla universal, con lo cual la idea de rectificación de la justicia legal (la ley) perdería sentido. Al respecto, ver Shiner (1994) y Zahnd (1996).

18   *Cf.* Hewitt (2008: 127).

19   Nótese que hablamos de "justicia en el caso" y no "justicia del caso". Esta última expresión, que se utiliza con mucha recurrencia en la literatura a la hora de definir la equidad, no capta adecuadamente la idea aristotélica. En efecto, sugiere que la equidad es lo justo que brota de un determinado hecho y, de este modo, se desconoce el rol de la ley. Hemos visto que esto no es así y Aristóteles (*EN* 1137b26) es muy claro sobre este punto, cuando dice: "esta es la naturaleza de lo equitativo: ser corrección de la ley" (ἔστιν αὕτη ἡ φύσις ἡ τοῦ ἐπιεικοῦς, ἐπανόρθωμα νόμου).

20   *Rh.* 1374a28-31.

21   *Rh.* 1374a33-b1.

     ARISTÓTELES, EL JUEZ Y LA EQUIDAD

o golpea a otro, será culpable y comete injusticia según la ley escrita" (κἂν δακτύλιον ἔχων ἐπάρηται τὴν χεῖρα ἢ πατάξῃ, κατὰ μὲν τὸν γεγραμμένον νόμον ἔνοχος ἔσται καὶ ἀδικεῖ). Pero, de inmediato, aclara que "de acuerdo con la verdad no comete injusticia, y esto es lo equitativo" (κατὰ δὲ τὸ ἀληθὲς οὐκ ἀδικεῖ, καὶ τὸ ἐπιεικὲς τοῦτό ἐστιν). Como sugiere la mayoría de los intérpretes, el ejemplo parte implícitamente de una ley general que castiga penalmente a todo aquel que lastime a otro con un instrumento de metal; un delito que, por su gravedad, debe distinguirse de las simples lesiones causadas sin ningún elemento y, por ello, sancionarse con mayor dureza.[22] Al redactar la figura agravada del delito de lesiones, el legislador no tiene otra opción que valerse de una fórmula general, pues no sería capaz de especificar con precisión el tamaño y el tipo de arma que alguien podría emplear para herir a su víctima. Pero en la práctica, aplicar esta agravante a quien usó un anillo al momento de golpear a otro, incluso quizá sin intención de valerse de tal elemento para generar un mayor daño, no parece ser justo. Este es, pues, un caso a favor de la *epieíkeia*, en el cual la generalidad de la ley debe ser rectificada. Ciertamente, en la figura agravada el legislador tenía la intención de castigar con una pena más severa a quienes se valían de un arma en la agresión, y esto no sucede con el uso de un anillo, pues ello –siempre que no sea de grandes dimensiones ni con un filo especial para lastimar más– no revela una intención de generar más daño en otro, ni tampoco dicho elemento tiene (en principio) la capacidad de hacerlo.

En síntesis, es en el momento de la interpretación y aplicación de las leyes que la equidad se muestra superior a la justicia que tiene como raíz la ley, ya que en esta instancia se puede rectificar la norma y suplir sus deficiencias. Esto es posible porque quien aplica la norma general no tiene que limitarse solo a lo que ella dispone en su letra, sino que puede valorar en detalle el caso particular y sus características especiales. Lo que hace es amoldar la ley a la realidad, de forma tal de realizar la justicia en cuanto valor sustantivo que estructura el régimen constitucional. El argumento de equidad no constituye un rechazo de la ley escrita ni un apartamiento de los principios sobre los cuales se asienta. No se apela, pues, a consideraciones extralegales que pueden dar amplios márgenes de creatividad interpretativa (un registro extrapositivo),[23] sino a los principios de justicia que sostiene la norma y que expresa el legislador en su creación. En pa-

---

22 *Cf.* Georgiadis (1987: 161), Horn (2006: 154), Zahnd (1996: 267) y Harris (2013: 31), entre otros. Shiner (1994: 1252), por su parte, entiende que el ejemplo es acerca de una persona que roza (*brush against*) a otra mientras lleva un anillo en su mano y que a partir de ello se convierte técnicamente en culpable del delito de agresión.

23 *Cf.* Könczöl (2013: 168).

labras de Brunschwig (1996: 140), la equidad no es una suspensión de la ley ni tampoco una incursión "hors du domaine du droit".

Una cuestión que podríamos haber mencionado al comenzar esta sección, pero que conviene exponer brevemente ahora dado que tenemos una visión general del tema, es que la equidad se incardina dentro de la virtud más amplia de la justicia, más precisamente, de la justicia particular:[24] aquella cuyo ámbito específico es el de los bienes externos en general y que toma la variante distributiva (la justicia relativa al reparto de bienes y cargas) y correctiva (la justicia concerniente a los contratos).[25] No olvidemos que la justicia es una virtud ética,[26] esto es –por definirla de un modo un tanto tosco–, un modo de ser (*héxis*) selectivo y voluntario consistente en el término medio (*tò méson*), en relación con nosotros,[27] entre el exceso y el defecto de las pasiones y las acciones, y que es elegido por la razón y como lo haría el hombre prudente (*phrónimos*).[28] En concreto, Aristóteles dice que la conducta justa es un término medio entre cometer injusticia y padecerla: mientras que lo primero es tener más (un exceso), lo segundo implica tener menos (defecto). Esto significaría, siguiendo la lectura de Hardie (1968: 201-202), que el trato justo de un hombre sobre otro es un medio en el sentido de que hay dos extremos que deben ser evitados: por un lado, una ganancia injusta y, por el otro, una pérdida injusta. Pero vale aclarar que, a diferencia de las otras virtudes, como la generosidad, que se encuentra entre un vicio por exceso (la prodigalidad) y otro vicio por defecto (la tacañería), la justicia no tiene más que un solo vicio que es tanto exceso como defecto: la injusticia.[29] También es importante señalar que la justicia no es una virtud más, sino que se encuentra en otro nivel:

---

24 *Cf.* Beever (2004: 33).

25 Al respecto, ver Englard (2009: 1-10), quien en su investigación realiza un interesante estudio sobre la historia de la justicia distributiva y correctiva, desde Aristóteles hasta la actualidad.

26 Vale aclarar que, en lo que respecta a la justicia general, existen desacuerdos acerca de si en realidad se trata de una virtud ética. Así se pronuncia, por ejemplo, Fossheim (2011), quien la entiende más en términos de características de las acciones, es decir, como actividad en la comunidad política, antes que un estado ético.

27 La medianía relativa a nosotros, según Brown (1997: 78), no debe entenderse como relativa a los individuos (y *a fortiori* no como relativa a los agentes individuales), sino como relativa a nosotros en cuanto seres humanos. Así, Aristóteles "usa la frase para transmitir una noción normativa, esto es, la noción de algo relacionado con la naturaleza, necesidades o propósitos humanos, y que es objeto de cierto tipo de pericia y juicio".

28 *EN* II. Sobre la teoría de la virtud como término medio se ha escrito mucho. Al respecto pueden verse los trabajos de Urmson (1973), Losin (1987) y Khan (2005), entre otros.

29 *EN* 1133b32-1134a1.

la justicia tiene una referencia al ámbito comunitario y jurídico, pues su ejercicio se refiere "a otro" (πρὸς ἕτερον).[30] Supone la transición desde el plano de la moralidad al plano de la politicidad, desde la perspectiva del hombre bueno a la del buen ciudadano.[31]

Al igual que las demás virtudes éticas, la equidad se expresa ella misma como una excelencia de la acción, pero limitada a un campo específico: es principalmente la excelencia propia de los magistrados encargados de aplicar las leyes, aquella que actúa como amoldamiento (enderezamiento) de la justicia legal. Esta caracterización de la equidad permite identificar al hombre "equitativo" (ἐπιεικὴς) como aquel que se inclina a preferir tal conducta y la practica,[32] aquel que no permanece sobre la letra estricta de la ley, sino que se contenta con menos a fin de cumplir con su espíritu.[33] El juez *epieikés* tiene la capacidad intelectual para poder juzgar los casos particulares de acuerdo con principios genéricos; es aquel que descubre los criterios generales que se deben aplicar con corrección mediante una intuición directa que reúne tanto lo universal (la norma) como lo particular (lo fáctico).[34]

El hombre *epieikés* es quien sabe alcanzar, mediante un ejercicio intelectual virtuoso, una comprensión (*gnóme*) de la propia condición humana, las debilidades que caracterizan a las personas y sus infortunios.[35] No es casual que Romilly (1979: 191) califique lo *epieikés* como "une justice humanisée". En este mismo orden de ideas, Sinnott (2007: xlvi) explica que "la equidad supone, pues, una sensibilidad hacia lo que es justo (y al mismo tiempo hacia el otro, hacia el semejante), que está emparentada con la prudencia y es afín a esta en la medida que es ella misma de índole prudencial y no 'técnica'. Tal sensibilidad se halla, según Aristóteles, en la base de la hermenéutica legal correcta, opuesta a la visión estática del juez que se aferra al sentido literal de las leyes". El juez *epieikés* expresa una fuerte comprensión por lo que le pasa a aquel que es juzgado y se pone en su lugar.[36] Sin esta inclinación ética no sería posible que mitigue la excesiva dureza de la ley. La mejor acción, aquella que en términos axiológicos posee mayor valor moral, requiere de esa actitud.

---

30 *EN* 1129b32.

31 *Cf.* Vega (2014b: 121).

32 *EN* 1137b34-1138a3.

33 *Cf.* Joachim (1951: 162).

34 *Cf.* Guariglia (1997: 289-290).

35 *Cf.* Sucre (2013).

36 Así, siguiendo a Fermani (2018: 222), se puede decir que, si para Aristóteles (*EN* 1137a30) "[la justicia] es algo humano" (τοῦτ᾽ ἀνθρώπινόν ἐστιν), la equidad es una cosa todavía más humana.

— 2 —
La transición de lo universal a lo particular

En sentido estricto, ciencia (*epistéme*) es el conocimiento de lo universal y de las cosas necesarias.[37] No habría, pues, algo así como una "ciencia
ética" y solo incluiríamos el saber práctico dentro de aquel rótulo si usamos
la palabra en un sentido *lato*, esto es, como el resultado de una actividad
cognoscitiva metódica. En particular, son dos los rasgos que condicionan
el saber ético: por un lado, la particularidad y contingencialidad de su objeto de estudio (la acción) y, por el otro, el hecho de incluir un propósito
práctico.[38] Esto ofrece serias dificultades para darle al saber filosófico de
la praxis humana un *status* de conocimiento fiable, sometido a un campo
donde prima la singularidad y la errancia.

En este marco, la equidad exhibe el problema de la tensión entre lo general y lo particular en el campo de los asuntos prácticos.[39] En especial,
pone en evidencia que, al ser estos indefinidos, cambiantes e impredecibles, la elaboración de generalizaciones quizá no tenga mucho sentido o
incluso directamente no sea posible. Esta postura, que defiende un particularismo extremo, es sostenida en especial por Wiggins (1997: 61-62),
quien destaca que en el ámbito práctico ningún agente puede anticipar la
situación en la que actúa ni cómo lidiar cuando se genera un conflicto desde
reglas preestablecidas. Ya con anterioridad McDowell (1999 [1979]: 127)
había propuesto esta lectura al decir que, si se intenta reducir la propia
concepción de lo que la virtud requiere a un conjunto de reglas, entonces
inevitablemente aparecerán casos en los que una aplicación mecánica de
ellas parecerá errónea. En efecto, por más sutil y reflexivo que uno sea al
redactar el código normativo, no se puede evitar este desenlace, pues "la
mente de uno sobre el asunto no era susceptible de ser capturada en ninguna fórmula universal".

Tal interpretación, si bien puede llegar a tener cierto sustento textual,[40]
no parece condecirse con el pensamiento y los fines que expresa Aristóte-

---

37   *EN* 1180b20-23.
38   *Cf.* Varela (2014: 22).
39   El tema sobre lo universal y lo particular en el campo de la ética ha generado muchas
     discusiones en la literatura. Entre la bibliografía, se destaca el trabajo de Varela
     (2014), quien en sus páginas y apoyado en argumentos muy sólidos muestra que,
     si bien el proyecto aristotélico contiene un componente particularista, no prescinde
     una dimensión universalista.
40   Al respecto, ver Horn (2006: 148-149).

les respeto a las ciencias prácticas en general y a la *epieíkeia* en particular.[41] Horn (2006: 149) ha demostrado que existen al menos dos afirmaciones de Aristóteles en *Ética Nicomaquea* (V.10) que van en contra de una tesis particularista extrema.[42] En primer lugar, el Estagirita dice que el problema causado por leyes generales es una cuestión solo de "algunos casos" (περὶ ἐνίων),[43] pero no de todos. En segundo lugar, señala que, si bien la deficiencia de la ley escrita es su mayor problema, esto no es algo universal que se da siempre. Hay casos para los que una ley puede formularse con éxito: los "casos estándar" o "en su mayor parte" (ὡς ἐπὶ τὸ πλέον).[44] Ciertamente, la filosofía práctica de Aristóteles tiene un carácter tipológico[45] y, bajo esta óptica, el autor busca formular en sus obras un número relevante de reglas generales, esto es, "principios morales que, de acuerdo con su punto de vista, son válidos sin cualificación".[46] En tal sentido, Irwin (2000: 111) se encargó de enumerar una lista de generalizaciones, tales como el principio de que todo está necesariamente orientado hacia la *eudaimonía* o que la *areté* consiste en encontrar el término medio entre el exceso y el defecto, por ejemplo.[47] Sin ir más lejos, la *epieíkeia* misma expresa una regla que guía el proceder interpretativo y de aplicación de las leyes:[48] una regla que, en términos de Brunschwig (1996: 151), contiene el conocimiento de que una ley debe ser corregida y, asimismo, establece cómo se debe llevar a cabo este amoldamiento. Todo esto encuentra sustento en la propia fórmula "en la mayor parte [de los casos]" (ὡς ἐπὶ τὸ πολὺ), la cual indica regularidad: una forma general de conocimiento más allá de que pueden existir excepciones incluso relevantes.[49]

La teoría de la equidad se ocupa del problema de la generalización normativa en el plano práctico; más precisamente, en el campo legislativo. Frente a casos en los que la ley se ha quedado a medio camino y es deficiente en la determinación precisa de lo justo, la equidad orienta el criterio general en la dirección correcta. Esta rectificación supone un movimiento de tran-

---

41 En efecto, los objetivos de la investigación ética de Aristóteles están exclusivamente relacionados con los aspectos universales o generales de la conducta; no con cuestiones particulares. Al respecto, ver Anagnostopoulos (1994: 65-101).

42 Asimismo, ver los argumentos de Hobuss (2010), quien defiende un particularismo mitigado.

43 *EN* 1137b14.

44 *EN* 1137b15-16.

45 *Cf.* Berti (1990: 26-27).

46 Horn (2006: 158-159).

47 Asimismo, ver Anagnostopoulos (1994: 375) y Varela (2014: 86).

48 *Cf.* Owens (1969: 177).

49 *Cf.* Horn (2006: 159).

sición de lo universal a lo particular sin negar ninguno de los planos. Es un movimiento conciliador que se sintetiza en el acto de corregir. La semántica del verbo *epanorthoûn* (ἐπανορθοῦν), mediante el cual Aristóteles expresa la acción que realiza quien aplica la ley, connota semejante vínculo entre lo general y lo particular, entre la caracterización de la equidad como un acto segundo que amolda y mejora una regla general previa. En efecto, el verbo, que tiene el significado de "corregir", "rectificar", "mejorar", "enmendar" o "restablecer",[50] da cuenta del perfeccionamiento de la ley, pero siguiendo sus pasos. Las generalizaciones normativas marcan el camino a seguir al momento de su aplicación a los casos concretos, aun cuando en ocasiones se pueden presentar dificultades por la irregularidad de la materia con la que se trabaja. Quizá sea mejor pensar la equidad en cuanto corrección o rectificación como un proceso de "enderezamiento", "alineamiento" o, como dice D'Agostino (1973: 77), "direzione del giusto legale". De hecho, la composición etimológica del término *epanorthoûn* da cuenta de este aspecto: se encuentra formado a partir del verbo *orthoûn* (ὀρθοῦν), el cual deriva a su vez de la palabra *orthós* (ὀρθός),[51] que significa "derecho" en el sentido de rectitud. *Orthós* es aquello que en términos espaciales se desarrolla en línea recta y en una misma dirección, como cuando Sófocles en *Áyax* (vv. 1253-1254) dice que con un pequeño látigo a un buey de lomo ancho se lo mantiene "recto en el camino" (ὀρθὸς εἰς ὁδὸν).

En materia de equidad, entonces, *epanorthoûn* es una corrección o rectificación que supone "enderezar" la ley que se utiliza en el caso concreto con el fin de obtener una decisión "recta", es decir, *orthós*. Sin embargo, el sentido que ofrece la imagen del enderezamiento no se agota en lo lineal. En efecto, este proceso indica algo más en términos axiológicos. Ciertamente, cuando una decisión es *orthós* expresa un valor de justicia institucional positivo. Existen varios ejemplos en las fuentes respecto a esta cualidad que presenta el concepto en el campo político-jurídico. Así, en *Euménides* (v. 318) de Esquilo, las Erinias, frente al matricidio cometido por Orestes, se presentan como "justos testigos de los muertos" (μάρτυρες ὀρθαὶ τοῖσι θανοῦσιν); y en *Antígona* (vv. 189-190) de Sófocles, Creonte sostiene que la *pólis* es el barco que lleva a sus ciudadanos a salvo y que solo "cuando se navega en línea recta" (πλέοντες ὀρθῆς) sus miembros se vuelven verdaderos amigos.

La ley es un criterio general que tiene un carácter instrumental respecto a la realización de la justicia como valor sustantivo de la comunidad política y el establecimiento de una vida ordenada y pacífica, lejos del caos y

---

50   *Cf.* Liddell & Scott (1996) s.v. ἐπανορθόω.

51   *Cf.* Beekes (2010) y Chantraine (1999) s.v. ὀρθός.

ARISTÓTELES, EL JUEZ Y LA EQUIDAD

la violencia. Hemos visto en el capítulo I que la ley constituye una ordenación; no se trata, pues, solo de un enunciado asertivo sobre una generalidad sin ninguna utilidad práctica. En tal sentido, la ley pretende instaurar un orden en la conducta humana, vale decir, una cierta disposición ética de los ciudadanos con relación al bien común.[52] En el plano de la politicidad, esto no se podría hacer si no fuera posible establecer generalizaciones, es decir, fijar un criterio previo de ordenación. El buen legislador es aquel que está capacitado para promover, desde la universalidad, conductas virtuosas. En esta empresa, se empapa con el conocimiento de los hechos particulares para encontrar en ellos una regularidad que le permita prever lo futuro. Esta regularidad fáctica es la que se traduce en reglas generales y abstractas. Así, Lamas (1991: 432) explica que ella se aprende con base en la observación "conforme el curso ordinario y natural de la vida y de los acontecimientos", y esto es "lo *previsible*, dentro del marco concreto de la percepción práctica del legislador".

La legislación es un saber que pretende captar la regularidad fáctica y la frecuencia en el comportamiento humano con la mayor suficiencia posible. Se mueve en el ámbito de las generalidades y, en esa empresa, tiene que adelantarse a las contingencias, a aquello que puede surgir de improviso. Claro que, como hemos visto, esta es una tarea imposible, pues hay casos que escapan a la regla. Pero justamente por ello, al interior de la propia institucionalidad del derecho, se concibe la equidad como la mejor herramienta en el tránsito de lo universal a lo particular, de la ley al caso. Esto es, como el propio Aristóteles dice, "la naturaleza de lo equitativo: ser corrección de la ley" (ἡ φύσις ἡ τοῦ ἐπιεικοῦς, ἐπανόρθωμα νόμου).[53] No es para nada un abandono ni mucho menos una rebelión contra los preceptos legales: la equidad no compite con la justicia legal.[54] El juez que falla con equidad no refuta la regla, pues ya dentro de ella, en sus propios contornos, la excepción estaba definida;[55] de ahí que la excepción, más que abolir la norma, la confirma y mantiene su autoridad.[56] Esto muestra que la equidad puede ser incluso pensada como una válvula de seguridad del propio derecho, inmanente a este y que garantiza la continuidad normal del sistema jurídico vigente al permitir una superación del suceso que desafía la funcionalidad de las leyes.[57] La equidad, pues, deja incólume a la ley. En este movimiento de reconocimiento de la excepción y de supe-

---

52 *Cf.* Lamas (1991: 430).

53 *EN* 1137b26.

54 *Cf.* Zahnd (1996: 270).

55 *Cf.* Shiner (1994: 1260).

56 *Cf.* Leyden (1985: 97).

57 *Cf.* Vernengo (1974: 1208).

ración, no se la deja de lado, sino que se mantiene su autoridad para que siga gobernando en todos.

Quizá la mejor forma de comprender los puntos que venimos señalando sea mediante la metáfora que ofrece Aristóteles para explicar la equidad: la regla de plomo que se utilizaba en la arquitectura de Lesbos para la construcción de las casas. Esta era una pieza flexible compuesta de dicho metal que se ajustaba a la forma de la piedra que medía. Su naturaleza le permitía manejarse sobre un material irregular. De este modo, los arquitectos podían tomar la forma de cada piedra, encontrar aquellas coincidentes entre sí y apilarlas unas sobre otras y levantar paredes. Quien practica la equidad realiza el mismo ejercicio. Es alguien que puede lidiar con situaciones en las que no es conveniente aplicar la ley de forma rígida, sin amoldamiento alguno. La ley debe actuar al igual que la regla de plomo, pues la naturaleza de las cosas lo exige. En efecto, Aristóteles mismo dice que frente a lo indeterminado se requiere de una regla indeterminada, que pueda adaptarse y amoldarse a las irregularidades que se le presenten.[58] La regulación de la vida humana no trabaja sobre lo homogéneo; no opera sobre una superficie plana, sino en un terreno con movimiento que tiene además curvaturas y otras singularidades.

Pero la metáfora de la regla de plomo también muestra que ese proceso de adaptación a la realidad no implica en modo alguno una renuncia de la medida que establece la ley como criterio universal. Al contrario, la imagen no solo da cuenta de que sin la regla no es posible realizar medición alguna, sino también que la capacidad de aquella de adaptarse a las contingencias, cuando ello sea necesario, es lo que preserva su dignidad. No es la realidad la que debe acomodarse a la regla; al contrario, es la regla la que debe acomodarse a la realidad, y este es el modo en que procede el juez mediante la equidad.

— 3 —

El hombre equitativo frente a los infortunios, errores y delitos

En la teoría de la equidad hay un componente moral muy marcado que tiene fuertes repercusiones en materia de responsabilidad jurídica. En efecto, Aristóteles enuncia en *Retórica* (1374b4-6) que el hombre equitativo prefiere ser indulgente y sabe que no deben juzgarse[59] de la misma mane-

---

58   *EN* 1137b30-34.

59   Es muy importante que en la indulgencia se dé el juicio. Quien es indulgente tiene que juzgar y distinguir (*krínein*), y ver si el caso amerita algún tipo de diferenciación. Si no se diera esta operación podría haber impunidad, injusticia y una afrenta a la igualdad ciudadana y al bien común.

ra "los errores y los delitos" (τὸ τὰ ἁμαρτήματα καὶ τὰ ἀδικήματα), ni "los errores y las desgracias" (μηδὲ τὰ ἁμαρτήματα καὶ τὰ ἀτυχήματα).[60] Todos estos casos abarcan los tipos de daño (*blábe*) que pueden producirse entre los hombres, pero cada uno de ellos tiene características específicas.[61] Así, de acuerdo con la explicación que se ofrece en el tratado retórico, el error (*hamártema*) se ejecuta sin maldad y tiene lugar "no contra los cálculos" (μὴ παράλογα), es decir, se puede prever. El hecho desafortunado (*atýkhema*) también se realiza sin maldad, pero se diferencia del error por ser imprevisible: sucede contra los cálculos racionales y el origen de la causa viene desde fuera, no desde uno mismo. El delito (*adíkema*), en cambio, no está más allá del cálculo y procede "del vicio" o "la maldad" (ἀπὸ πονηρίας).[62]

En este pasaje de *Retórica*, cuando habla de delitos, Aristóteles tiene en mente la categoría de delitos más grave, aquella que tiene su causa en la injusticia como propiedad del carácter del agente.[63] Sin embargo, vale aclarar que, según los desarrollos que ofrece en otras ocasiones en esta obra y en *Ética Nicomaquea*, se pueden distinguir dos subclases de delitos. Hay delitos que se realizan "habiéndolos elegido" (προελόμενοι) y otros "sin haberlos elegido" (οὐ προελόμενοι): los primeros son aquellos en los que "hemos deliberado" (προβουλευσάμενοι), mientras que en los segundos falta la deliberación.[64] En este marco, ambas acciones reciben una calificación distinta. Así, cuando un hombre actúa tras haber deliberado es "injusto y malvado" (ἄδικος καὶ μοχθηρός),[65] pero cuando alguien actúa sin una deliberación previa no es por ello *ipso facto* una persona injusta o malvada, aunque, claro está, comete una injusticia. La razón de ello es que el daño no es resultado de un mal hábito. La distinción de base que opera aquí, como se puede advertir, es entre un acto injusto considerado en sí mismo con independencia de cómo haya sido cometido y un carácter injusto como causa de actos injustos, el cual se presenta cuando existe una elección (*proaíresis*) del agente en la comisión del crimen.

Al respecto, en el desarrollo que ofrece Aristóteles en *Ética Nicomaquea* (1135b) sobre la categoría de acciones voluntarias no deliberadas, como

---

60   En el libro V.8 de *Ética Nicomaquea* traza la misma distinción. Sin embargo, como advierten los especialistas, tales como Kenny (1979: 59) e Irwin (1999: 237), Aristóteles usa "error" (ἁμάρτημα) en sentido amplio y luego, dentro del género, distingue dos supuestos: los casos en que el daño no era previsible, que denomina infortunios, y aquellos que sí se podían predecir, lo cual sería un error en sentido estricto (un error culpable).

61   *EN* 1135b.

62   *Rh.* 1374b9.

63   *Cf.* Grimaldi (1980: 304).

64   *EN* 1135b8-11. Asimismo, *Rh.* 1373b33-36.

65   *EN* 1135b25.

advierte Kenny (1979: 59), hay una subclasificación. Ella comprende, por un lado, aquellos delitos causados por un "impulso afectivo o por otras pasiones" (διὰ θυμὸν καὶ ἄλλα πάθη) que les sobrevienen a los hombres de manera "necesaria o natural" (ἀναγκαῖα ἢ φυσικὰ)[66] y, por el otro, aquellos actos que se realizan a través de un error culpable. Este último supuesto correspondería a la categoría de error que Aristóteles menciona en el pasaje de *Retórica* que señalamos al comienzo de la sección; el otro, como dijimos, no se menciona. Más adelante, en el apartado 5.2. veremos cómo juega la equidad, según lo desarrollado en esa obra, con respecto a tales supuestos. Por lo pronto, basta con señalar que el contraste que realiza entre el error culpable y el delito deliberado muy probablemente se hace para acentuar la diferencia entre un caso muy grave y un caso que, aunque también es reprochable, no es tan lesivo como el otro.

El error culpable y la desgracia son supuestos que, aunque pueden resultar dañosos e injustos, no tienen el mismo *status* que los delitos. El infortunio pertenece a la categoría de actos involuntarios,[67] la cual comprende las acciones que se producen "por fuerza" (τὰ βίᾳ) o "por ignorancia" (δι᾽ ἄγνοιαν).[68] No cuenta, pues, con un carácter "voluntario" (ἑκούσιος), entendiendo por tal aquel que cumple dos requisitos: la "causa está en uno" (ἡ ἀρχὴ ἐν αὐτῷ) y el agente actúa "conociendo las [circunstancias] particulares en que [se desarrolla] la acción" (εἰδότι τὰ καθ᾽ ἕκαστα ἐν οἷς ἡ πρᾶξις).[69] El caso del error culpable sí es voluntario y como tal constituye un acto injusto en sentido propio; lo que no hay es malicia en el agente, pues se actúa con descuido o negligencia. En el caso de un delito no deliberado se comete injusticia a través de una "pasión normal", mientras que en el delito deliberado, el aspecto objetivo (el daño) se combina además con otro especial de carácter subjetivo (la intención deliberada de cometer ese daño). En cambio, en los actos involuntarios se realiza una injusticia por accidente: se trata, pues, de actos que son injustos objetivamente, pero que no están acompañados por la voluntariedad.[70-]

En los tres casos (infortunio, error y delito) existe una gradualidad respecto a la gravedad del hecho, que se determina en función de dos factores: la fuente que causa el daño y la disposición subjetiva del agente. En este sentido, el hecho infortunado es la menos lesiva de las acciones (la fuente es externa y no hay maldad), el error se encuentra en el medio (la fuente

---

66   *EN* 1135b20-21 y 1111a25.
67   *Cf.* Kenny (1979: 63).
68   *EN* 1109b35-1110a1 y 1111a20-23.
69   *EN* 1111a20-21.
70   *EN* 1135a15-24.

está en el propio agente, pero no hay maldad) y le sigue por último el delito: primero, el no deliberado y luego, en el nivel más alto de gravedad, el deliberado (la causa está en el agente y este actúa con maldad).

Los principios de los que se vale Aristóteles a los efectos de marcar la distinción de los tipos de daños no son una invención propia, sino que se encontraban establecidos en el derecho ateniense.[71] Así, en *Retórica a Alejandro* (1429a19-23) de Anaxímenes, se aconseja, cuando no se puede demostrar que la posición de uno es la más justa, buscar una salida en argumentos que invoquen "el infortunio o el error" (τὰς ἀτυχίας ἢ τὰς ἁμαρτίας) como casos que permiten obtener la indulgencia y que se distinguen de los delitos (actos propios de los malvados). En la misma línea, Demóstenes, en su discurso *Sobre la Corona* (18.274-275), realiza una clasificación muy similar que, según dice, encuentra sustento no solo en las leyes escritas, sino que "la naturaleza misma" (ἡ φύσις αὐτὴ) ha definido "en las leyes no escritas y en los hábitos de los hombres" (τοῖς ἀγράφοις νομίμοις καὶ τοῖς ἀνθρωπίνοις ἤθεσιν). Así, el orador ateniense explica que en todos los pueblos los hombres diferencian entre: delitos voluntarios que acarrean indignación y castigo; errores cometidos sin querer que obtienen perdón; y acciones en las cuales el sujeto, sin cometer delito ni errar, fracasa en un proyecto aprobado por todos y, por eso, no es pasible de reproches ni injurias, sino más bien de compasión.

La distinción aristotélica expresa, al margen de algunas diferencias, la clasificación habitual que en términos contemporáneos se realiza sobre los grados de criminalidad de las acciones. Hay actos que, si bien generan consecuencias perjudiciales sobre otros, son accidentales (imprevisibles) y totalmente ajenos a nuestro dominio, por lo que no dan lugar, en principio, a responsabilidad alguna. Tomando prestado un ejemplo de involuntariedad de Aristóteles, esto sucede cuando alguien es desplazado por el viento a algún otro lugar.[72] También en las acciones cometidas "por ignorancia", las cuales integran la categoría de actos involuntarios, se puede eximir de responsabilidad a quienes las cometan cuando "[ellos] mismos no son los causantes [de tal ignorancia]" (μὴ αὐτοὶ αἴτιοι).[73] Un caso tomado del discurso *Contra Aristócrates* de Demóstenes (23.55) puede ayudar a mostrar cómo, aun cuando alguien ejecutó la acción homicida, si hay ignorancia se estaría ante un acto involuntario sobre el cual puede recaer el perdón. En tal discurso, el orador dice de forma muy breve que, de acuerdo con la ley

---

71   *Cf.* Harris (2013: 32).
72   *EN* 1110a1-4.
73   *EN* 1113b24-25.

de Dracón –la cual data del 621 a. C.–,[74] si alguien mata a otro "por equivocación" (ἀγνοήσας) en la guerra, está libre de culpa y no es justo que sufra una pena, sino que más bien debe obtener "indulgencia" (συγγνώμης). Demóstenes no da mayores precisiones, pero podemos imaginar una situación de plena lucha en la que a un soldado ateniense se le presenta otro de forma sorpresiva y se dirige hacia su persona con movimientos hostiles que indicarían que se trata de un enemigo. Frente a ello, el soldado ateniense actúa de forma rápida y, para preservar su vida, mata al supuesto atacante. Sin embargo, luego se descubre que era un conciudadano que estaba escapando del ataque de otro. En este caso, en el que al ateniense le era muy difícil saber que no se trataba de un enemigo, por más esfuerzo y atención que ponga (sufre un error razonable), se ve que falta uno de los requisitos de toda acción voluntaria y, por ello, se estaría más bien en presencia de un acto involuntario "por ignorancia" (δι᾽ ἄγνοιαν).

En relación con este tema, es importante señalar que Aristóteles realiza tres distinciones para definir con precisión el tipo y alcance de la ignorancia que hace que la acción sea involuntaria.[75] Lo primero es que hay una distinción entre las acciones "no voluntarias" (οὐχ ἑκούσιον) y las acciones "involuntarias" (ἀκούσιον) por ignorancia. Una acción es no solo no voluntaria, sino además involuntaria, si causa en el agente "pesar y arrepentimiento (λυπηρὰν […] καὶ ἐν μεταμελείᾳ). En segundo lugar, Aristóteles distingue entre actuar "por causa de la ignorancia" (δι᾽ ἄγνοιαν) y actuar meramente en "estado de ignorancia" (ἀγνοῶν). Quien actúa por causa de la ignorancia lo hace también en estado de ignorancia, pues lo primero implica lo segundo; sin embargo, no sucede lo mismo en el caso contrario, pues la causa por la que se llegó a ese estado puede estar en el agente. Hay varios ejemplos de este último supuesto: cuando alguien comete un crimen en estado de beodez; el caso de que el agente actúe en contra de la ley ignorando lo que esta dispone, cuando en realidad la debería conocer; y cuando se actúa de este modo por negligencia.[76] La razón por la que procede el castigo en todos estos casos es clara: en el agente se encuentra la causa de llegar a esa situación o, dicho de otra forma, él es culpable de estar o meterse en la posición epistémica desfavorable.[77] En él residía el deber de dominar su propia persona (supuesto del hombre alcoholizado), de interiorizarse respecto a qué dispone la ley (supuesto de ignorancia del derecho) o de poner

---

74 No se conserva la ley original, que fue publicada en unas tablillas de madera llamadas *áxones*. En su lugar, lo que existe es una versión posterior del 408/409 a. C. inscripta en una estela de mármol.

75 *EN* 1110b-1111a.

76 *EN* 1113b30-1114a2.

77 *Cf.* Echeñique (2012: 161).

ARISTÓTELES, EL JUEZ Y LA EQUIDAD

más atención (supuesto de negligencia). La última precisión que realiza el Estagirita es que, en este tipo de acciones, la ignorancia que está en juego no es aquella sobre lo que se debe moralmente llevar a cabo. Ignorar qué sea conveniente o bueno hacer no es una causa de involuntariedad de la acción, sino más bien de la maldad. En cambio, en el caso de las acciones involuntarias por ignorancia, la ignorancia involucrada no es de lo "universal" (καθόλου), sino que versa "sobre lo particular" (καθ᾽ ἕκαστα). Lo que hace que un acto sea involuntario es que el agente, al actuar, ignora las circunstancias particulares en las que se desenvuelve la acción y a las que esta se refiere.[78] Tales circunstancias, por cierto, pueden referirse a quién actúa, qué hace, con qué, en qué, para qué y cómo.[79] Aristóteles, como se puede ver, ofrece una clasificación bastante exhaustiva de las variantes de la ignorancia (ignorancia en el fin, en el instrumento, en el objeto, etc.) con criterios precisos para poder determinar que la acción en cuestión ingrese en la órbita de la involuntariedad.[80]

Lo que verdaderamente justifica, en un sentido jurídico, el mayor reproche hacia un individuo no es solo el daño o la lesión que genera el acto (la consecuencia o la modificación del estado de cosas en el mundo), sino haber sido el causante (*aítios*) y además tener conocimiento de todas las circunstancias del caso. A la luz del derecho ático, vale aclarar, ser *aítios* no solo implica una idea de la procedencia de la acción, sino que también expresa una faceta referente al dominio de uno mismo, así como también sobre la voluntad de otro. La legislación ateniense es bastante clara en este punto. La ley de Dracón establecía que aquel que ideaba (*bouleúein*) el asesinato tenía la misma responsabilidad que aquel que lo hacía por propia mano (*autókheir*). En este aspecto, la norma era bastante revolucionaria, pues no solo contemplaba al que mataba de forma directa, sino también al autor intelectual del homicidio. El sujeto que se identificaba como *aítios* de un evento criminal es quien también, mediante su voluntad, inducía o instigaba a otro a realizar el delito (dominio de la voluntad de otro).[81]

Todo este panorama explica, pues, por qué quien practica la equidad debe hacer una diferenciación al momento de aplicar la ley entre los errores culpables, las desgracias y los actos criminales, en especial aquellos ejecutados con elección. No sería justo ofrecer un trato igualitario a los

---

78   *EN* 1110b30-1111a1.

79   *EN* 1111a2-6.

80   Lo curioso es que Aristóteles considera que la persona que actúa por ignorancia con respecto a cualquiera de estas circunstancias actúa de forma involuntaria. En este sentido, como advierte Kenny (1979: 52), parecería ser demasiado indulgente con los errores de hecho.

81   *Cf.* Pepe (2012: 163).

tres casos mediante la aplicación de las mismas sanciones jurídicas. En este sentido, Aristóteles, al comienzo del libro III de *Ética Nicomaquea*, destaca que quienes establecen las leyes deben tener presente la distinción entre voluntariedad e involuntariedad a los efectos de determinar las recompensas y los castigos, pues los elogios y las censuras recaen en los actos voluntarios, mientras que en los involuntarios recae la "indulgencia y algunas veces la piedad" (συγγνώμης, ἐνίοτε δὲ καὶ ἐλέου).[82] Pero, así como el legislador debe estar atento a ello al elaborar su obra, también el juez debe actuar en el mismo sentido cuando la ley no resuelve con justicia el caso. El estudio de las circunstancias particulares, que es un campo vedado al legislador, pero accesible al juez, es clave. Tal es así que Aristóteles, al desarrollar el tema de la ignorancia, dice que de ella dependen "la piedad y la indulgencia" (ἔλεος καὶ συγγνώμη).[83]

— 4 —

La doble naturaleza de la equidad

Según lo expuesto, resulta claro que la equidad tiene un doble carácter: es tanto un criterio de interpretación de la ley como una actitud moral del juez. En cuanto criterio jurídico, el magistrado utiliza la equidad como una directriz interpretativa que, frente a la insuficiencia de la ley escrita, orienta y define el modo en que debe proceder en la resolución del conflicto jurídico. En cuanto actitud moral, por su parte, supone una buena disposición a velar por la realización de la justicia en el caso concreto de acuerdo con un análisis que ponga en correspondencia la norma con los hechos bajo la dirección de la sabiduría práctica (*phrónesis*).

En rigor, en la teoría aristotélica de la equidad hay una simbiosis entre un sentido más jurídico, ligado al acto de interpretación de la ley, y un carácter moral de aquel que practica la equidad.[84] Esto resulta una novedad en la historia de las instituciones jurídicas griegas. Aristóteles tiene el mérito de unificar diferentes tradiciones que le fueron legadas en materia de equidad. En efecto, varios especialistas han señalado que en el texto aristotélico cohabitan dos significados distintos que estaban presentes en el imaginario social ateniense: por un lado, la equidad en cuanto habilidad de interpretar y corregir la ley escrita y, por el otro, la equidad en cuanto calificación del hombre comprensivo que tiene la tendencia a practicar la

---

82 *EN* 1109b30-35.

83 *EN* 1111a1-2.

84 *Cf.* Sucre (2013: 13). En relación con los distintos usos del término en la literatura griega, los cuales adquieren numerosos sentidos, ver el trabajo de D'Agostino (1973: 1-63).

gracia, la indulgencia y el perdón.[85] Se trata, para decirlo en términos de Brunschwig (1996: 119), de un sentido "estrecho" de equidad que es determinado por su relación con la justicia, y un sentido "amplio" que hace referencia a una cuestión más general de aprobación y que, como tal, es sumamente vago e indeterminado.[86] El problema con el que Aristóteles abre su desarrollo de la equidad en el libro V.10 de *Ética Nicomaquea* se produce precisamente por esta combinación de significados.

La *epieíkeia* era para los griegos uno de esos tipos de conceptos de carácter muy polisémico,[87] confuso y que permitía usos distintos e incluso abusos.[88] La etimología del término da cuenta de una semántica densa y compleja, en la que se fueron articulando diferentes connotaciones.[89] En efecto, *epieíkeia* se conecta con *eikós* (εἰκώς), participio de la forma verbal *éoika* (ἔοικα), que significaría "lo plausible" o "lo adecuado".[90] Esto explicaría el sentido de equidad como la formulación de un juicio razonable, conveniente y moderado de acuerdo con las circunstancias del caso. Sin embargo, como explica Nussbaum (1993: 86), su significado original fue complementado con una derivación del término *eíko* (εἴκω), que significa "ceder", "dejar paso" o "apartarse". Así, la especialista estadounidense dice que "incluso al escribir la historia del término los pensadores griegos descubren una conexión entre el juicio apropiado y la indulgencia".

Este solapamiento de significados en el concepto, lejos de darle un carácter rígido o estático a su contenido semántico, lo hace frágil a un uso sumamente variado en lo que se refiere a las instituciones jurídicas y la normatividad social en general. Durante el siglo IV a. C., cuando Aristóteles formuló su pensamiento, la *epieíkeia* era un término que fue articulando en su campo semántico un tejido de sentidos que se anudaron unos con otros y que no estaban en armonía. Es el resultado de una pluralidad de experiencias históricas, discursos, perspectivas y cosmovisiones incluso distintas que, aunque condensadas en un mismo lugar, no dejan de exhibir una tensión. Una tensión que justifica su carácter plurívoco.

Las fuentes anteriores a Aristóteles dan varios ejemplos de cómo la idea de equidad se movía semánticamente de un lado a otro, desde formar parte de los dominios del derecho hasta salir por completo de su órbita e inclu-

---

85   *Cf.* Dirlmeier (1956: 584), Georgiadis (1987: 165), Gauthier & Jolif (2002: 432-433) y Horn (2006: 143).

86   *Cf.* Brunschiwig (1996: 119).

87   Así, en relación con los distintos usos del término en la literatura griega prearistotélica y sus sentidos, desde Homero hasta Platón, ver el trabajo de D'Agostino (1973: 1-63).

88   *Cf.* Perelman (1978).

89   Al respecto, ver Romilly (1979: 53-63) y Fermani (2018).

90   *Cf.* Chantraine (1999) s.v. ἔοικα.

so oponerse a la justicia. La primera mención del concepto, que muestra un carácter moral que trastoca el normal desarrollo de prácticas regladas, se da en *Ilíada* de Homero. Más precisamente, se trata de un problema en el campo de la justicia distributiva.[91] En efecto, en los versos 536-538 del canto XXIII, que describe los juegos fúnebres en honor a Patroclo, Aquiles decide darle, conforme lo que es "equitativo" (ἐπιεικὲς), el segundo premio a Eumelo en la carrera de carros, cuando en realidad había quedado en último lugar. El argumento del hijo de Tetis para justificar semejante decisión es que Eumelo era el mejor y que había quedado en esa posición por un accidente con sus caballos.

En una sentencia que marca una clara contraposición entre legalidad y equidad, Heródoto (3.53.4) describe un diálogo entre Licofrón y su hermana, en el que esta le dice que "muchos prefieren más la equidad que la justicia" (πολλοὶ τῶν δικαίων τὰ ἐπιεικέστερα προτιθεῖσι). Desde la sofística, Gorgias (DK B6) destaca que los atenienses con frecuencia preferían "la dulzura de la equidad a la dureza de la justicia" (τὸ πρᾶιον ἐπιεικὲς τοῦ αὐθάδους δικαίου), así como también "la corrección del razonamiento al rigor de la ley" (νόμου ἀκριβείας λόγων ὀρθότητα). Sófocles sigue con este juego de oposiciones en el fr. 770, en el cual dice que "llegarás al lado de tal divinidad ... que no conoce ni lo equitativo ni la gratitud, sino que solo ama la simple justicia" (πρὸς δ᾽ οἷον ἥξεις δαίμον᾽ †ὡς ἔρωτα† / ὃς οὔτε τοὐπιεικὲς οὔτε τὴν χάριν / οἶδεν, μόνην δ᾽ ἔστερξε τὴν ἁπλῶς δίκην). También dentro de las fuentes trágicas fragmentarias, Eurípides trata el tema. Así, en el fr. 645 sostiene que los dioses "creen que la equidad antecede a la justicia" (τἀπιεικῆ πρόσθεν ἡγοῦνται δίκης). Finalmente, y ya en el campo filosófico, en *Leyes* (757e1-2) de Platón el Ateniense afirma que "lo equitativo y lo indulgente" (τὸ γὰρ ἐπιεικὲς καὶ σύγγνωμον) son infracciones que van "contra la recta justicia" (παρὰ δίκην τὴν ὀρθήν). En particular, este último texto muestra la fuerte oposición entre equidad y justicia que gravitaba en el imaginario jurídico ateniense.

Todos estos testimonios dan cuenta de que al propio interior del concepto de *epieíkeia* conviven distintos sentidos. Esta variedad de significados con la que carga la noción quizá sea la razón por la cual no hay consenso entre los traductores modernos acerca de cómo traducir *epieíkeia* en el *corpus* aristotélico. En efecto, si bien la mayoría de ellos suele traducirlo en español como "equidad" –que es la variante que hemos elegido–[92] o su equi-

---

91 *Cf.* Brunschwig (1996: 121).

92 Así, por ejemplo, Sinnott (2007), Pallí Bonet & Calvo Martínez (2007) y Granero (2007), entre otros.

valente en lenguas modernas,[93] otros optan por traducciones alternativas, tales como "decencia" (*decency*),[94] "imparcialidad" o "trato justo" (*fairness*),[95] "sensatez" (*reasonableness*),[96] "honestidad" (*honnêteté*)[97] y "bondad en la justicia" (*Güte in der Gerechtigkeit*).[98]

La oposición que condensa el concepto entre una visión legal de la equidad y otra sentimental se ilustra, como bien ha destacado Michon (2010: 40), en la propia dicotomía que presenta el libro V.10 de *Ética Nicomaquea*. En efecto, la primera parte del capítulo desarrolla la idea de corregir la ley, pero no habla de indulgencia; la segunda parte, que se focaliza en el hombre equitativo, habla de que este debe ceder para evitar "lo peor" (τὸ χεῖρον), pero no invoca los defectos y lagunas en la regulación normativa. Ciertamente, se puede reconocer, como sugiere el autor, una forma de "indulgencia reflexiva" (*indulgence réflexive*) según la cual el juez admite que la ley no debe aplicarse con excesivo rigor en una situación particular.[99] La figura del hombre equitativo que se retrata al final del capítulo puede leerse como aquel que sigue el modelo de juez que se niega a ser *akribodíkaios* (ἀκριβοδίκαιος). En tal sentido, quizá sea posible afirmar que la corrección llevada a cabo por el juez, en cuanto acto excepcional, expresaría una forma de indulgencia.

Sea como fuere, lo que está claro es que Aristóteles combina el sentido jurídico de equidad y el sentido moral en una interpretación que logra mantener la institución dentro del dominio del derecho, más precisamente, en la transición de la justicia legal a la justicia en el caso. No es del todo correcto, pues, ver una falta de correspondencia entre el valor equitativo y la virtud de la equidad, sin ningún tipo de comunicación entre ellos. O, en palabras de Georgiadis (1987: 165), "la rectificación de lo legalmente

---

93 En tal sentido, Bien (1972), Gigon (1972), Wolf (2006) y Frede (2020) traducen *epieíkeia* como "Billigkeit"; Tricot (1959: 265) y Gauthier & Jolif (2002), como "équité"; Apostle (1975), Crisp (2004), Ross (2009) y Simpson (2013 y 2017), como "equity"; Fermani (2008), como "equità", y Castro Caeiro (2009), como "equidade".

94 *Cf.* Irwin (1999) y Reeve (2014).

95 *Cf.* G. Kennedy (2007). No desconocemos que *fairness*, al igual que *equity*, también admite como traducción al español "equidad". Sin embargo, hemos preferido no traducirlos de la misma manera ni agruparlos juntos, pues ofrecen connotaciones distintas. En efecto, aquel término tiene más el sentido general de un trato imparcial y justo sin discriminación ni favoritismos, mientras que *equity*, de acuerdo con la definición de Garner (2009) en el *Black's Law Dictionary*, es propiamente "el recurso a principios de justicia para corregir o complementar la ley que se aplica a circunstancias particulares".

96 *Cf.* Rowe & Broadie (2002).

97 *Cf.* Chiron (2007).

98 *Cf.* Dirlmeier (1956).

99 *Cf.* Michon (2010: 40).

justo en el caso del valor equidad no implica un espíritu concesional, sino solo el llenado de los vacíos de la ley [y], por el contrario, el espíritu concesivo de la virtud de la equidad no implica que se llenen las lagunas de la ley". Los textos de Aristóteles pueden presentar en su interior la tensión originada por la confluencia de distintas tradiciones respecto del concepto de *epieíkeia*; pero ello no implica en modo alguno que el filósofo no haya logrado combinar los sentidos con cierta suficiencia. Lo que queda en pie dentro de la discusión es determinar cuál de los dos significados de equidad prevalece. Horn (2006: 165), por ejemplo, dice que lo que realmente cuenta para Aristóteles en materia de equidad no es la competencia jurídica, sino el ideal personal de tener un carácter perfecto, un carácter determinado por la dulzura y la benevolencia. Irwin (1999: 83) también pareciera inclinarse por este tipo de lectura, pues su traducción del término *epieíkeia* como "decencia" le da más prioridad al plano moral que al jurídico.

El riesgo que corre esta interpretación es que dotaría al juez de un amplio poder en materia de libertad y creatividad interpretativas, algo que Aristóteles parece rechazar. En la próxima sección nos ocuparemos de demostrar este punto con cierto detalle. Basta por lo pronto señalar que, si prevaleciera el aspecto moral (la idea de perdón y benevolencia), la regla que establece la norma jurídica quedaría desplazada a un plano muy secundario. La equidad sería efectivamente un acto discrecional sin trabas y un mecanismo de empoderamiento del juez que permitiría su rebelión contra los parámetros de justicia fijados en las leyes de la *pólis*. Nada de esto es lo que Aristóteles parece defender, pues lo nuclear del ser equitativo no es la capacidad de ofrecer un perdón, sino de realizar un ajustamiento de la ley a cada caso, de rectificarla allí donde se ha quedado corta en la determinación de lo justo.[100]

— 5 —

Los límites objetivos a la actividad del juez

5.1. El juez y la sujeción a la ley

El desarrollo que hace Aristóteles de la *epieíkeia* muestra en cierto punto una gran consideración sobre la libertad del juez. De hecho, al explicar la justicia conmutativa, el retrato que ofrece del magistrado como la "justicia viviente" (δίκαιον ἔμψυχον)[101] daría cuenta del constante movimiento y adaptación que lleva a cabo aquel ante la realidad cambiante que le toca

---

100 *Cf.* Zagal Arreguín & Ramos-Umaña (2020: 145).
101 *EN* 1132a22.

juzgar.[102] La pregunta que surge frente a todo esto es si, para el Estagirita, el juez debe tener amplios márgenes de discrecionalidad y creatividad interpretativa. Creemos que la respuesta es negativa. Tal como anticipamos en la introducción del libro, en su visión iusfilosófica el juez solo debe limitarse a mantener la validez de la ley, tratar de no innovar o hacerlo lo menos posible y siempre con una actitud de lealtad al legislador. No olvidemos que en materia de equidad está presente un grave riesgo institucional: el menoscabo de la seguridad jurídica.[103] La certeza en el ámbito de aplicación del derecho y una justicia igualitaria, que no haga distinciones arbitrarias, es un principio muy importante para establecer la armonía cívica y generar un sentimiento de unión entre los ciudadanos. En efecto, ellos son iguales y exigen que se los respete como tales.

Hay dos argumentos que justifican esta tesis. El primero, del cual ya hemos tenido oportunidad de hablar en la sección 5 del capítulo I, es aquel que gira en torno a la naturaleza racional del *nómos*. En efecto, recordemos que la ley, como "inteligencia sin apetito" (ἄνευ ὀρέξεως νοῦς),[104] tiene mejor derecho para ejercer el gobierno de la *pólis*, pues su imparcialidad y su carácter racional le permiten orientar todos los esfuerzos normativos hacia la promoción de los fines políticos que inspira cada régimen. Al estar libre de lo afectivo, no corre el peligro de perderse en este camino. Esta es la razón, pues, por la cual el juez que debe resolver un conflicto particular tiene que dirigir toda su atención al trabajo del legislador.

El segundo argumento, que complementa al anterior, se encuentra en *Retórica* (1354a31-b16). En este pasaje, Aristóteles mira con mucha sospecha la actividad de aquellos encargados de interpretar y aplicar la ley en el marco de los litigios judiciales, y ofrece tres razones, vinculadas con la racionalidad, en favor de la elaboración de leyes lo más precisas posible para contener la capacidad interpretativa y creativa de los jueces. En primer lugar, dice que es más fácil encontrar en la ciudad uno o algunos pocos legisladores con buen sentido, sabios y prudentes, que una multiplicidad de jueces con estas mismas cualidades. En segundo término, sostiene que la promulgación de leyes tiene lugar luego de una larga deliberación sobre los asuntos; en cambio, los juicios se llevan a cabo con rapidez, de manera que es difícil que los jueces determinen con precisión lo que es justo y

---

102 Tal es así que, como da cuenta Vecchio (1952: 71), la importancia que tiene el juez en materia de justicia conmutativa ha llevado a algunos "a considerar dicha especie de justicia como esencialmente *judicial*, excluyendo de ella la forma conmutativa".

103 *Cf.* Lell (2017: 28).

104 *Pol.* 1287a32.

conveniente.[105] Por último, explica que el juicio del legislador no se refiere a un caso en particular, sino que versa "sobre lo futuro y lo universal" (περὶ μελλόντων τε καὶ καθόλου); en cambio, los jueces tienen que juzgar inmediatamente sobre lo presente y determinado, y por ello existe un mayor riesgo de verse afectados por "el tratar como amigo" (τὸ φιλεῖν), "el odiar" (τὸ μισεῖν) y "la conveniencia propia" (τὸ ἴδιον συμφέρον). Su imparcialidad corre el riesgo de deformarse y en la búsqueda por la verdad también pueden extraviarse, pues las pasiones oscurecen el juicio. El legislador, al contrario, se encuentra relativamente más protegido frente al peligro de caer en estas desviaciones.

Hamburger (1965: 104) vio en este pasaje la convicción básica de Aristóteles respecto a la relación legislador/juez y la que revelaría el verdadero significado de la teoría de la *epieíkeia*. Para decirlo de forma simplificada, expuso que en Aristóteles la ley debe ser lo más completa posible y el juez debería ejercer una discrecionalidad muy reducida; como regla general, debe determinar los hechos del caso y subsumirlos bajo la norma legal apropiada, y solo en casos excepcionales y justificados está habilitado a completarla, adaptarla y corregirla. En tal sentido, Hamburger concluyó que la equidad no era más que un medio para un fin definido: un dispositivo para encontrar, frente a la insuficiencia de la ley particular, el derecho correcto y la verdadera justicia. Lo curioso del profesor alemán es que no se detuvo a explicar el problema de base que Aristóteles plantea respecto a las emociones, el cual se podría resumir en la siguiente afirmación: la justicia entregada con pasión corre el peligro de ser una gran injusticia o, como supuestamente dice el propio filósofo en el fr. 6 (Gigon) con respecto al placer, si este fuera "el fin, la justicia se anula" (τέλους ἀναιρεῖται μὲν ἡ δικαιοσύνη).[106]

En efecto, la ley aspira a realizar lo mejor y más adecuado para los ciudadanos, a promover la excelencia y a realizar los valores político-morales de la *politeía*. En este proceso, la igualdad (la *isonomía* frente a la ley) aparece como un constituyente primordial de la justicia, la cual, en términos formales, exige tratar lo igual de modo igual y lo desigual de modo desigual.[107] Este aspecto, que por supuesto se integra con los valores materiales de la ciudad, se vería trastocado por las debilidades del juez, el asalto

---

105 Siendo un poco más claros, lo que querría decir Aristóteles con este argumento, según creemos, es que gracias a la legislación ya se define en las leyes la resolución de temas muy complejos que no podrían definirse en un simple juicio, y es por esto que los jueces deben apoyarse, lo más que puedan, en tales disposiciones normativas.

106 Decimos "supuestamente" porque existe un fuerte disenso en la literatura especializada acerca de la autenticidad de los fragmentos aristotélicos.

107 *Cf.* Vega (2014b: 124).

de las pasiones y toda aquella mínima fuerza que modifique su ánimo y lo extravíe en la determinación de lo justo. La interpretación y aplicación de la ley debe ser muy cuidadosa; no se puede hacer a la ligera ni de modo pasional. Cualquier movimiento que, en ese amoldamiento de la ley al caso, desnaturalice el fin que inspira la norma, podría llegar a ser algo incluso peor que realizar su aplicación automática.

Ciertamente, el motivo referente a las emociones, el cual se encuentra en plena sintonía con el argumento dado a favor del gobierno de las mejores leyes, constituye una preocupación muy importante para el filósofo. Siendo un poco más precisos, el punto problemático no son las emociones en sí, pues todo hombre las padece; incluso, hay quienes dicen que cumplen una función muy importante a nivel cognitivo.[108] Así, según Nussbaum (1996: 23-25), ellas no se oponen irreflexivamente a la razón de una manera muy fuerte y primitiva, como si fueran algo simplemente sobrecargado de un afecto sin sentido alguno. Al contrario, más bien encarnan creencias (*dóxai*) sobre el mundo, proveen juicios de valor y suponen la apreciación de aquello que se percibe y es interpretado en un contexto social definido.[109]

Las emociones no son por sí mismas negativas en el campo judicial.[110] Tampoco se encuentran en una situación de completa oposición con la razón (*lógos*). Tal es así que, en un reciente trabajo, Huppes-Cluysenaer (2018: 3) destaca que en los últimos años hubo una explosión de investigaciones sobre las emociones en las que no son más vistas como meros obstáculos en la formulación de un buen juicio,[111] sino como una parte indispensable del proceso cognitivo del juez: se puede decir, pues, que tienen cierto valor epistémico en la búsqueda de una buena respuesta.[112] Sin embargo, la dificultad surge más bien cuando, por amplificación, exageración u otra deformación, afectan la posibilidad de emitir un juicio racional y virtuoso.[113] Esto sucede, por ejemplo, si se presenta en particular lo que en la literatu-

---

108 *Cf.* Solomon (1976), Lazarus (1991), Neu (2000), Nussbaum (1996, 2001b y 2012), Maroney (2018) y Bombelli (2018), entre otros.

109 *Cf.* Nussbaum (2001b y 2004).

110 *Cf.* McCormack (2014: 142) y Maroney (2018).

111 Así, por ejemplo, Hobbes (2007 [1651]: 231-232) decía que un buen juez debe "ser capaz de despojarse a sí mismo, en el juicio, de todo temor, miedo, amor, odio y compasión".

112 En este sentido, Aristóteles (fr. 105 [Gigon]) dice que "determinadas pasiones, si se utilizan bien, sirven como armas" (affectus quosdam, si quis illis bene utatur, pro armis ese).

113 *Cf.* Rapp (2018). En efecto, Aristóteles (*DA* 429a5-8) dice que a "[los hombres] a veces el intelecto se les nubla en un estado emocional, en la enfermedad o en el sueño" (ἐπικαλύπτεσθαι τὸν νοῦν ἐνίοτε πάθει ἢ νόσοις ἢ ὕπνῳ). En relación con este punto acerca de cómo la emoción puede cubrir la razón, ver Dow (2015: 215).

ra se conoce como "emociones recalcitrantes" (*recalcitrant emotions*), es decir, aquellas que se experimentan a pesar de estar en conflicto con un juicio evaluativo,[114] como ocurre cuando una persona está muy enojada con otra a pesar de que esta no le ha hecho ninguna ofensa.

Según Dow (2015: 218-219), quien entiende que para Aristóteles el estado representacional involucrado en las pasiones humanas, antes que la *dóxa*, es la apariencia (*phantasía*),[115] hay en especial dos disfunciones involucradas en las pasiones recalcitrantes: por un lado, la forma en que estas pasiones representan sus objetos como placenteros y dolorosos no está determinada por lo que la razón prescribe correctamente; y, por otro, la apariencia (*phántasma*) involucrada en la pasión, si bien es menos autoritativa que la creencia razonada con la que está en conflicto, sigue siendo afirmada por el sujeto como algo que representa cómo son las cosas y, por lo tanto, ejerce presión motivacional sobre él. La parte irracional del alma (la apetitiva) no cumple su función de forma correcta, pues no escucha y obedece a la parte racional como debería: actúa como una voz disidente que desafía la autoridad.[116]

En el fr. 108 (Gigon), Aristóteles ofrecería una comparación muy interesante respecto a cómo un arrebato afectivo o un impulso del ánimo (*thymós*) nubla toda posibilidad de razonamiento, de previsión y de formulación del juicio:

ὥσπερ ὁ καπνὸς ἐπιδάκνων τὰς ὄψεις οὐκ ἐᾷ βλέπειν τὸ κείμενον ἐν τοῖς ποσίν· οὕτως ὁ θυμὸς ἐπαιρόμενος τῷ λογισμῷ ἐπισκοτεῖ καὶ τὸ συμβησόμενον ἐξ αὐτοῦ ἄτοπον οὐκ ἐφίησι τῇ διανοίᾳ προλαβεῖν.

De igual modo que el humo, cuando nos pica en los ojos, no nos permite ver lo que yace delante de los pies, así también el arrebato afectivo se alza contra la razón, la arroja en la oscuridad y no deja a la *diánoia* anticipar el suceso absurdo [que se produce] por su causa.

Al comienzo del libro I de *Retórica* (1354a16-25), Aristóteles enuncia que no es adecuado inducir al juez "a la ira, la envidia o la piedad" (εἰς ὀργὴν [...] ἢ φθόνον ἢ ἔλεον) y a otras pasiones que afectan el alma, pues

---

114 *Cf.* Brady (2008).

115 Asimismo, Cooper (1996), Price (2009) y Moss (2012). Dow (2015: 190) ofrece en especial dos argumentos a favor de la tesis de que en Aristóteles el aspecto representacional de las pasiones es un ejercicio de *phantasía*. El primero es que, en la teoría expuesta en *De Anima*, ellas pertenecen a una parte del alma cuyas capacidades de representación incluyen la sensación y la fantasía, pero no la razón o el intelecto. El segundo es que implican esencialmente una cuestión de placer y dolor. En relación con este último punto, ver asimismo Dow (2011).

116 *Cf.* Dow (2015: 224-225).

ello haría torcer la propia regla de la que uno se sirve.[117] Incluso, llega a decir que la apelación a estas cosas es algo meramente accesorio y no constituye una parte esencial de las pruebas retóricas. Es cierto, y a la vez un poco llamativo, sin embargo, que más adelante el Estagirita sostenga que la habilidad de "disponer al oyente de alguna manera" (τὸν ἀκροατὴν διαθεῖναί πως),[118] es decir, de mover al auditorio a una pasión (páthos) por medio del discurso,[119] constituye uno de los tres modos de persuasión junto con el razonamiento lógico (lógos) y los argumentos referidos al carácter (êthos).[120] Pero al margen de este contraste, que ha llevado a algunos autores a afirmar la existencia de una contradicción,[121] lo que está claro es que Aristóteles no expresa ninguna reserva acerca de que las emociones tienen una influencia decisiva en la formación del juicio.[122] Entonces, en el campo judicial, no solo la credibilidad del orador, sino también las reacciones afectivas que el discurso genera en el auditorio son sumamente relevantes.[123] De hecho, Aristóteles especifica que "las pasiones son la causa de que [los hombres] difieran en sus juicios" (ἔστι δὲ τὰ πάθη δι᾽ ὅσα μεταβάλλοντες διαφέρουσι πρὸς τὰς κρίσεις).[124]

Al respecto, en algunas ocasiones Aristóteles ofrece ejemplos acerca de cómo los jueces pueden cambiar sus juicios por influencia de las emociones y las consecuencias que se derivan de ello. A los fines de mostrar este punto, es suficiente con reproducir el pasaje 1387b17-20, el cual muestra que un pedido por piedad –que incluso puede resultar legítimo y ameri-

---

117 Así, C. Johnstone (1980: 10) advierte que cuando Aristóteles se opone a la "deformación de la regla", se preocupa por mantener el equilibrio adecuado entre razón y apetito en el proceso de juzgar.

118 *Rh.* 1356a3.

119 *Rh.* 1356a14-16.

120 En relación con este denominado "triángulo retórico" y su valor en el terreno jurídico actual, ver McCormack (2014) y Pinho (2018).

121 *Cf.* G. Kennedy (1985), Barnes (1995: 262) y Wisse (1989: 19). Existe, sin embargo, un gran número de autores que afirma que tal contradicción no es tal. Así, Grimaldi (1972: 44), Wardy (1998: 111-113), Cooper (1999: 392) y Dow (2007).

122 Brinton (1988: 208). En efecto, en Aristóteles, como señala Konstan (2006: 27), las emociones se caracterizan por dos elementos básicos: por un lado, están acompañadas por el dolor y el placer y, por el otro, son aquellas cosas por las que las personas cambian sus juicios.

123 Sin ninguna duda, como afirma Leighton (2009: 602), "los retóricos, al mover a las audiencias a pasiones particulares, al centrarse en las pasiones que ya existen o que surgen, al disminuir, aumentar o eliminar otras pasiones, pueden hacer que sus audiencias comprendan a personas y asuntos particulares de maneras específicas, les den una importancia particular, vean las perspectivas que resulten en consecuencia, y motiven la deliberación y cursos de acción específicos".

124 *Rh.* 1378a20-21. En relación con respecto a qué involucra este cambio en el juicio, ver Leighton (1982).

taría compasión– sería contrarrestado si el orador logra despertar indignación en quien juzga:

ἐὰν τούς τε κριτὰς τοιούτους παρασκευάσῃ ὁ λόγος, καὶ τοὺς ἀξιοῦντας ἐλεεῖσθαι, καὶ ἐφ᾽ οἷς ἐλεεῖσθαι, δείξῃ ἀναξίους ὄντας τυγχάνειν ἀξίους δὲ μὴ τυγχάνειν, ἀδύνατον ἐλεεῖν.

Si el discurso dispusiera en tal [estado de ánimo] a los que juzgan, y demostrare que aquellos que se creen dignos de compasión (y los motivos por los que [piden] ser compadecidos) no son dignos de obtenerla, sino que merecen no alcanzarla, será imposible la compasión.

Son varias las emociones que Aristóteles desarrolla en su tratado: la ira (*orgé*) y la calma (*práÿnsis*), la amistad (*philía*) y el odio (*mîsos*), el miedo (*phóbos*) y la confianza (*thársos*), la vergüenza (*aiskhýne*) y la desvergüenza (*anaiskhyntía*), la gratitud (*kháris*) y la ingratitud (*ákharis*), la piedad (*éleos*), la indignación (*némesis*), la envidia (*phthónos*), la emulación (*zêlos*) y el desprecio (*kataphrónesis*), y otras emociones menores.[125] En lo que respecta a las relaciones que pueden mantener entre sí, varias de ellas colisionan. Así, por ejemplo, el miedo excluye la ira y viceversa,[126] la envidia excluye la piedad,[127] y la ira y el odio son emociones que se definen por su oposición a la amistad, pero mientras que en la ira puede caber la compasión, en el odio esto no es posible.[128] También las emociones se pueden complementar entre sí y superponerse, como sucede con la calma, la cual se suele dar respecto a quienes sienten miedo o vergüenza.[129]

En lo que refiere a la importancia que pueden tener las emociones en el campo institucional de resolución de conflictos, no todas ellas tienen el mismo valor. Aristóteles no ofrece una explicación detallada y explícita sobre este punto. Sin embargo, como advierte Sanders (2016: 58), la *Retórica a Alejandro* (1444b36-14445a22) de Anaxímenes es útil para esclarecerlo. Así, dice que las emociones pertinentes a los discursos forenses son seis: piedad, gratitud, buena voluntad (que sería el equivalente a la *philía* en Aristóteles), odio, ira y envidia. Este catálogo, que según Sanders configura las

---

125 No existe consenso acerca de si el estudio de Aristóteles, a pesar de abarcar un catálogo numeroso de emociones explicadas con cierto detalle, constituye una teoría de la emoción. Hay quienes, como Cooper (1996: 239), dicen que se trata de una investigación preliminar, puramente dialéctica, que aclara algunos puntos sobre el tema; otros, como Dow (2015: 145), consideran que *Retórica* (II.1-11) expresa una teoría, más allá de que puede presentar limitaciones o no está por completo desarrollada.

126 *Rh.* 1380a33-34.

127 *Rh.* 1388a25-28.

128 *Rh.* 1382a1-15.

129 *Rh.* 1380a31-32.

ARISTÓTELES, EL JUEZ Y LA EQUIDAD

"emociones forenses", parece bastante razonable, pues "los juicios se refieren a lo que la gente ha hecho en el pasado; la ira y la gratitud se despiertan por acciones pasadas específicas, mientras que las otras cuatro emociones responden a impresiones presentes creadas por acciones pasadas".

Las emociones forenses tienen la capacidad de minar el valor institucional del derecho como mecanismo tendiente a organizar pacíficamente la comunidad. En efecto, los jueces pueden decidir una cosa u otra distinta, incluso muy injusta, dependiendo de cuánto influyó alguna emoción al momento de deliberar y tomar una decisión. Incluso, se corre el riesgo de que los casos análogos sean juzgados de forma distinta, que la aplicación de la ley no sea igualitaria y que en la comunidad reine la incertidumbre y una falta muy grande de seguridad jurídica.

La posibilidad de que las emociones alteren el juicio de los jueces en perjuicio de la justicia se ve incrementada por la propia estructura de los litigios. En efecto, en el ámbito de los tribunales de justicia, el juez, quien en la Atenas clásica no es un profesional del derecho,[130] debe decidir acerca de lo que plantean el demandante y el demandado, quienes ante todo buscan satisfacer sus propios intereses. En este escenario, harán todo lo posible para persuadir al juez de que su posición es la más justa, aunque no lo sea, y de promover las emociones apropiadas para ganar el litigio; incluso, si ello no tuviera mucho que ver con el punto bajo examen judicial.[131] Así, por ejemplo, Carey (1994: 29) explica que en la oratoria forense el demandado y el demandante tienen en común la necesidad de generar hostilidad contra el oponente. En particular, dicha estrategia se utiliza en mayor medida en el discurso del demandante, quien alienta al jurado a condenar y luego a imponer la pena deseada. Carey dice que el llamado a la ira es a menudo "sorprendentemente explícito, con el uso de palabras clave como *orgé* ('ira'), *miseîn* ('odio'), *aganakteîn* ('resentimiento')". Un ejemplo muy claro de esto lo encontramos en el discurso *Contra Leócrates* de Licurgo (1.133-134), en donde el orador, mediante un movimiento argumentativo muy audaz y persuasivo, mueve al odio al auditorio para que proceda a condenar al acusado de traición:

---

130 *Cf.* S. Johnstone (1999: 18-19) y Rapp (2018: 38).

131 Es cierto que, según atestigua Aristóteles en *Constitución de los Atenienses* (67.1-2), existían algunos mecanismos tendientes a mantener cierto orden en los tribunales y evitar manipulaciones. Así, se solicitaba, antes de iniciar el juicio, que las partes juraran hablar solo respecto al asunto que se juzga y, además, se utilizaba un reloj de agua (*klepsýdra*) para limitar el tiempo de los discursos. Sin embargo, como ha demostrado Lanni (2006 y 2017), en los tribunales populares atenienses no existía una regla de relevancia que limitara a los litigantes con respecto a la información y argumentos que podrían formular en el juicio. En realidad, la estrategia general de los litigantes era sobre todo alcanzar una justicia discrecional e individualizada.

κακοὶ γὰρ καὶ πολῖται καὶ ξένοι καὶ ἰδίᾳ φίλοι οἱ τοιοῦτοι τῶν ἀνθρώπων εἰσίν, οἳ τῶν μὲν ἀγαθῶν τῶν τῆς πόλεως μεθέξουσιν, ἐν δὲ ταῖς ἀτυχίαις οὐδὲ βοηθείας ἀξιώσουσι. καίτοι τὸν ὑπὸ τῶν μηδὲν ἀδικουμένων μισούμενον καὶ ἐξελαυνόμενον τί δεῖ παθεῖν ὑφ᾽ ὑμῶν τῶν τὰ δεινότατα πεπονθότων; ἆρ᾽ οὐ τῆς ἐσχάτης τιμωρίας τυγχάνειν; καὶ μήν, ὦ ἄνδρες, τῶν πώποτε προδοτῶν δικαιότατ᾽ ἂν Λεωκράτης, εἴ τις μείζων εἴη τιμωρία θανάτου, ταύτην ὑπόσχοι.

Malos como ciudadanos, como huéspedes y como amigos personales son esa clase de hombres que participan de los bienes de la ciudad, pero que en las desgracias no la estiman digna de su asistencia. Y en verdad, este que es odiado y expulsado por los que no son tratados con injusticia, ¿qué trato debe sufrir de ustedes que han sufrido lo más terrible? ¿No es recibir la pena extrema? Ciertamente, señores, si hubiera algún castigo peor que la muerte, Leócrates lo sufriría con mayor justicia que los traidores que alguna vez han existido.

Aristóteles es plenamente consciente de esta cuestión y quizá, por eso, cuando determina la utilidad de la retórica, sostiene la conveniencia de que el orador sea capaz de persuadir sobre tesis contrarias. Así, en *Retórica* (1355a29-33) dice que, si bien "no se debe persuadir de lo malo" (οὐ γὰρ δεῖ τὰ φαῦλα πείθειν), el manejo de esta habilidad es necesario para que, si alguien utiliza argumentos injustos, sea posible refutarlo en sus mismos términos. En ese pasaje, pareciera ser que Aristóteles subordina la retórica a la ética,[132] en el sentido de que no es correcto argumentar a favor de lo injusto: no solo hay una preocupación por definir cómo se deben pronunciar los discursos, sino también acerca de cómo el orador virtuoso debe emprender su tarea.[133] Manejarse con injusticia es algo éticamente reprobable que, en términos institucionales, atenta contra el correcto desenvolvimiento de las instituciones políticas y jurídicas.

El problema de las emociones es una de las razones por las cuales Aristóteles manifiesta, al momento de reflexionar sobre el número de magistrados, que en muchos casos "juzga mejor una multitud" (κρίνει ἄμεινον ὄχλος) que un solo individuo.[134] En efecto, uno de los dos argumentos que se ofrecen para apoyar esa afirmación reposa en la posibilidad que tienen las emociones de modificar el juicio de los magistrados y que estos fallen

---

132 Hay quienes, sin embargo, consideran que la retórica aristotélica es una herramienta moralmente neutral. Así, por ejemplo, Oates (1963), Cooper (1993), Rapp (2009, 2010 y 2018) y Dow (2015: 89).

133 *Cf.* C. Johnstone (1980), Wörner (1990), Irwin (1996: 143-146), Garver (1994) y Rorty (2011).

134 *Pol.* 1286a30-31.

en contra de la justicia.[135] Así, el Estagirita explica que un gran número de individuos es más difícil de corromper que unos pocos y es menos probable que todos ellos juntos se "encolericen y se equivoquen" (ὀργισθῆναι καὶ ἁμαρτεῖν).[136] Sin duda, como la virtud es algo muy difícil de alcanzar, y debido a que no es posible que haya tribunales masivos conformados por personas con tal característica –es decir, preparadas de antemano para manejar los estados emocionales mediante un adecuado entrenamiento de las disposiciones del carácter–,[137] el sistema jurídico tiene buenas razones para no dejar, hasta donde sea posible, aspectos indeterminados en la norma.[138]

5.2. El carácter excepcional de la equidad

Cuando Aristóteles declara en *Retórica* que las leyes deben ser lo más completas posible y dejar lo menos que se pueda a discreción del juez, está pensando no solo en la cuestión de las emociones, sino en términos más amplios: todo elemento que pueda, de algún modo u otro, desviar la actividad jurisdiccional hacia sentencias injustas, como por ejemplo, los intereses particulares de los jueces. El propio filósofo señala este punto cuando en *Retórica* (1354b9) da como motivo, para limitar la actividad judicial, "la conveniencia propia" (τὸ ἴδιον συμφέρον). En lo que respecta a la equidad, la cuestión de los límites lo demuestra el hecho de que la procedencia del instituto tiene lugar en casos muy puntuales que deben satisfacer cuatro características que van de la mano: en primer lugar, tiene que ser algo que haya escapado a las previsiones del legislador; en segundo lugar, el hecho debe ser extraordinario, es decir, no respetar el curso normal del desarrollo de los acontecimientos fácticos; en tercer término, debe sobrevenir a la aplicación mecánica de la ley una situación de injusticia; y, finalmente, en materia de daños el caso debe ameritar una diferenciación de acuerdo con el tipo de lesión que genera la acción del individuo sobre los demás miembros de la comunidad. En cierta medida, las tres primeras condiciones ya

---

135 El otro argumento que formula para preferir a una multitud antes que a unos pocos de los mejores es la tesis conocida en la literatura especializada como "la sabiduría de la mayoría" (Waldron, 1995; Landemore, 2013). Esta sostiene que muchos hombres, incluso mediocres, pueden aportar cada uno de ellos una parte de virtud y de prudencia, conformando una colectividad con más sentidos e inteligencia que termine siendo mejor que una minoría de hombres virtuosos. Así, ver *Pol.* 1281a42-b10 y 1286a25-30.

136 Este tipo de ideas, en las que Aristóteles presenta puntos a favor de que, en algunos casos, una multitud de individuos sin ningún carácter virtuoso tenga autoridad política y judicial, es un poco desconcertante a la luz de su pensamiento ético-político. Sobre este problema, ver Bobonich (2015).

137 *EN* 1179b24-32.

138 *Cf.* Rapp (2018: 38).

fueron desarrolladas; quizá de modo desperdigado y, por ello, no estaba de más agruparlas en esta oportunidad. En el caso de la tercera diremos unas palabras adicionales en el capítulo siguiente. En lo que respecta a la cuarta, solo se la mencionó muy al pasar y conviene, pues, precisar este punto un poco más.

Hemos visto que Aristóteles habla de tres tipos de daños: errores, infortunios y delitos. También hemos visto que entre ellos existe una gradualidad respecto a su gravedad, una diferenciación en la responsabilidad del agente y que, en virtud de ello, en los casos de involuntariedad –lo que sucedería si se trata de un hecho infortunado– puede recaer la indulgencia y, a veces, la conmiseración. Lo que cabe agregar en esta instancia es que no todo acto involuntario puede ser disculpado y que esto, por la relación que guarda la equidad con la indulgencia, quizá le vede al juez la posibilidad de tener algún tipo de consideración o atenuante en determinados supuestos. En efecto, al finalizar el libro V.8 de *Ética Nicomaquea*, Aristóteles aclara que solo los errores que se cometen ignorando y por ignorancia son excusables, pero no puede recaer disculpa alguna sobre aquellos que se realizan en estado de ignorancia y "por causa de una pasión que no es natural ni tampoco humana" (διὰ πάθος δὲ μήτε φυσικὸν μήτ᾽ ἀνθρώπινον).[139] Este supuesto de acciones involuntarias inexcusables, del que Aristóteles no ofrece mayores especificaciones, se trataría, según la lectura de Kenny (1979: 62), de actos en los que hay una crueldad antinatural o un deseo que asciende a la brutalidad, como sucede con los hábitos bestiales que se describen en el libro VII.5: se pueden mencionar, entre otros ejemplos que ofrece el filósofo, el caso de las mujeres que abrían el vientre a las embarazadas y les devoraban los niños, y las prácticas de canibalismo.

La indulgencia, y por extensión la equidad, en principio no resultaría aplicable a los delitos. Esto es cierto, pero hay que hacer una aclaración. Cuando Aristóteles toca este tema en *Retórica*, dice que el hombre equitativo debe distinguir el error y el hecho infortunado de los delitos que proceden "del vicio" o "la maldad" (ἀπὸ πονηρίας), es decir, de aquellos que tienen su origen en un carácter injusto del agente. En este supuesto está claro que no podría en modo alguno proceder la indulgencia, pues se trata de la conducta más reprochable de todas a nivel moral y jurídico: no solo es injusta en su aspecto objetivo, sino que, además, a nivel subjetivo, existe una deliberación previa que hace del agente un ser injusto y malvado.

Sin embargo, Aristóteles no es muy claro respecto a qué sucede con el error culpable y la otra variante de delitos voluntarios: los no deliberados. A nuestro modo de ver, habría lugar para pensar que ambos supuestos po-

---

139 *EN* 1136a8-9.

drían tener algún tipo de consideración, si el caso lo amerita, a la luz de la equidad. Dicho de forma más precisa, los errores culpables y los delitos originados por una pasión ordinaria pueden recibir un atenuante,[140] pues no son el resultado de un mal hábito: el agente no tiene viciado el carácter (no es malvado), de manera que la aplicación severa de la ley quizá no sea del todo conveniente. En términos cualitativos, lo que sucede en estos actos es que, aunque voluntarios, son respectivamente fruto de un error predecible o espontáneos.[141] No tienen ese plus que se da en los delitos deliberados: la elección de lo malo, síntoma del rasgo corrupto que presenta el carácter del agente y que se debe tratar de modificar a través del castigo.

El ejemplo que Aristóteles ofrece en *Retórica* vuelve a ser útil para mostrar cómo la equidad podría actuar con respecto a un acto negligente. Hemos visto que, de acuerdo con la interpretación mayoritaria de los especialistas, el uso de un anillo en la agresión a alguien no constituye una agravante. Pero los hechos pueden ser interpretados de una forma ligeramente distinta, como sugiere Shiner (1994: 1252). Así, puede suceder que el caso sea el de una persona que al pasar al lado de otra la lastime con el roce del anillo. Si la ley simplemente dice que "todo aquel que lesione a otro con un instrumento de metal será castigado con pena de multa de 1000 dracmas", sin dar mayores precisiones, se le debería aplicar semejante castigo. Sin embargo, acá el juez tendría que distinguir que la lesión se produjo por un movimiento descuidado, lo que haría que el hecho, antes que un delito deliberado, sea un error culpable. En efecto, existe un daño generado por un error previsible, el cual se habría evitado si el agente hubiera puesto la debida diligencia en su comportamiento. El juez que practica la equidad es aquel que sabe ver esto y que no lo sanciona, ante semejante situación, como si se tratara de una lesión cometida con la intención de dañar a otro con un instrumento de metal.

---

140 Es interesante destacar, al respecto, el supuesto de la *akrasía*, es decir, aquel que es incontinente o tiene una debilidad en la voluntad y, por ello, sucumbe al deseo. Aristóteles (*EN* 1147a15-18) sostiene que "los impulsos afectivos, los deseos sexuales y algunas otras [pasiones] de tal clase, manifiestamente producen cambios en el cuerpo y en algunos casos producen la locura; es evidente, entonces, que debemos decir que los incontinentes tienen [un estado] similar al de aquellos [el durmiente, el demente y el ebrio]" (θυμοὶ γὰρ καὶ ἐπιθυμίαι ἀφροδισίων καὶ ἔνια τῶν τοιούτων ἐπιδήλως καὶ τὸ σῶμα μεθιστᾶσιν, ἐνίοις δὲ καὶ μανίας ποιοῦσιν. δῆλον οὖν ὅτι ὁμοίως ἔχειν λεκτέον τοὺς ἀκρατεῖς τούτοις). Según la fuerza de la emoción, se pueden distinguir casos en los que hay posibilidad de control y casos en los que no; en estos últimos, quizá, la acción en cuestión directamente no tiene significado moral. Al respecto, ver Brito (2018: 215) y, sobre el concepto de *akrasía*, Kenny (1979: 155-166), Woods (1990) y Price (2006).

141 *Cf.* Brito (2018: 201-211).

En relación con un delito que deriva de una pasión súbita, por ejemplo, Aristóteles considera adecuado que las acciones derivadas de un "impulso afectivo" (ἐκ θυμοῦ) no se juzguen como actos "premeditados" (ἐκ προνοίας).[142] En tales casos, como no hay una elección (*proaíresis*), se justifica un menor castigo.[143] Incluso, se podría llegar a justificar la acción en una permisión establecida en la ley, como sucede con un homicidio justificado (*phónos díkaios* o *katà toùs nómous*).[144] Muy probablemente sea este el supuesto que tenga en mente Aristóteles, pues muchas de las causas de justificación que ofrecía el derecho ático se trataban de agresiones en ira contra otro como reacción a un acto injusto deliberado que se sufría. Así, por ejemplo, ello sucedía si el asesino sorprendía a la víctima con su esposa, madre, hermana, hija o con la concubina que hubiese tomado para procrear hijos libres;[145] si un hombre mataba a alguien que pretendía apoderarse sin derecho y por la fuerza de su propiedad o de su persona;[146] si la víctima cometía un robo durante la noche;[147] si la víctima era un tirano, o pretendía llegar a serlo, o era alguien que buscaba derrocar el gobierno democrático.[148] Esa interpretación cobra fuerza cuando reparamos en que Aristóteles dice que, en los delitos cometidos por un impulso afectivo, la discusión no versa sobre si el hecho sucedió o no, sino "acerca de lo justo" (περὶ τοῦ δικαίου),

---

142 *EN* 1135b25-27. El término *prónoia* se compone del sustantivo *noeîn*, que significa "pensar", "reflexionar" o "considerar", y de la preposición *pro*, que se refiere a la idea de "antes" o "de antemano"; de este modo, *prónoia* indicaría la acción de "pensar con anticipación". En lo que respecta a la determinación de su sentido jurídico, existen algunas discusiones. Varios autores, como Stroud (1968: 41), Cantarella (1976: 97 y ss.) y Carawan (1998: 36-38), consideran que se identifica con nuestro concepto de "premeditación" y, por esta razón, sostienen que, por ejemplo, cuando la ley de Dracón habla del homicidio *ek pronoías*, no se refiere a los casos de simple voluntad indicada con el vocablo *hekón*, sino solo a aquellos en los que hay una reflexión del asesinato antes de llevarlo a cabo. Otros, como Loomis (1972: 93-94), sostienen que *prónoia* no tiene ese sentido estrecho de premeditación, sino que indica de un modo más general la intención de dañar al otro, sin que ello implique, como elemento constitutivo de la acción, un plan previo.

143 De hecho, Platón en *Leyes* (866d6-867c1) advertía que los homicidios cometidos en ira sin una previa deliberación se asemejan mucho a aquellos realizados de forma involuntaria. Así pues, consideraba que debían ser castigados como si se tratase de esta última categoría de delitos.

144 *Cf.* Viano (2018).

145 Dem. 23.53 y Lys. 1.30.

146 Dem. 23.60.

147 Dem. 24.113.

148 Dem. 20.159, Lycurg. *Leoc.* 124-127 y And. 1.96.

ARISTÓTELES, EL JUEZ Y LA EQUIDAD

y además explica que ello se debe a que "la ira" (ἡ ὀργή) se origina a raíz de una "injusticia" (ἀδικία).[149]

Existe un último supuesto, dentro de la clasificación aristotélica de las acciones, que podría también dar lugar a una corrección de la ley a través de la equidad: las acciones mixtas.[150] Este tipo de acciones, que en realidad son una especie de las voluntarias, son aquellas en las que las circunstancias constriñen al agente, pero que aun así se realizan con plena aquiescencia. Según cómo operen las circunstancias que condicionan la acción y la evaluación sobre su carácter moral, se pueden distinguir, de acuerdo con la lectura de Guariglia (1997: 146), tres posibilidades de acciones mixtas: en primer lugar, aquellas que merecen elogio, como sucede con el caso del capitán del navío que arroja la carga al mar para evitar el naufragio; en segundo término, las que no reciben elogio alguno, pero hay indulgencia debido a que el agente actúa bajo la amenaza de sufrimientos que sobrepasan la naturaleza humana o que nadie puede soportar; y, finalmente, las acciones en las que no hay excusa alguna ni perdón posible. Aristóteles pone como ejemplo de este último caso a Alcmeón, un personaje de una tragedia perdida de Eurípides que cometió matricidio para escapar de la maldición de su padre. Lo que nos interesa destacar respecto a esta clasificación es que, como dice Aristóteles, el segundo supuesto admite la indulgencia.[151] Si partimos de esta base, pues, se puede decir que en situaciones en las cuales el agente actúa por temor a males irresistibles, aun cuando su conducta sea reprochable, podría alegar las especiales circunstancias con el fin de evitar, mediante un acto de indulgencia del juez, recibir una sanción o, a lo sumo, obtener alguna disminución en la pena. Es muy probable que esto sea porque, valoradas *a posteriori* todas las características, se advierte un grado de constricción sobre el agente que hace que la acción bordee incluso lo involuntario. De hecho, en el libro V.8, Aristóteles trata el caso de una persona que devuelve un depósito por miedo directamente como un acto involuntario. Sea como fuere, lo que está claro es que en el tercer supuesto la indulgencia no juega ningún papel y, con respecto al primero, en principio tampoco lo haría, pues no hay nada que disculpar.

Queda claro, entonces, que en el pensamiento de Aristóteles la equidad solo tiene lugar en supuestos muy especiales y extraordinarios. No es para

---

149 *EN* 1135b27-29. En los casos de homicidio justificado, el acusado no negaba la existencia del hecho, sino que buscaba demostrar haberlo cometido "con derecho" (*díkaios*) o "de acuerdo con las leyes" (*katà toùs nómous*). El hecho era juzgado en el Delfinio y, si el autor lograba demostrar que estaba amparado por alguna causa que justificara la reacción homicida, no era sancionado jurídicamente. Al respecto, ver MacDowell (1999 [1963]: 73 y ss.) y Cantarella (1996: 63).

150 *EN* 1110a.

151 *EN* 1110a23-26.

nada una institución de la cual el juez pueda echar mano para trastocar el normal desenvolvimiento del derecho y, sobre todo, la vigencia del imperio de la ley. En este sentido, la actividad judicial es muy limitada en materia de libertad y creación interpretativas. En modo alguno esto significa, vale aclarar, que Aristóteles defienda un modelo de juez autómata. Ello está claro, pues de lo contrario la equidad no tendría cabida alguna. El juez ideal es aquel que respeta el principio primario de sujeción a la ley y que no se atribuye facultades legislativas para crear excepciones allí donde no las hay. Sin ir más lejos, tal es la conducta que trataba de evitar el juramento dicástico que obligaba a los jueces a votar de acuerdo con las leyes y decretos del pueblo ateniense, el cual Aristóteles tenía muy presente en su desarrollo del valor de la ley y el rol del juez.

CAPÍTULO III

El camino de la equidad

καὶ ἐν μὲν τῷ κριτικὸς εἶναι περὶ ὧν ὁ φρόνιμος, συνετὸς καὶ εὐγνώμων ἢ συγγνώμων· τὰ γὰρ ἐπιεικῆ κοινὰ τῶν ἀγαθῶν ἁπάντων ἐστὶν ἐν τῷ πρὸς ἄλλον.

Y ser inteligente, de buena comprensión e indulgente es ser capaz de discernir en los asuntos que atañen al prudente; pues las [acciones] equitativas son comunes a todos los [hombres] buenos en su relación con el otro.
Aristóteles, EN 1143a29-32.

A partir de lo desarrollado en los capítulos anteriores, tenemos claro en qué consiste la equidad, cuáles son sus características más importantes, cómo se inserta dentro del ejercicio de la jurisdicción en cuanto continuación de la deliberación legislativa y qué tipo de relación tiene con los valores sustantivos sobre los que se estructura la *politeía*. Lo que resta por ver, de acuerdo con los propósitos del libro y lo anticipado en la introducción, es cómo se despliega el camino de la *epieíkeia*. Sabemos que la equidad es una corrección de la justicia legal; sin embargo, no hemos podido explicitar ni desarrollar –aunque a esta altura se puede intuir de qué se trata– las capacidades intelectuales que se ponen en acción al echarse mano del recurso y cuáles son los pasos o lineamientos que el juez debe seguir en el enderezamiento de la ley. Estos son aspectos muy importantes de la institución y su estudio no solo ayuda a precisar aún más sus rasgos definitorios o comprender su naturaleza, sino que también nos muestra la racionalidad que envuelve a la equidad. Veremos, pues, que la actividad del juez que la practica se encuentra delimitada por ciertos criterios objetivos suficientemente capaces de contener su libertad interpretativa.

En lo que respecta al plano de las capacidades, la equidad tiene una relación directa con la *phrónesis*, término que hemos traducido como "prudencia" y a veces, de un modo un poco más preciso, como "sabiduría práctica". Además, en un sentido más específico, el ejercicio de la equidad abarca otras expresiones de la razón práctica, en especial la comprensión o *gnóme*. En relación con los pasos, veremos que la virtud de la *epieíkeia* en el campo judicial involucra un proceso pautado acerca de cómo procede el enderezamiento de la ley, el cual se caracteriza sobre todo por recuperar, frente a lo excepcional y lo imprevisto, el sentido de justicia que inspira el régimen político, y por llevar a cabo una corrección de la norma en la forma en que el legislador ejerció su inteligencia práctica al momento de establecer su obra.

El estudio de los puntos señalados implica realizar varios movimientos argumentativos. En primer lugar, ofreceremos una explicación general del criterio de exactitud (*akríbeia*) que opera en el campo de las ciencias prácticas y también de la virtud intelectual de la *phrónesis*. Este primer paso nos permitirá, además, detenernos a elucidar la semántica del concepto de *gnóme*, trazar el vínculo directo de esta capacidad con el ejercicio de la equidad y realizar algunas consideraciones sobre el concepto de verdad práctica (*alétheia praktiké*). En segundo término, desarrollaremos en la sección 2 el principal criterio para determinar la excepcionalidad de un caso que convoca a la equidad y para definir cómo resolverlo de un modo que garantice la justicia. Esto se complementará con un breve desarrollo de la función de la justicia natural y la identificación de las exigencias que se deben satisfacer en todo proceso de rectificación de la norma, temas que ocuparán las dos siguientes secciones.

Así pues, demostraremos que, en Aristóteles, el juez equitativo, lejos de apartarse del principio primario de sujeción a la ley y de atribuirse facultades legislativas para crear excepciones, es aquel que mantiene una fuerte lealtad al legislador originario en cuanto instancia en la que se expresan en su forma más elevada la razón y los valores político-morales del propio régimen constitucional. Solo de este modo encuentra la garantía de que la deliberación judicial se corresponda del modo más fiel posible con la deliberación legislativa, aquella que se encamina al logro de los principios y fines más fundamentales a escala comunitaria. No solo se rechaza, pues, la doctrina de la discrecionalidad judicial, sino que también se determinan con cierta precisión los contornos dentro de los cuales es legítimo que se mueva el juez en casos a favor de la equidad.

— 1 —

La equidad y la racionalidad práctica

1.1. *El ejercicio de la* phrónesis

La equidad es una institución que opera en el ámbito de las ciencias prácticas (*epistêmai praktikaí*), un terreno movedizo que exige tomar criterios distintos de aquellos propios de las ciencias teóricas (*epistêmai theoretikaí*). En efecto, las ciencias teóricas, cuyo fin es el conocimiento en cuanto tal, son tres y cada una de ellas tiene como objeto un tipo diferente de entidad: la física estudia las entidades existentes por separado (o capaces de existencia autónoma) y sujetas a movimiento; la matemática, las entidades inmóviles e inexistentes por separado (incapaces de existencia autónoma); y la filosofía primera o teología (denominada con posterioridad por Andrónico de Rodas como metafísica), las entidades existentes por separado e inmóviles.[1] Las ciencias prácticas, en cambio, se ocupan del estudio de la acción, esto es, un tipo de entidades contingentes cuyo principio está en el ser humano, las cuales carecen de necesidad (la necesidad absoluta, propia de los entes eternos,[2] o la necesidad hipotética o condicional, propia de los entes físicos)[3] y, por lo tanto, no pueden ser objeto de un conocimiento teórico semejante al matemático o al natural. El fin de semejante saber, por cierto, es la perfección misma del hombre.[4]

En términos epistemológicos, la distinción respecto a aquello de lo que se ocupan las diferentes ciencias, junto con la clase de entidades y el carácter necesario o contingente que pueden tener de acuerdo con su naturaleza, fija las bases, como explica Guariglia (1997: 56), para "una concepción no absoluta, sino relativa de exactitud". En efecto, en Aristóteles no hay algo así como una concepción de ciencia única que responde al ideal de exactitud absoluta (único criterio de cientificidad para juzgar la validez del conocimiento) y al cual se aproximen en mayor o en menor medida las demás ciencias. El principio de exactitud variable niega que haya una exactitud que valga para todas las situaciones imaginables y que sirva como criterio válido y adecuado para los distintos campos del saber. Más bien, establece que ella debe adecuarse a la materia que se estudia. En este sentido, Aristóteles afirma que no se debe buscar de la misma manera "la exactitud en todas las argumentaciones" (ἀκριβὲς [...] ἐν ἅπασι τοῖς λόγοις).[5] Así, en el caso de los asuntos prácticos, el criterio debe relajarse un poco en comparación con la exactitud que se emplea en las ciencias teóricas. En el ámbito que se caracteriza por no haber nada fijo, es suficiente con mostrar la verdad de un modo aproximado y en líneas generales, y extraer a partir de estas premisas conclusiones válidas solo en la mayoría de los casos. En cada tema se debe buscar la exactitud que la naturaleza del asunto permite de acuerdo con

---

1   *Metaph.* VI.1.
2   *GA* 338a1-3 y *PA* 639b24.
3   *Ph.* 199b34-200b.
4   *Cf.* Berti (2004: 9).
5   *EN* 1094b13.

los intereses en juego,[6] pues, como dice Aristóteles, sería absurdo exigirle a un matemático que "use argumentos persuasivos" (πιθανολογοῦντος) como pedirle a un orador "demostraciones necesarias" (ἀποδείξεις).[7] En tal sentido, Berti (2004: 21) explica que la filosofía práctica se coloca a mitad de camino entre, por un lado, la matemática y la ciencia teórica y, por el otro, la retórica. Mira, pues, una verdad que no vale siempre, sino que se da "en la mayor parte [de los casos]" (ὡς ἐπὶ τὸ πολύ).[8]

Entonces, en el ámbito del derecho y en todo lo referente al campo de las acciones humanas, no se puede hablar con un grado de exactitud como el que tiene la matemática; la naturaleza del asunto requiere flexibilizar el criterio. Lo único que se puede realizar son especificaciones hasta cierto punto y de acuerdo con un marco de referencia previamente establecido que nos indique el grado de exactitud al que queremos llegar. Esto, vale aclarar, no significa aceptar un relativismo ni abandonar parámetros de racionalidad, pues se conserva aun así un criterio de exactitud: será menos preciso, pero al fin y al cabo es un criterio determinado por la materia del conocimiento.[9] En realidad, tiene razón Guariglia (1997: 64) cuando postula que, una vez determinados los criterios de exactitud que requiere la disciplina en cuestión, toda afirmación que satisfaga sus exigencias "tendrá una exactitud absoluta, en el sentido en que es tan exacta como lo puede ser toda otra afirmación correcta en otra disciplina cuyos criterios de corrección o incorrección sean aparentemente más precisos".

La separación entre, por un lado, ciencia teórica y, por el otro, ciencia práctica tiene como consecuencia, a nivel de las facultades cognitivas, la distinción entre dos clases de razón (diánoia): la teórica y la práctica.[10] La razón teórica (diánoia theoretiké), que es función de la subparte científica del alma y se refiere a los objetos necesarios,[11] es "la facultad discursiva mediante la cual el intelecto realiza deducciones o demostraciones".[12] La razón práctica, que depende de la subparte calculadora, se desenvuelve, en cambio, en el terreno de lo contingente. Esta distinción es muy importante, pues los asuntos prácticos, que adquieren distintos significados según el

---

6   Dicho con un ejemplo que emplea Aristóteles (*EN* 1098a29-32), el carpintero y el geómetra buscan de distinta manera el ángulo recto: el primero, en la medida que es útil para su obra, mientras que el otro, al buscar la verdad, indaga qué es y de qué clase.

7   *EN* 1094b25-27 y 1103b26-1104a10.

8   *EN* 1094b21.

9   *Top.* 101a.

10   *Cf.* Guariglia (1997: 77).

11   *EN* 1139a.

12   Guariglia (1997: 77).

                                                  Aristóteles, el juez y la equidad

contexto y cuya variabilidad es muy grande, no se oponen a la razón, sino que solo no se pueden reducir a un tipo de razón (la teórica o especulativa). Lo que sucede es que lo característico del plano práctico es otro tipo de razón: la deliberativa o práctica. A la facultad propia de estas ciencias Aristóteles le ha reservado el nombre de *phrónesis* o sabiduría práctica, la "virtud de los hombres obligados a deliberar en un mundo oscuro y difícil, cuya incompleción es una invitación a lo que se puede denominar su libertad".[13]

La virtud intelectual de la prudencia o, mejor dicho, "la virtud suprema del uso práctico del intelecto"[14] se define como un "hábito verdadero, acompañado de razón, respecto de lo que es bueno y malo para el hombre" (ἕξιν ἀληθῆ μετὰ λόγου πρακτικὴν περὶ τὰ ἀνθρώπῳ ἀγαθὰ καὶ κακά).[15] La función de ese "ojo del alma" (ὄμματι [...] τῆς ψυχῆς),[16] como la llama Aristóteles, es la de calcular los medios más eficaces, en las circunstancias que se le presentan al agente, para realizar un fin bueno:[17] concierne, pues, a la elección y, dicho con más precisión, a "la regla de elección" (al criterio) y su dominio está dado por el bien y el mal para el hombre, no en términos absolutos.[18]

El recurso de lo que la literatura más tarde denominará "silogismo práctico" revela precisamente que la prudencia versa sobre la deliberación de los medios en la realización de un fin que serán establecidos, por cierto, por las virtudes éticas.[19] De hecho, el silogismo práctico, como han reconocido algunos especialistas, "es un modo conciso de exponer los principales rasgos [...] sobre el conocimiento práctico" y "[los] aspectos y características de este silogismo armonizan con las características generales de φρόνησις".[20] Así pues, podemos ofrecer un ejemplo de Aristóteles (*EN* 1141b18-21), ligeramente modificado, para ilustrar ese punto. Se puede decir, como premisa mayor o "del bien" del razonamiento, "es bueno comer carnes blancas"; como premisa menor o "de lo posible", "esto que tengo aquí delante de mí es pescado"; y, como conclusión, "como carne de pescado". La premisa mayor muestra la necesidad de conocer lo universal (el fin), la premisa menor expresa el conocimiento de lo particular (el medio) y la conclusión da cuenta de la acción llevada a cabo. En tal sentido, según sugiere tal razonamiento, se puede apreciar cómo se produce la acción y

---

13   Aubenque (1999: 111).
14   Vigo (2006: 189).
15   *EN* 1140b5-6.
16   *EN* 1144 a30.
17   *Cf.* Berti (1998: 153 y 2004: 26).
18   *Cf.* Aubenque (1999: 44-45).
19   *EN* 1144a34-b1.
20   Natali (2001: 95).

se ve que la prudencia es una capacidad que requiere conocer en ese proceso, además de lo universal, también lo particular. Así, en este juego se expresa, más precisamente, como "una capacidad de aplicar exigencias universales a casos particular".[21]

La prudencia, vale aclarar, se apoya en la constitución virtuosa del carácter, de manera que no se limita a una perspectiva a corto plazo. Al contrario, ella determina qué debe hacerse o evitarse, pero teniendo en miras el mayor de los bienes que el hombre puede llevar a la acción.[22] También cabe señalar que no se trata de una deliberación sobre un dominio particular, como por ejemplo sobre qué cosas son buenas o malas para la salud, sino de lo que constituye un buen vivir bien en general.[23] La prudencia es algo que solo tienen aquellos que han logrado alcanzar e incorporar determinados estándares de excelencia en el empleo de sus facultades intelectuales prácticas. Solo ellos merecen el calificativo de prudentes (*phrónimoi*) y se vuelven hombres que, además de ser elogiados en la comunidad por sus buenas decisiones, encarnan el criterio determinante de la bondad o maldad del acto humano: el hombre prudente es, pues, la regla de la moralidad de las acciones.[24]

Todo ello marca una clara distinción respecto al interés que guía a la prudencia en comparación con el saber teórico: mientras que en este último caso es la determinación de la verdad, en el de la sabiduría práctica es la de los fines y su bondad. En palabras de Aristóteles, "el fin de la ciencia teórica es la verdad, el de la práctica, la acción" (θεωρητικῆς μὲν γὰρ τέλος ἀλήθεια πρακτικῆς δ᾽ ἔργον).[25]

Ahora bien, en el ejercicio de la sabiduría práctica intervienen capacidades auxiliares o aspectos de la propia virtud: la inteligencia (*sýnesis*), que es el entender bien respecto a cosas acerca de las que se pueden plantear dudas y cabe deliberar o, como dice Sinnott (2007: 1 n. 165), aquello que "pone al hombre prudente en condiciones de juzgar correctamente en materia práctica";[26] la intuición o intelecto (*noûs*), que, en el sentido práctico del término, se asemeja a la percepción[27] y es aquello que permite la captación de las cosas particulares;[28] la buena deliberación (*euboulía*), que es

---

21   Varela (2014: 256).

22   *EN* 1141b12-14.

23   *EN* 1140a24-31.

24   *Cf.* Aubenque (1999: 52-63) y Coelho (2013: 102-103).

25   *Metaph.* 993b20-21.

26   *EN* 1142b34-1143a18. Asimismo, ver Aubenque (1999: 88), quien destaca el carácter crítico de la *sýnesis* antes que el normativo que tiene la *phrónesis*.

27   *Cf.* Schollmeier (1989: 130) y Ralli (2013: 139).

28   *EN* 1143a36-b5.

la deliberación recta (o correcta) que apunta a un fin bueno conforme lo que es moralmente conveniente y oportuno en términos temporales;[29] y la comprensión (*gnóme*), que es la sensibilidad propia del hombre equitativo.[30] Sin decir en modo alguno que todas estas facultades no tengan intervención en materia de equidad –lo que sería un sinsentido–, de todas ellas la que tiene una relación directa con dicha institución es la comprensión. Sin embargo, es interesante notar que Aristóteles no vincula a ella el concepto de *gnóme* a secas, sino que le agrega algunos prefijos (como *eu* y *syn*), lo cual le permite precisar su semántica. En este sentido, el filósofo tiene un término específico para designar la habilidad de aquel que es bueno en realizar actos equitativos: la *syngnóme* ("indulgencia"), a la cual debemos agregar el uso de las variantes *eugnómon* ("comprensivo", "indulgente", "de buen juicio")[31] y *eugnomosýne* ("consideración", "buen razonamiento" o "buena comprensión").[32] Hay dos pasajes del *corpus* aristotélico en los que se traza la relación de la equidad con estos conceptos de manera directa. El primero de ellos corresponde al pasaje 1143a19-24 de *Ética Nicomaquea* y el otro, a 1198b34-1199a3 de *Magna Moralia*:

ἡ δὲ καλουμένη γνώμη, καθ᾽ ἣν συγγνώμονας καὶ ἔχειν φαμὲν γνώμην, ἡ τοῦ ἐπιεικοῦς ἐστι κρίσις ὀρθή. σημεῖον δέ· τὸν γὰρ ἐπιεικῆ μάλιστά φαμεν εἶναι συγγνωμονικόν, καὶ ἐπιεικὲς τὸ ἔχειν περὶ ἔνια συγγνώμην. ἡ δὲ συγγνώμη γνώμη ἐστὶ κριτικὴ τοῦ ἐπιεικοῦς ὀρθή· ὀρθὴ δ᾽ ἡ τοῦ ἀληθοῦς.

La llamada comprensión, por la que decimos que [los hombres] son indulgentes y tienen comprensión, es el discernimiento correcto del [hombre] equitativo. Señal de ello es que del equitativo decimos sobre todo que es indulgente, y que ser equitativo es tener indulgencia a propósito de algunas cosas. Y la indulgencia es la comprensión correcta que discierne lo equitativo; y correcta es la que [discierne] lo que es verdad.

---

29   *EN* VII.9.

30   *EN* 1143a25-33.

31   Es interesante destacar que, según Georgiadis (1987: 170), tanto el concepto de *syngnóme* como el de *eugnómon* aglutinan un doble significado: por un lado, se trata de una operación intelectual; y, por el otro, involucran un sentido afectivo. La diferencia es que en el caso de la *syngnóme* predomina el elemento afectivo, mientras que en el otro término, el elemento intelectual.

32   Vale aclarar que respecto a este último término vinculado con la equidad, la única mención expresa se da en *Magna Moralia* (1198b34-35); no se traza esa relación en *Ética Nicomaquea* ni en *Retórica*. Esto no significa, como explica Hamburger (1965: 95), que no tenga un origen aristotélico. En efecto, es muy posible que Aristóteles, cuando abordó por primera vez el tema, intentó describir el aspecto interno de la equidad con ese término, pero luego lo abandonó en sus otras obras al focalizarse más sobre el aspecto externo del instituto.

ἡ δὲ εὐγνωμοσύνη καὶ ὁ εὐγνώμων ἐστὶν περὶ ταὐτὰ περὶ ἃ καὶ ἡ ἐπιείκεια, περὶ τὰ δίκαια [καὶ] τὰ ἐλλελειμμένα ὑπὸ τοῦ νομοθέτου τῷ μὴ ἀκριβῶς διωρίσθαι, κριτικὸς ὢν τῶν ἐλλελειμμένων ὑπὸ τοῦ νομοθέτου, καὶ γιγνώσκων ὅτι ὑπὸ μὲν τοῦ νομοθέτου ἐλλέλειπται, ἔστι μέντοι δίκαια, ὁ τοιοῦτος εὐγνώμων. ἔστι μὲν οὖν οὐκ ἄνευ ἐπιεικείας ἡ εὐγνωμοσύνη· τὸ μὲν γὰρ κρῖναι τοῦ εὐγνώμονος, τὸ δὲ δὴ πράττειν [καὶ] κατὰ τὴν κρίσιν τοῦ ἐπιεικοῦς.

La buena comprensión y el hombre de buena comprensión se refieren a las mismas cosas que la equidad, es decir, a las cosas justas que han sido pasadas por alto por el legislador al no definirlas con exactitud, y el que juzga lo que ha pasado por alto el legislador y conoce que [ello] ha sido pasado por alto a pesar de que es justo, tal [hombre tiene] buena comprensión. Así pues, no hay buena comprensión sin equidad, pues juzgar es propio de quien sabe discernir, y actuar de acuerdo con el juicio [lo es] de quien es equitativo.

Lo que hace Aristóteles es ofrecer, aunque de modo conciso, una explicación acerca de cómo procede a nivel cognitivo la equidad dentro de la prudencia. Son en particular tres consideraciones las que quisiéramos destacar sobre este punto. Estas serán desarrolladas en la siguiente sección; pero antes de avanzar en ello, nos interesa realizar una aclaración con respecto a qué forma de prudencia se conecta con la equidad del juez. En efecto, Aristóteles hace una distinción de la *phrónesis* entre aquella individual y aquella ligada a la comunidad, según cuál sea el campo de actuación o aplicación de la virtud.[33] En el marco de la forma de prudencia que se refiere a la ciudad, distingue tres clases: la económica, la legislativa y la política. Dentro de esta última, hay una forma deliberativa y otra judicial.[34] La prudencia política, cualesquiera sean sus variantes, se refiere a lo particular y esto la diferencia de la legislativa, que opera a nivel de lo universal.[35] El ejercicio de la equidad del juez, pues, es política, en el sentido de que se refiere a la administración de la *pólis*: más en concreto, a la administración de justicia.

1.2. Equidad, gnóme y verdad práctica

La primera consideración que queremos realizar gira en torno al sentido del concepto de comprensión o *gnóme* y al uso que Aristóteles hace de las variantes *syngnóme* o *eugnómon*. El término *gnóme*, que además de "comprensión" puede ser traducido como "juicio", "conocimiento" o "en-

---

33 *EN* 1141b23 y ss.
34 *EN* 1141b31-33.
35 *EN* 1141b26.

tendimiento", deriva del verbo *gignóskein*, que significa "conocer", "llegar a conocer" o "reconocer" algo.[36] En este sentido, *gnóme* tiene un significado ligado al conocimiento o reconocimiento que alcanza el agente sobre un estado de cosas o una situación particular. Sin embargo, en el campo de la equidad, el proceso cognoscitivo de dicha facultad no es una mera y simple percepción, sino que involucra un acto de reflexión, de entendimiento respecto a algo sobre lo que hay que indagar para determinar su diferencia específica.[37] Esto nos permite realizar una aclaración en relación con el concepto de *syngnóme*, que hemos venido traduciendo a lo largo del libro como "indulgencia": no es un simple acto pasivo de benevolencia, de facilidad en el perdón o de consideración.[38] Se trata más bien de un tipo de juicio, fuertemente activo;[39] de ahí que quizá hubiese sido mejor traducirlo como "juicio comprensivo". En cualquier caso, lo que nos importa es que quede claro que el concepto involucra un nivel de reflexión y de determinación mucho más profundo acerca de lo que es justo. De hecho, el propio Aristóteles define la *syngnóme* como "el discernimiento correcto" (κρίσις ὀρθή), esto es, un juicio mediante el cual se hace una distinción con corrección.

La comprensión involucra, como Hursthouse (2006) ha sugerido, un fuerte papel de la experiencia.[40] Quien carece de esta, a pesar de tener un

---

36   *Cf.* Liddell & Scott (1996) s.v. γιγνώσκω.

37   Es interesante ver que Heródoto (3.119.3-6) narra cómo la mujer de Intafrenes clama ante el rey Darío por la vida de su hermano, invocando la *gnóme* a los efectos de justificar la excepcionalidad y particularidad con la que se debe juzgar su situación. Así, en dicho pasaje se dice: "Mujer, el rey te pregunta con qué razón (*gnóme*) abandonas a tu esposo y a tus hijos, prefiriendo que sobreviva tu hermano, que está menos ligado a ti que tus hijos y te es menos entrañable que tu marido" (ὦ γύναι, εἰρωτᾷ σε βασιλεύς, τίνα ἔχουσα γνώμην, τὸν ἄνδρα τε καὶ τὰ τέκνα ἐγκαταλιποῦσα, τὸν ἀδελφεὸν εἵλευ περιεῖναί τοι, ὃς καὶ ἀλλοτριώτερός τοι τῶν παίδων καὶ ἧσσον κεχαρισμένος τοῦ ἀνδρός ἐστι). Frente a ello, le responde: "Majestad, si el destino lo quisiera, yo podría tener otro marido, si pierdo a estos; pero al no estar con vida mi padre ni mi madre, es en absoluto imposible que pueda tener otro hermano. En virtud de esa razón (*gnóme*) fue que dije esta respuesta" (ὦ βασιλεῦ, ἀνὴρ μέν μοι ἂν ἄλλος γένοιτο, εἰ δαίμων ἐθέλοι, καὶ τέκνα ἄλλα, εἰ ταῦτα ἀποβάλοιμι· πατρὸς δὲ καὶ μητρὸς οὐκέτι μευ ζωόντων ἀδελφεὸς ἂν ἄλλος οὐδενὶ τρόπῳ γένοιτο. ταύτῃ τῇ γνώμῃ χρεωμένη ἔλεξα ταῦτα). Este argumento será el que luego Sófocles plasmará en *Antígona* (vv. 908-915), solo que aquí la razón que guía la conducta de la heroína de dar sepultura a su hermano no es la *gnóme*, sino el *nómos*.

38   En efecto, al parecer la indulgencia solo captaría la forma de equidad propia de aquel que solicita al juez una reducción en la pena menor a la establecida en la ley, pero no pareciera cubrir el sentido de "ponerse en el lugar del otro".

39   *Cf.* Beiner (2013: 76).

40   En rigor, esto se debe al hecho de que la *phrónesis* misma requiere de cierta experiencia de vida, de ahí que sea muy difícil que se dé en los jóvenes. Como explica Berti (1998: 149), la sabiduría práctica exige un conocimiento de casos individuales, porque la acción siempre se produce en situaciones particulares.

buen conocimiento del tema y una buena formación intelectual, se guiará solo de acuerdo con estándares generales preestablecidos en las leyes; en cambio, quien tiene cierta experiencia de que en ocasiones esos criterios convencionales pueden fallar tiene la capacidad de llegar a un entendimiento más sofisticado de la situación mediante el ejercicio de la comprensión: de hecho, el desarrollo de esta capacidad enriquece la propia sabiduría práctica del agente.[41] Dicho de otro modo, bajo la óptica de la equidad la *gnóme* supone no confiar irreflexivamente en las generalizaciones, sino contemplar con seriedad las excepciones que ameritan algún tipo de consideración especial a los fines de garantizar la corrección. En un campo donde, como reiteradamente Aristóteles enfatiza, las cosas son verdaderas "en su mayor parte" (ὡς ἐπὶ τὸ πλέον), puede suceder que haya detalles relevantes que deben ser ponderados al momento de avanzar en la aplicación de la ley y, sin duda, la experiencia es un elemento clave a este respecto. Así, Aubenque (1999: 173) explica que "tener juicio [*gnóme*] no es subsumir lo particular bajo lo universal, lo sensible bajo lo inteligible; es, siendo sensible y singular uno mismo, penetrar con una razón más 'razonable' que 'racional' lo sensible y lo singular; es, viviendo en un mundo impreciso, no imponerle la justicia demasiado radical de los números".

No es casual, de acuerdo con lo dicho, que el juramento dicástico, que establecía que los jueces debían juzgar "con el más justo criterio" (γνώμῃ τῇ δικαιοτάτῃ),[42] haga un uso expreso del concepto de *gnóme*. Tampoco es casual que, en ese proceso de comprensión y discernimiento de lo correcto, Aristóteles sugiera que en la experiencia se apoya la posibilidad de rectificación de la ley.[43] Sin duda, ella contribuye en el acto de corrección de la justicia legal para que, de este modo, se juzgue también como ordena el juramento dicástico, "de acuerdo con las leyes" (κατὰ τοὺς νόμους).[44] Así, se puede decir que no hay oposición entre la cláusula que dice juzgar con "el más justo criterio" y el imperio de la ley.[45] La *gnóme* es lo que permite seguir garantizando la aplicación de la norma en un movimiento de reconocimiento de la excepción y de integración al estándar general. Esta actividad crea una suerte de comunidad entre el caso normal y los casos excepcionales, pues aquello que escapa a primera vista al enunciado universal es justificado como si fuera una continuación de la propia regla.[46]

---

41 *Cf.* Hursthouse (2006: 292).
42 Dem. 23.96 y 57.63.
43 *Pol.*1287a27-28.
44 Aeschin. 3.6, Antiphon. 5.7 y Dem. 20.118.
45 *Cf.* S. Johnstone (1999: 41-42).
46 *Cf.* Ralli (2013: 141-142).

La segunda consideración, que no es más que un breve complemento de la anterior, es que mediante la *phrónesis*, y especialmente la *eugnomosýne* en cuanto facultad de discernimiento que significa apertura a lo otro,[47] el juez logra identificar lo justo que ha sido omitido por el legislador. En lo que respecta a la aplicación de la ley, entonces, la comprensión no solo significa que el juez alcance un buen entendimiento del problema, sino que, en ese acto de conocimiento y reconocimiento de aquello especial del caso, determine lo equitativo. Quien discierne con corrección puede ver que la letra de la ley es insuficiente y que es necesario complementar el trabajo del legislador recuperando aquello que, involuntaria o voluntariamente, este no determinó de forma adecuada. El juez que sabe discernir es quien concilia de modo armonioso la justicia legal con la justicia absoluta y traza un puente firme entre su actividad y la actividad legislativa mediante un acto cognitivo que apunta hacia el mismo lugar.

El último punto que nos interesa destacar es el significado de la afirmación contenida en el pasaje 1143a23-24 de *Ética Nicomaquea*, que dice que "la indulgencia es la comprensión correcta que discierne lo equitativo; y correcta es la que [discierne] lo que es verdad" (ἡ δὲ συγγνώμη γνώμη ἐστὶ κριτικὴ τοῦ ἐπιεικοῦς ὀρθή· ὀρθὴ δ᾽ ἡ τοῦ ἀληθοῦς). En esta oportunidad, Aristóteles caracteriza la *syngnóme* como un acto que identifica la verdad. Hay, pues, un claro y directo vínculo entre *epieíkeia* y *alétheia*,[48] cuyo análisis puede ofrecer algún tipo de reflexión interesante respecto al tema que venimos tratando en este apartado. Teniendo en mente este propósito, primero es importante remarcar que la verdad involucrada en materia de equidad es, al igual que en todos los asuntos prácticos, aquella que Aristóteles define como "verdad práctica" (ἀλήθεια πρακτική).[49] Se han ofrecido diversas interpretaciones de este concepto.[50] Sin entrar en detalle sobre este tema, muy escurridizo y complejo, basta con tomar prestada la postura de Olfert (2014). El primer paso que da esta autora para precisar su semántica es advertir que las verdades prácticas concuerdan con los deseos correctos, en el sentido de que se vuelven verdaderas o falsas por lo mismo que hace que nuestros deseos sean correctos o incorrectos. Así, avanza hacia la idea de que el denominador común que califica de ese modo los deseos, las decisiones y el pensamiento práctico es su relación con lo que es incondicionalmente bueno para los seres humanos: aquello que

---

47 D'Agostino (1973: 88).

48 Este vínculo se puede apreciar en el ejemplo que ofrece Aristóteles en *Retórica* (1374a35-b1).

49 *EN* 1139a26-27.

50 Sobre el tema, ver Kalinowski (1979: 77-80), Anscombe (1981), Vigo (2006: 301-323), Pakaluk (2010) y Broadie (1991: 219-225 y 2016), entre otros.

orienta al hombre hacia un fin que es verdaderamente bueno en el sentido más elevado, estricto e incondicional, esto es, el bien.[51]

Con base en estas precisiones, Olfert (2014: 219) sostiene que la verdad práctica, según Aristóteles, es aquella sobre lo que es en absoluto bueno para una persona en particular (el bien humano más completo y en su más alto grado) cuando se tienen en cuenta todas sus circunstancias particulares.[52] Dicho de otra manera, es la verdad sobre lo que cuenta como felicidad en tanto se realiza en las circunstancias concretas de un individuo. En cierto sentido, pues, se trata de verdades personalizadas sobre la felicidad del agente según la concepción particular que tiene de esta.[53]

La verdad práctica refleja, entonces, la realidad del bien humano que, cuando es apreciada por el agente, opera como una fuerza motivadora. Semejantes ideas se trasladan al campo de la equidad, pero con ciertas particularidades. Si bien el juez que aspira a la verdad busca aquello absolutamente bueno, sin condicionante alguno de acuerdo con las circunstancias especiales y el contexto que caracteriza el caso, cabe destacar que su actividad está orientada por una fuerte pretensión de corrección con proyección sobre lo comunitario. En efecto, la búsqueda del bien no se reduce solo a la órbita de la individualidad, sino que implica siempre el bien del otro y el de la comunidad. Ser prudente no es pensar solo en el bien individual, sin dar ninguna importancia a los demás. Siempre el bien de uno se da en relación con los otros ciudadanos. Aristóteles es claro sobre este punto cuando especifica que la noción de autosuficiencia no hay que entenderla como aquello que se refiere "al [individuo] que vive una vida solitaria" (τῷ ζῶντι βίον μονώτην), sino también respecto a la relación de este con los demás (padres, hijos, amigos y conciudadanos en general). La razón que justifica la afirmación se apoya en su postura antropofilosófica, de acuerdo con la cual "el hombre es por naturaleza un ser político" (φύσει πολιτικὸν ὁ ἄνθρωπος).[54] Semejantes ideas, pues, cobran protagonismo en el campo de la prudencia política, que es aquella donde se enmarca la prudencia judicial y, naturalmente, el ejercicio de la *epieíkeia*.

---

51 *Cf.* Olfert (2014: 221).

52 Además, aclara que en estos términos las verdades prácticas son "verdaderas en su mayor parte" y que pueden, por lo tanto, ser de otra manera, pues lo que es incondicionalmente bueno para una persona en particular en un momento determinado no es incondicionalmente bueno para otros en otro momento.

53 *Cf.* Olfert (2014: 224).

54 *EN* 1097b5.

— 2 —
La lealtad al legislador

El juez que mediante el ejercicio de la equidad discierne lo justo tiene que seguir determinados criterios objetivos que garanticen la racionalidad y la moralidad de su decisión. En una concepción en la cual la ley tiene un lugar importante en la escala de las instituciones jurídicas, el juez que rectifica la norma general, como primera medida, no debe ir a buscar en otro lado el modo de corrección más que en la norma misma, juzgando como "el propio legislador diría si estuviera allí presente" (ὃ κἂν ὁ νομοθέτης αὐτὸς ἂν εἶπεν ἐκεῖ παρών).[55] Esto significa que, en el campo jurisdiccional, los jueces tienen la exigencia de dirigir todos sus esfuerzos interpretativos para mantener en la mayor medida de lo posible una firme lealtad con el autor de la ley.[56] El legislador es quien expresa en el *nómos* un discurso recto y racional, libre de pasiones, que regula la conducta humana del modo más sabio y que guía a los ciudadanos hacia el buen vivir. El juez encontrará allí la garantía de que el ejercicio de su actividad se ajusta a la justicia y a los fines de la *pólis*. Bajo este panorama, se puede afirmar que el ejercicio de la actividad de la *epieíkeia* debe realizarse de un modo muy restringido, pues cuando el juez se vale de ella tiene que ser lo más fiel posible a la voluntad del legislador, conciliando lo fáctico con lo normativo.

Esta interpretación cobra fuerza si se tiene presente, además, un pasaje de *Retórica* (1374b2-23) en el que Aristóteles enumera varios actos que son equitativos y otros que no. Los ejemplos ofrecidos se pueden reunir, un tanto arbitrariamente, en cuatro grandes grupos: en primer lugar, son equitativos los actos que expresan indulgencia y en los que se prefiere diferenciar entre el error (*hamártema*), el acto injusto (*adíkema*) y el hecho desafortunado (*atýkhema*);[57] en segundo término, aquellos mediante los cuales se practica la reciprocidad y la gratitud; en tercer lugar, es equitativo someter el conflicto a la institución del arbitraje (*díaita*);[58] y, por último, la disposición a mirar, ante todo, la voluntad del legislador. Mientras que los dos primeros casos se vinculan con cuestiones mayormente sustantivas y el tercero con una cuestión procesal, el último expresa cuál es el criterio que debe guiar la actividad interpretativa del juez en pos de actuar con

---

55 *EN* 1137b22-23. Al respecto, como advierte Georgiadis (1987: 164), el recurso del juicio hipotético del legislador muestra en cierta medida cómo, con cierto disgusto, acepta la contribución del juez de corregir la norma y complementar lo que su autor estableció en su obra.

56 *Cf.* Zahnd (1996: 267) y Brunschwig (1996).

57 Ver capítulo II, sección 3.

58 Sobre el arbitraje y la equidad, ver Anexo.

equidad. Este criterio se materializa en diversos lineamientos que Aristóteles se ocupa de especificar. Así, dice que es propio de la equidad no mirar simplemente hacia la ley, sino "hacia el legislador" (πρὸς τὸν νομοθέτην); no atenerse a la "letra" (λόγον), sino a la "inteligencia del legislador" (διάνοιαν τοῦ νομοθέτου); ni al hecho, sino a la "intención" (προαίρεσιν); ni tampoco a la parte, sino al "todo" (τὸ ὅλον).

Estas pautas, si bien parecieran decir lo mismo, enfatizan aspectos distintos. En primer lugar, la idea de mirar hacia el legislador y atenerse a su inteligencia expresa un argumento de corte psicológico por el cual el significado que el juez atribuye a las palabras de la ley debe corresponderse con la voluntad de su autor (directriz de la voluntad del legislador). En segundo término, cuando Aristóteles pone el énfasis en la intención del legislador, destaca la necesidad de reconstruir los fines de la norma, los cuales, si bien están dados por su artífice, se independizan: la norma, pues, cobra autonomía, vida y racionalidad propias (directriz teleológica). Finalmente, en cuanto a la pauta de privilegiar el todo antes que la parte, Aristóteles parece decir que la identificación de la auténtica voluntad del legislador debe realizarse considerando la norma puntual que se aplica al caso en correspondencia con todas las demás manifestaciones legislativas que conforman un sistema jurídico (directriz sistemática). Esta estrategia involucra dos aspectos que van de la mano. Lo primero que busca es descubrir con cierta suficiencia cuál hubiera sido la solución del legislador, pues uno de los modos más eficaces para lograr esa identificación es mediante un examen de la legislación como un todo.[59] Pero, además, al privilegiarse el todo antes que la parte, el intérprete se asegura de seguir aquella opción que sea coherente y esté en conformidad con la práctica jurídica global. Se trata de salvaguardar la coherencia normativa, la cual constituye un dispositivo de justificación que presupone la idea de que el derecho es una empresa racional, concibe las normas como partes de un todo dotado de sentido, promueve la certeza y permite guiar la conducta de las personas.[60] En términos más amplios, lo que está en juego, dicho con algunas ideas de MacCormick (2010: 12), es un sentido de coherencia global (*overall coherence*) que aspira a la armonía del sistema normativo sobre la base de los principios. Toda decisión judicial se sitúa dentro de un contexto que limita la creatividad interpretativa y la orienta hacia el cumplimiento de la coherencia como ideal regulativo (*regulative ideal*) al que debe tender la actividad judicial.[61]

---

59 *Cf.* Harris (2013: 28).
60 *Cf.* Atienza (2005: 119).
61 *Cf.* MacCormick (2010: 47-48).

A pesar de estas sutiles diferencias, en el enfoque que ofrece Aristóteles las directrices apuntan hacia un mismo lugar: el legislador. Mediante tal movimiento, el juez se asegura de que su decisión se ajuste a la razón que inspira la ley, que expresa la propia norma y que informa el sistema normativo como un todo coherente y ordenado. El magistrado que realiza un acto de equidad no solo lleva a cabo un amoldamiento de la norma al caso concreto, sino también y, sobre todo, una adaptación fiel de la norma a la voluntad del legislador. Muy probablemente esta es la razón por la cual Aristóteles en *Ética Nicomaquea* (1137b22-24) dice de modo expreso que, si el legislador hubiera previsto el evento que genera problemas en la aplicación de la ley, lo habría incluido en su obra. O, como afirma en *Magna Moralia* (1198b29-30), el juez que elige aquello que el legislador tuvo la intención de establecer sin lograrlo, "él es equitativo" (ὁ τοιοῦτος ἐπιεικής).

Esa es la regla fundamental que ordena cómo se debe proceder respecto a la equidad; incluso es la que indica cuándo se debe aplicar la equidad.[62] Pero al respecto hay que realizar una precisión. Que todos los esfuerzos interpretativos se dirijan a amoldar la ley de acuerdo con la intención, la inteligencia o sencillamente la voluntad del creador del *nómos* no equivale en modo alguno a defender el imperio del legislador.[63] No es esto lo que plantea la equidad, pues de ser así se estaría defendiendo el gobierno de un hombre, lo cual, como hemos visto, es algo que Aristóteles rechaza. En realidad, la equidad consiste en el imperio de los valores políticos-morales de la *pólis* que se expresan por medio del *nómos* a través de la razón del legislador. El fundamento de la corrección no es, como declaran algunos especialistas,[64] solo la intención legislativa, sino que va más allá. Se trata, pues, de utilizar como criterio los cimientos mismos de la *politeía*, aquellos sobre los cuales se asienta la legislación en general. Tal como dice Schillinger (2018: 341), Aristóteles no sostiene que la ley exige una corrección a la luz de la intención del legislador en el plan original que estableció para las prácticas e instituciones de la ciudad, pues un fundador político no puede anticipar todas las contingencias que enfrentará el régimen en el futuro. El Estagirita no cae en el error de pensar al legislador como un ser ultrarracional que previó todo en su obra. En realidad, lo que dice es que la ley exige una corrección en la forma en que el propio legislador ejerció originalmente su inteligencia práctica cuando fundó el régimen político. Uno y otro caso son cosas por completo distintas.

---

62   *Cf.* Brunschwig (1996: 151).

63   *Cf.* Vega (2014a: 459).

64   Así, por ejemplo, Michon (2010: 37) y Shanske (2008: 356).

La equidad es un recurso necesario para garantizar, en ocasiones, el imperio de la ley y, en última instancia, mantener los principios de la ciudad. En este sentido, Vega (2014b: 116) explica que la equidad expresa la actividad jurisdiccional como "aquel punto de apoyo o soporte fundamental de la propia práctica de la legislación y, por tanto, de la política misma, del 'gobierno de las leyes' en su integridad". Tanto jurisdicción como legislación guían la acción mediante valores y principios base a la luz de la excelencia de la justicia. En el caso particular de la actividad judicial, el juez que practica la *epieíkeia* tiene la difícil tarea de conciliar lo universal con lo particular y, en este proceso, la razón que informa la ley se muestra como la mejor guía para alcanzar lo justo. Esto diferencia al juez del árbitro. En efecto, para usar las palabras de Aristóteles, "el árbitro mira la equidad y el juez la ley" (ὁ γὰρ διαιτητὴς τὸ ἐπιεικὲς ὁρᾷ, ὁ δὲ δικαστὴς τὸν νόμον).[65] En el proceso del arbitraje griego, el árbitro no está atado a la ley, sino que su tarea es ante todo focalizarse en el caso y sus circunstancias especiales (lo particular) y mediar para que las partes del litigio encuentren una solución amistosa al conflicto mediante un comportamiento propio de la equidad. En cambio, el juez está sometido a la ley y debe realizar lo que ella dispone, y cuando su letra le impide fallar con rectitud, debe atenerse a su espíritu; nunca ir más allá, pues de hacerlo corre el riesgo de salirse de los contornos de la razón. En el contexto de resolución de conflictos judiciales, como explica Zahnd (1996: 290), no existe un procedimiento de decisión equitativo sin referencia a un estándar universal. La toma de decisión no opera en un vacío libre de toda determinación normativa. El juez que busca la equidad solo la alcanza dentro de criterios universales fijados por el *nómos*, pero realizando la voluntad legislativa, esto es, los valores sustantivos que ella comprende. Quien actúa al dirimir un conflicto judicial continúa el trabajo que ha comenzado el legislador, amplificándolo o corrigiéndolo; nunca abandonando las leyes.[66] Se puede decir, pues, que es una forma de superar la impersonalidad de la justicia legal, pero sin salirse de sus propios contornos.[67] En palabras de Vega (2014b: 117), la idea aristotélica de equidad es "como una especie de hilo rojo que va de la práctica del juez a la práctica del legislador (al 'gobierno de las leyes' o Estado de derecho) y liga ambas con la justicia (o sea, con ciertos valores político-morales)".

En la concepción del derecho de Aristóteles, los principios de la *politeía*, sus fines, la legalidad y la equidad son eslabones de una misma cadena. La *epieíkeia* ocupa el último lugar de un proceso que toma la forma de una

---

65   *Rh.* 1374b20-21.
66   *Cf.* Horn (2006: 152) y Duke (2020: 156).
67   *Cf.* Ruíz-Gallardón (2017: 174).

Aristóteles, el juez y la equidad

construcción escalonada. En el primer nivel se encuentra lo más fundamental y estructurante de la comunidad política, aquello que determina el tipo de *politeía*. En un segundo nivel están las leyes, es decir, los estándares de conducta que buscan promover la excelencia cívica de los ciudadanos y la justicia de acuerdo con la concepción que se tiene en ese régimen constitucional en particular. Por último, el tercer escalón es aquel en el que se realiza la justicia en una situación concreta. En este último nivel es donde precisamente cobra protagonismo el instituto de la *epieíkeia*, cuando la ley por sí sola no alcanza para garantizar que la justicia se materialice de modo efectivo. A nivel teórico, de estas consideraciones se pueden extraer dos observaciones interesantes respecto al pensamiento iusfilosófico de Aristóteles. La primera es que en la práctica de la equidad no se puede prescindir de la concatenación que mantiene con los otros niveles. En los dos capítulos anteriores ya hemos desarrollado con cierto detalle esta relación de continuidad que guarda la legislación con la actividad jurisdiccional, de manera que no hace falta volver sobre este punto. La segunda observación es que la justicia que garantiza la equidad es la síntesis de elementos generales y particulares, de los criterios fijados en la ley y de lo que brota de especial de la situación concreta. En el ámbito judicial, no hay justicia según la *epieíkeia* sin la comunión de estos elementos.

— 3 —

La equidad y la justicia natural

Según sostiene una parte de la literatura, la afirmación acerca de que la equidad es justa y al mismo tiempo mejor que la justicia se apoya en la distinción entre la justicia legal (*nomikós*) y la justicia natural (*physikós*). Así, Gauthier & Jolif (2002: 432-433) sostienen que para Aristóteles los jueces tienen que corregir la ley escrita mediante la "ley inscrita en la naturaleza de los hombres, la norma del derecho natural que se opone a las leyes escritas". Asimismo, afirman que la equidad, al exigir que la ley escrita tiene que ser rectificada, muestra el reconocimiento de la existencia de una ley natural superior que opera de tamiz para medir la justicia de todas las leyes. En un sentido parecido se pronuncia Sinnott (2007: xlvi), quien dice que "lo equitativo expresa en realidad la justicia natural, y la justicia a la cual se lo contrapone, y de la cual en ocasiones se ve que difiere, es la justicia convencional".

Este tipo de lectura que identifica o relaciona la equidad con la justicia natural, de la cual hemos ofrecido unos pocos ejemplos, es bastante recurrente.[68] No es para nada una interpretación apresurada de los autores ni mucho menos carente de justificación. Al contrario, existen diferentes buenos argumentos a favor de que Aristóteles invoca, aunque sea implícitamente, la justicia natural como fundamento de la corrección. Estos van desde la ubicación que tiene el tratamiento de la equidad en el texto aristotélico hasta algunas indicaciones indirectas en el lenguaje que utiliza. Así, Sinnott (2007: xlv n. 142), por ejemplo, cree ver una remisión directa a la justicia natural cuando Aristóteles postula que la equidad es "mejor que cierta justicia, pero no que [la justicia] en sentido absoluto" (βέλτιόν τινος δικαίου, οὐ τοῦ ἀπλῶς). En su opinión, lo justo en sentido absoluto representaría lo que es justo por naturaleza (tò phisikón) o lo justo primario (tò prôton).[69] Ahora bien, a pesar de que pareciera haber una referencia a la justicia natural en dicha expresión, lo cierto es que no resulta del todo claro que en verdad sea así. En efecto, mediante el uso del adverbio haplôs (ἁπλῶς), que además de "absolutamente" admite como traducciones "simplemente", "generalmente" o "sin cualificación",[70] Aristóteles solo hace referencia a lo justo en un sentido genérico que incluye tanto lo equitativo como lo justo legal.[71] Lo justo en sentido absoluto o sin cualificación expresa la justicia en términos globales, aquella que comprende todas las demás especies de justicia.[72] No hay indicación alguna de que se utilice la expresión como sinónimo de "lo natural" ni tampoco parece ser la intención del filósofo de acuerdo con el hilo argumentativo que ofrece en el pasaje en cuestión.

Aristóteles no dice de modo expreso que la persona equitativa se inspire en una justicia natural,[73] más allá de que hable de ella en el libro V.7 de su *Ética Nicomaquea*. El principal criterio que indica respecto al ejercicio de la *epieíkeia* es resolver el caso de acuerdo con lo que "el propio legislador diría si estuviera allí presente" (ὃ κἂν ὁ νομοθέτης αὐτὸς ἂν εἶπεν ἐκεῖ παρών). Según Brunschwig (1996: 151), en esta sentencia se determina, de manera explícita, cómo se debe proceder en la corrección y, de manera implícita, que se está en presencia de un caso excepcional. Dicho de otra forma, para el autor aquí estaría la norma fundamental del instituto de la equidad. Sin embargo, y a pesar de que Brunschwig tiene en parte razón, ello no es motivo suficiente para negar que la justicia natural tenga algún papel en la equidad. Pero el camino para trazar esta relación, más que re-

---

68 Asimismo, ver Siegfried (1942), Trude (1955) y Hamburger (1965: 100).

69 *Cf.* Sinnott (2007: 193 n. 938). La identificación entre la justicia natural, la justicia primaria y la justicia absoluta es también marcada por Gauthier & Jolif (2002: 391).

70 *Cf.* Liddell & Scott (1996) s.v. ἁπλόος.

71 *Cf.* Apostle (1975: 274).

72 *Cf.* Beever (2004: 34).

73 *Cf.* Brunschwig (1996: 141 y ss.) y Horn (2006: 156-157).

currir a una referencia implícita en el concepto de *haplôs* o a la cercanía que tiene el desarrollo de la equidad con el tratamiento de la justicia natural, debe ser otro y este no tiene que apelar, como hacen Gauthier & Jolif, a una ley suprapolítica.

A tales fines, el primer paso es recordar que el propio filósofo expresa que la justicia incluye, además de la dimensión formal de la ley, una dimensión material: la justicia natural, es decir, la que no está sujeta al parecer humano y tiene en todos lados la misma fuerza.[74] Esta dimensión sustantiva es la que serviría, en ocasiones, de pauta para determinar cuándo la estricta aplicación de la ley escrita deviene en una injusticia y, por ello, debe ser rectificada. En palabras de Horn (2006: 150), "puede haber aspectos relacionados con el interés público o con la 'ley natural' que pueden tener una importancia primordial; de ahí que la aplicación de la ley a veces deba relativizarse con bienes más fundamentales". Esta misma idea parece tener en mente Pakaluk (2005: 204) cuando sostiene que actuar de manera equitativa significa actuar a favor de juicios de justicia que atañen a la realidad que se le presenta al agente, en los que se reconocen "algunas limitaciones, principios u ordenamientos como, en algún sentido, 'justos' antes de la ley, y como lo que la ley pretende lograr".

Si, como vimos en el capítulo I, la justicia natural expresa los valores político-morales básicos y fundamentales de la *pólis*, entonces no habría buenas razones para negar su función en el campo de interpretación y aplicación de la ley. La afirmación que realiza Brunschwig (1996: 151) acerca de que tal clase de justicia, además de no tener vínculo alguno con la equidad, no jugaría ningún papel y que el principal criterio es solo la intención del legislador, pierde fuerza. En efecto, lo que no ve el autor es que los valores sustantivos que recoge la justicia natural son aquellos sobre los que se fundan las leyes escritas y hacia los que estas se orientan. En palabras de Vega (2014a: 436), "la justicia legal es instrumental: su fin es la justicia como valor sustantivo que se erige en la médula de la entera *politeía*".

El desarrollo que hace Aristóteles en *Retórica* (1355a29-b39) sobre el uso de las pruebas por persuasión da cuenta, en cierta medida, de que la determinación de lo justo debe hacerse, cuando sea oportuno y necesario, a partir del empleo de argumentos que vayan en línea con aspectos sustantivos que exceden la letra de la ley escrita. A este respecto, Aristóteles divide las pruebas por persuasión en "propias del arte" (ἔντεχνοι) y en "ajenas al arte" (ἄτεχνοι). Las primeras son aquellas que pueden prepararse con método y por nosotros mismos; y las segundas, aquellas que no se producen por nosotros, sino que existen de antemano: de este modo,

---

74   *EN* 1134b25-26.

mientras que las primeras se inventan, las segundas se utilizan en la construcción del discurso. En este escenario, Aristóteles especifica que la ley escrita se enmarca dentro de las pruebas no técnicas de derecho y la menciona junto a otros cuatro tipos de pruebas: los testigos (*mártyres*), los contratos (*synthêkai*), las confesiones bajo tortura (*básanoi*) y los juramentos (*hórkoi*). Lo interesante de todo esto es que, cuando analiza cómo debe emplearse la ley, sostiene que, si ella no es favorable al caso, se debe recurrir a la "[ley] común y a [argumentos] de equidad como más justos" (τῷ κοινῷ [...] καὶ τοῖς ἐπιεικέσιν ὡς δικαιοτέροις).[75] Incluso, señala que la fórmula del juramento de los jueces que ordena decidir "con el mejor juicio" (γνώμῃ τῇ ἀρίστῃ) significa precisamente eso: que no hay que servirse con exclusividad de las leyes escritas.

El planteo de Aristóteles muestra que, en lo que respecta a la estructura de la justificación jurídica, hay una discriminación entre la ley escrita y sus bases sustantivas, entre lo legal-formal y lo legal-material. En la búsqueda de la justicia los jueces pueden, y a veces deben, apelar a otra instancia de justificación y no quedarse atados, a la hora de juzgar, a la rigidez de la letra de la ley. Hay que insistir, a riesgo de ser reiterativos, en la característica de esa instancia y aclarar una cuestión sobre el sentido del pasaje de *Retórica* que utilizamos para plantear estas ideas. Hemos dicho en el capítulo I que, en dicha obra, la referencia a la ley común, la cual identifica con lo que es "según la naturaleza" (κατὰ φύσιν) y con la "ley no escrita" (νόμος ἄγραφος), no expresa la teoría del derecho natural del propio Aristóteles y que en realidad se trata de un *tópos* argumentativo; por eso, según nuestra interpretación, la ley natural que se invoca mediante los ejemplos de *Antígona* de Sófocles, Empédocles o Alcidamante, a la cual se le da un carácter universal, inmutable y suprapolítico, no puede ocupar el lugar de esa instancia de justificación fundamental. En realidad, el candidato es la justicia natural entendida de acuerdo con el desarrollo que se ofrece en *Ética Nicomaquea* (V.7), tal como hemos especificado en su oportunidad.

Si esto es correcto, se puede decir que la ley escrita es como las ramas de un árbol, que se conectan con el tronco y este, mediante las raíces, se fija a la tierra y se nutre de ellas. La ley hace cuerpo y materializa, en un instrumento asible y fácil de reconocer, los criterios de moralidad y racionalidad que estructuran la *politeía*. Esto explica su valor y por qué la regla es que los jueces lleven a cabo, siempre que sea posible y no se arribe a una resolución injusta, una aplicación directa de la ley. Aristóteles es claro respecto a este punto cuando proclama que los legisladores deben dejar al juez lo menos posible sin regular y que solo aquello que no se pueda de-

---

75   *Rh.* 1375a28-29.

terminar con precisión debe quedar bajo la autoridad de los magistrados. Solo donde la norma general se quedó corta en la realización de la justicia, el juez puede ejercer cierta creatividad interpretativa, pero con restricciones. Lo deseable, entonces, es que los jueces, en cuanto guardianes de la ley y del criterio de ordenación que siguió el legislador en su obra, sigan con mucha fidelidad lo dispuesto en la norma, sin aventurarse a realizar una exégesis que, más que preservar su autoridad, la prive de sentido y le quite su razón de ser.

Pero esto no significa que la ley escrita sea el último tribunal de apelación sobre lo justo o injusto. Es una pauta muy importante y que los litigantes y jueces deben seguir, pero no es la única ni la final. En los casos en que lo dispuesto de forma textual en la ley es insuficiente, el juez debe ir a los principios sobre los que se apoya el *nómos* para determinar cómo alcanzar con suficiencia la justicia en el caso: en nuestra metáfora, hay que ir a las raíces del árbol, que es aquello que mantiene firme la norma y también lo que le ofrece a esta los ingredientes necesarios para mantenerla con vida. En dicha instancia más básica se encuentra la justicia natural, los principios prácticos sobre los que se asienta la actividad legislativa. Entonces, cuando Aristóteles dice que el criterio fundamental respecto a cómo procede la equidad es mirar lo que hubiera hecho el legislador, lo cierto es que no niega que haya que ir a los fundamentos últimos y los criterios de ordenación que este utilizó al establecer la ley. La justicia formal de la ley, que tiene un carácter instrumental y se maneja siguiendo estándares de conducta generales, tiene sus limitaciones. Es una condición necesaria para resolver el caso con corrección, pero no es suficiente ni tampoco constituye un fin en sí misma.[76] Está ligada a valores materiales que le dan sustancia y la estructuran sobre la base de los fines y la concepción de bien común que el legislador desee poner en práctica mediante sus normas; de ahí que estos principios constituyen para aquel juez que quiere practicar la equidad la mejor guía al momento de determinar, en casos difíciles y problemáticos, lo justo.

Uno puede pensar que, en función del desarrollo que se ofrece en *Retórica*, en realidad no hay un orden de prioridad de la justicia natural con respecto a la ley escrita. Así se pronuncia Yack (1993: 185-186), quien afirma que, según Aristóteles, las partes del litigio pueden valerse de la ley escrita o la ley común y esto es algo facultativo que se realiza dependiendo de cuál de aquellos dos tipos de leyes es más conveniente y apropiado para satisfacer sus propósitos. No hay algo así como un sistema jurídico que establezca jerarquías normativas. La observación de aquel autor es cierta,

---

76   *Cf.* Vega (2014b: 126).

pues en el ámbito de la *Retórica* Aristóteles está preocupado por indagar la cuestión de la argumentación y la persuasión. Sin embargo, el problema es que se queda con el tratamiento que hace el filósofo de la ley natural en dicha obra y no toma en cuenta el concepto de justicia natural que ofrece en *Ética Nicomaquea*. Hay que ir en particular a este último texto para ver la distinción y el orden de prioridad normativo, y que la ley escrita sin estar nutrida de esa base material es una cáscara vacía de moralidad.

En *Política* y en *Ética Nicomaquea*, Aristóteles les da mucha importancia a las ideas de orden y de buena legislación y administración (de gobierno y judicial) dentro un régimen justo. Tiene un fuerte interés en que todos sus engranajes funcionen del modo más armónico posible, de manera tal de mantener la integridad de la práctica jurídica y el correcto desarrollo de la *pólis*. No es exagerado decir, entonces, que la realización de los valores político-morales de la *politeía* es lo que mantiene, a nivel jurídico, la coherencia normativa y lo que garantiza, a nivel político, una unidad de sentido comunitario, un cuerpo que sepa apuntar y direccionar todas sus fuerzas hacia un mismo lugar. Es por eso que el juez tiene que interpretar con responsabilidad el material legislativo disponible, en concordancia con los principios de la *pólis*, y votar a favor de la parte cuya argumentación sea la más congruente y la que de mejor modo se ajuste a los principios prácticos sobre los que se estructura la actividad legislativa: satisfacer no meramente una consistencia lógica, sino una coherencia o congruencia axiológica.[77] La justicia natural, de acuerdo con la interpretación propuesta, tiene entonces un rol fundamental.

— 4 —

El proceso de enderezamiento de la ley

Hemos visto en el capítulo II que la equidad tiene lugar en casos específicos, los cuales deben satisfacer cuatro características: imprevisibilidad; extraordinariedad; generar una injusticia cuando se aplica la ley de manera mecánica; y, finalmente, en materia de daños, el acto debe justificar una diferenciación de acuerdo con su naturaleza y gravedad. Estas características se solapan con determinadas exigencias que debe satisfacer el procedimiento de amoldamiento que lleva adelante el juez al momento de echar mano al recurso interpretativo: evitar un formalismo paralizante; aplicar la ley de modo equitativo; evitar soluciones disvaliosas; actuar con oportunidad y conveniencia (*kairós*); y continuar el fin de la tarea legislativa. Aristóteles, por supuesto, no identifica de modo expreso a aquellas como

---

77   *Cf.* Vega (2014b: 130).

las exigencias de la equidad. Sin embargo, de acuerdo con el sentido de la propuesta y el fin al que ella aspira, es posible decir que tales puntos son connaturales al ejercicio de la institución y se presentan como sus principales características. Vale aclarar, asimismo, que la distinción ofrecida es por completo arbitraria y en la mayoría de los casos, sino en todos, se da una correlación entre ellas.

En relación con la primera exigencia, la idea de evitar un formalismo paralizante hace alusión a dos aspectos. En primer lugar, es una crítica al método de interpretación que se atiene solo al sentido exacto de las palabras de la ley. La aplicación de la norma no necesariamente debe hacerse sin ninguna consideración sobre las circunstancias no contempladas en ella de manera expresa. En efecto, el carácter de los asuntos prácticos, que siempre está abierto a un universo de posibilidades nuevas, impredecibles e imposibles de especificar mediante reglas previas, hace que la interpretación deba acompañar el flujo de la praxis humana. Así, los hechos que juzga el juez, lejos de tener un carácter pasivo o presentarse como un material inerte sobre el cual opera la norma, son dadores de sentido. El enunciado lingüístico normativo y la situación fáctica que se le presenta al juez se enlazan entre sí generando una unidad con significado propio. Que Aristóteles rechaza como criterio ineludible un mero acto de subsunción lo demuestra el simple hecho de que el juez tiene que ir más allá de su letra en situaciones a favor de la equidad. Sin ir más lejos, entre aquellos casos que cataloga como equitativos, el filósofo ofrece como ejemplo no quedarse en las palabras de la ley, sino ir a su fundamento y la razón que la inspira.[78]

En segundo lugar, es una advertencia sobre la naturaleza rígida de las leyes escritas. En efecto, la letra de la ley es invariable y ello resulta un problema en la dinámica de las relaciones intersubjetivas. Como muchas veces insiste Aristóteles, la ciudad es un modo de vida que involucra una práctica ético-social sostenida en el tiempo, la cual se fortalece en el día a día mediante la obediencia:[79] ella es dinamismo dentro de la propia identidad que le da el régimen político. En este proceso, las leyes deben acompañar los movimientos al interior de la *pólis*; de ahí que muy bien haya advertido Hurri (2013: 151) que la justicia es *enérgeia*: un proceso que se va desarrollando y desplegando en un movimiento de actualización frente al decurso de los acontecimientos. No es algo estático, sin movimiento alguno. El ejercicio de una rectificación o amoldamiento de la norma general involucra esta concepción de la justicia como actividad que acompaña al propio devenir de la vida humana. A este respecto, Cicerón, aunque

---

78   *Rh.* 1374b11-16.
79   *Cf.* Frank (2006: 49).

por supuesto pertenece a una tradición distinta, destacaba el valor de la equidad y señalaba cómo muchas veces "el sumo rigor del derecho viene a ser suma injusticia" (ius summum saepe summa est iniuria).[80] Sin duda, la teoría de la equidad aristotélica se presenta como una superación de la visión estática de la aplicación de la ley y da lugar a una concepción dinámica en la individualización del sentido de la norma misma.[81]

El excesivo apego a la letra de la ley en situaciones en las que se desnaturalizan sus fines constituye un doble obstáculo: primero, a nivel particular puede cancelar la posibilidad de que se resuelva el caso con corrección, considerando las circunstancias excepcionalísimas que el legislador no pudo volcar en la norma, sea voluntaria o involuntariamente; segundo, a nivel universal tiene la capacidad de afectar el bien común, pues el dictado de resoluciones injustas irradia sobre la perspectiva ciudadana y comunitaria una falta de sentido de justicia que puede, incluso, cuando se vuelve habitual, minar la calidad de las instituciones. Es importante, por ello, que el *nómos* tenga dinamismo. La forma de darle movimiento y vida frente a sucesos que escapan a las precisiones de la norma se realiza resignificando el sentido de las palabras por medio de los valores y principios básicos de la ciudad. Se trata de pasar los términos de la ley bajo el tamiz de la razón que inspiró al legislador al momento de llevar a cabo su obra, pues es allí donde se encuentra en su máxima expresión, y en concordancia con las características de la *politeía*, el *télos* último de la comunidad política y la determinación de los medios para alcanzarlo y sostenerlo en el tiempo.

La aplicación de la ley de modo equitativo (segunda exigencia), que no es más que el resultado del enderezamiento de la norma al caso en concreto, es realizar la justicia siguiendo un criterio coherente con los principios que estructuran el orden jurídico y que esto pueda servir de base para la resolución de casos análogos. Semejante idea involucra, como lleva ínsita la propia idea de justicia, un compromiso muy fuerte con la igualdad. Este concepto constituye un elemento central de la justicia, particularmente en su aspecto formal. La justicia, en tal sentido, es tratar lo igual de modo igual y lo desigual de modo desigual. Si es un reparto de bienes o cargas, se seguirá un criterio de igualdad proporcional (*katà analogían*),[82] y si se trata de una cuestión ligada a los contratos o la mensuración de un daño, se estructurará en función de la igualdad aritmética (*arithmetikós*).[83] No nos interesa desarrollar este punto acerca de cómo opera la igualdad en las

---

80 *De officiis,* libro I, cap. 10.
81 *Cf.* D'Agostino (1973: 75).
82 *EN* V.3.
83 *EN* V.4.

ARISTÓTELES, EL JUEZ Y LA EQUIDAD

clases de justicia distributiva y correctiva. En realidad, lo que nos importa señalar es que la igualdad es un constituyente de la propia equidad. En efecto, si para Aristóteles el juez es el guardián de la justicia, también lo es de la igualdad. La virtud de la equidad, que no es más que una especie de la virtud de la justicia, no puede desconocer esta cuestión.

A este respecto, la igualdad que debe garantizar el uso de la *epieíkeia* adquiere un doble sentido. En una dirección, tiene que asegurar que la aplicación de la igualdad formal determinada en la regla general de la ley se corresponda y se encuentre en armonía con los parámetros sustantivos que estructuran dicha igualdad. Es aquí donde entra en juego aquello que Vega (2014b: 127) denomina "la justificabilidad material de la igualdad": los valores sustantivos que "proporcionan la justificación última de las leyes y, en una perspectiva pragmática, no idealista, tienen que ver íntimamente con lo que hoy llamamos igualdad material (igualdad efectiva o igualdad en los resultados)". En otra dirección, y como aspecto concomitante deseable, el uso de la equidad debe lograr la igualdad de todos los ciudadanos ante la ley. Quien recurre a ese criterio no debe ejercer un favoritismo infundado sobre un individuo en concreto, sino que tiene que garantizar el valor de la integridad del derecho como empresa comunitaria y que su decisión pueda extenderse a casos sustancialmente semejantes.[84] Esto se apoya, por supuesto, en el *desideratum* de la ciudad de realizar, antes que el bien individual, el bien común.

La aplicación equitativa se manifiesta en una rectificación de la ley que evita soluciones disvaliosas o, mejor dicho, que sean contrarias a la justicia que el legislador apunta en su obra (tercera exigencia). Un resultado disvalioso se traduce, a partir del concepto de justicia en Aristóteles, en un quebrantamiento de lo legal y lo igual. Esto significa, pues, que la equidad opera cuando la aplicación de la ley general no se corresponde con la racionalidad sobre la que se basa, o cuando se genera una desproporcionalidad de lo que se le da a aquel involucrado en el caso en comparación con los demás y a la luz del bien común.[85] En efecto, quien invocara la equidad ante un tribunal debería demostrar estos dos puntos o, al menos, uno de ellos. Aristóteles no ofrece ejemplos de ello, pero sí lo hace de modo indirecto Anaxímenes en su *Retórica a Alejandro* (1427a40-b1), mediante una referencia a la indulgencia. En efecto, como estrategia frente al tribunal sugiere

---

84   Así, por ejemplo, este aspecto se recoge en el art. 37 del Código Iberoamericano de Ética Judicial, el cual establece: "El juez equitativo es el que, sin transgredir el derecho vigente, toma en cuenta las peculiaridades del caso y lo resuelve basándose en criterios coherentes con los valores del ordenamiento y que puedan extenderse a todos los casos sustancialmente semejantes".

85   *Cf.* Lamas (1991: 433).

que, en caso de que no quede más remedio que reconocer los hechos, hay que convencer a los jueces y a los oyentes que cometer un error o sufrir un infortunio es algo común a los hombres y, por eso, amerita algún tipo de consideración. En este sentido, se puede pensar que, al involucrar a los demás conciudadanos, lo que busca es mostrar una injusticia que no solo se da en su situación particular, sino que eventualmente sucederá en otros casos. Dicho de otro modo, si se respeta con rigurosidad el principio de igualdad frente a la ley, entonces la aplicación rígida de esta debe hacerse con todos aquellos que yerren o padezcan una desgracia, lo cual quizá no resulte adecuado en determinadas situaciones.

El *nómos* tiene un fin que rige la ordenación de la comunidad. Entonces, la aplicación de la ley que condujera a un resultado que se aparte de su fin sería traicionar su espíritu. La preservación del orden demanda, a la luz de la dimensión de la temporalidad, un momento de oportunidad y conveniencia (cuarta exigencia). Esto es algo que Aristóteles contempla respecto a la *areté* misma, pues dice que consiste en actuar y padecer "cuando se debe y por lo que [se debe], y con respecto a quienes [se debe], y a fin de que y como se debe" (ὅτε δεῖ καὶ ἐφ᾽ οἷς καὶ πρὸς οὓς καὶ οὗ ἕνεκα καὶ ὡς δεῖ).[86] Por lo tanto, en materia de equidad, el juez tiene la facultad de invocarla para garantizar la continuidad del estándar de conducta contenido en la ley en la ocasión favorable; no siempre.[87] Bajo el horizonte de mantener la integridad del sistema normativo, ello se determina caso por caso, cuando los hechos lo ameriten. En este sentido, como expresa Untersteiner (1996: 268) respecto a la Oración Fúnebre de Gorgias –lo cual se puede aplicar al punto que venimos desarrollando–, "καιρός, con su fuerza de decisión, 'persuade' que el hecho singular que se presenta es ἐπιεικές". Es interesante ver, además, que esta cuestión acerca de que son los hechos y las circunstancias temporo-espaciales los que piden la equidad tiene una impronta moral. De esto da cuenta Aristóteles en *Tópicos* (107a10-11), en donde de modo expreso traza la relación entre lo bueno y la ocasión favorable, entre *agathós* y *kairós*, cuando dice que "bueno se llama lo que [se da] en el momento oportuno" (ἀγαθὸν γὰρ λέγεται τὸ ἐν τῷ καιρῷ).[88]

El uso oportuno y conveniente de la institución tiene importantes efectos. En relación con el propio caso al que se aplica, logra una solución justa

---

86 *EN* 1106b21-22.

87 Sirvan como ejemplos los casos del médico o del piloto del navío, quienes, más allá de contar con el saber general, tienen que atender a la "circunstancia oportuna" para llevar a cabo el tratamiento sobre el paciente o la maniobra sobre el barco, respectivamente; de lo contrario, si se desconoce tal aspecto que solo lo pueden obtener tras percibir y juzgar sobre lo particular, sería muy difícil que se dé un resultado positivo y deseable.

88 En relación con este vínculo, ver Bertrand (2009: 15-16).

para las partes en conflicto. Al interior de la propia práctica del derecho, garantiza el normal desarrollo de la justicia legal y su continua aplicación en el curso de los acontecimientos prácticos. La equidad, pues, es un principio interno al derecho que permite eliminar aquellos obstáculos generados por casos excepcionales y que podrían ser disfuncionales al sistema. Así, se erige no solo como un criterio de interpretación, sino de oportunidad y conveniencia según el momento que permite dar una solución justa a un conflicto en el que, de no hacerse una rectificación de la ley, se generaría una gran injusticia.[89] Este dispositivo, conviene insistir, no es una invención del juez, sino que es un mecanismo que establece el propio sistema para lograr que la maquinaria jurídica, sin necesidad de constantes reformas legislativas, siga funcionando con corrección.

— 5 —
El juez como cocreador de derecho en el último eslabón de la determinación de lo justo

Hemos visto cuatro de las exigencias de la equidad. Falta desarrollar la última, que, recordemos, es el deber del juez de proseguir el fin al que aspira la tarea legislativa en los casos en que la regla general fijada en la norma es deficiente. La exigencia parte de la base de respetar y mantener con fidelidad un trabajo en equipo entre legislador y juez; pero no como si se tratara de una mera alianza (una *symmakhía*) signada por cuestiones de utilidad, sino de una suerte de comunidad estructurada por fines éticos omniabarcantes. Hay así una concepción muy fuerte de pensar el derecho como una organización legal y ética, una empresa coordinada en la cual los engranajes apuntan hacia la misma dirección, respetando las formas (las reglas) y sus bases materiales (los valores y principios).

Semejante idea de coordinación y orden (*táxis*) supone una división de funciones institucionales, la cual debe ser ejercida con seriedad. Si el derecho busca coordinar las conductas, promover la realización de determinadas acciones y la abstención de otras con el fin de generar hombres virtuosos, esto se debe hacer desde todas las instituciones encargadas de establecer normas de comportamiento. De arriba para abajo, es decir, de lo universal a lo particular, la ley fija los estándares generales que organizan a la comunidad en su conjunto; desde abajo, el juez, situado en el terreno de lo particular y contingente, pero observando lo universal, verifica que la aplicación de la norma realiza el valor supremo de la justicia. En caso de que ello no fuera así, se vale de la equidad para, en un movimiento de rec-

---

89   *Cf.* Vernengo (1974: 1208-1209).

tificación, mantener su autoridad y garantizar la continuidad del gobierno de la razón (el *nómos*). Ello implica apoyar el propio punto de vista del legislador, abstracción que contiene el *lógos*, el *télos* y los valores sustantivos de la *pólis*. No hay, pues, una sustitución del punto de vista del legislador por el del juez; por eso, el juicio que ofrece el juez al momento de juzgar un caso que convoca la equidad sustenta, más que socava, el sistema legal.[90]

De esta manera, la equidad, como dispositivo que garantiza la validez de la ley y la integridad funcional del derecho, logra que aun en el terreno de lo extraordinario e imprevisible la jurisdicción tenga la capacidad de continuar la tarea de la legislación de modo armónico. Esto es una necesidad de toda comunidad organizada y un requisito esencial para establecer un buen orden legal, que tenga una fuerte correspondencia y coherencia entre las normas generales y las normas particulares. Ciertamente, el fin de los legisladores, quienes son los encargados de crear las normas generales, y el fin de los jueces, quienes tienen la tarea de interpretarlas y aplicarlas, son como dos líneas paralelas que van por senderos distintos, pero que convergen al final. Entre legislador y juez debe darse una continuidad, un trabajo mutuo sin el cual no sería posible la ordenación que pretende imponer el *nómos*; de lo contrario, la empresa jurídica estaría condenada al fracaso.

Dicho esto, se puede apreciar un aspecto interesante. En la medida que el juez amolda la norma al caso, mediante un acto de interpretación y rectificación, se vuelve cocreador del derecho. Esta afirmación debe ser aclarada, pues puede generar malentendidos y, además, desfigurar una de las tesis centrales del libro: que para Aristóteles los jueces no tienen amplios márgenes de discrecionalidad ni de creatividad. En efecto, la regla es que el juez decida de acuerdo con el texto de la norma, sin aventurarse a salirse de sus contornos cuando el caso no lo permita; solo en aquellos supuestos en los que la ley por sí sola no resuelve con corrección el conflicto, él asume un rol activo y sale al auxilio del legislador para garantizar la realización de la obra legislativa en consonancia con los fines de la *pólis* y el valor supremo de la justicia. La coautoría es la excepción, pues, como vimos, Aristóteles considera que en una *pólis* bien ordenada la mayoría de los asuntos tienen que estar regulados con precisión en las leyes y a los jueces se les debe dejar el menor margen de acción posible.

En esta tarea de cocreación, vale aclarar, el legislador y el juez no están en modo alguno al mismo nivel; no son dos novelistas que diseñan a la par y con la misma autoridad un único relato. Al contrario, hay una clara preminencia del autor de la ley, pues el juez que recurre a la equidad debe mirar la intención del legislador, su inteligencia y la lógica de su obra; no

---

90   *Cf.* Kraut (2002: 110).

puede evadir estos límites ni reemplazar su voluntad ni los fines a los que aspira por los suyos, pues de ser así el orden y la razón serían sustituidos por el caos y la arbitrariedad. Sería como que en la construcción de una hermosa catedral de estilo gótico, algunos obreros empiecen a alterar el diseño de base fijado por el arquitecto y confeccionen las ventanas y otras partes de la obra con un estilo barroco o cubista.

Aristóteles no ofrece una explicación rigurosa acerca de cómo puede hacer el juez para traer al legislador al caso concreto o, de acuerdo con sus propias palabras, para que juzgue el caso como "el propio legislador diría si estuviera allí presente" (ὃ κἂν ὁ νομοθέτης αὐτὸς ἂν εἶπεν ἐκεῖ παρών)[91] sin alterar su trabajo. El Estagirita no explicita con claridad cómo en un juicio de equidad el juez logra que la rectificación de la ley llevada adelante tenga cobijo dentro del sentido que el legislador quiso darle al enunciado normativo. Según Barden (1981: 360), ello se haría descubriendo un "sentido de justicia" (*sense of justice*) de la ley, que se representa con la metáfora del *nomothétes*. Sin embargo, creemos que este camino nos lleva a un *cul-de-sac*. En realidad, la cuestión se puede explicar mejor mediante el uso de algunas categorías contemporáneas de la teoría de la interpretación, que en rigor son propias de la filosofía del lenguaje y se han vuelto clásicas a partir de la teoría de Austin (1962) de los actos de habla. Así, habría que distinguir aquello que *quiso decir* el legislador con la ley, esto es, la "intención lingüística", de aquello que *quiso hacer*, es decir, la "intención pragmática" o "performativa".[92] Si aplicáramos esta distinción a un caso en el que el juez rectifica la ley para evitar una injusticia que deviene de la aplicación literal y mecánica, está claro que su actividad interpretativa no es un acto que pura y exclusivamente intenta precisar, mediante un método literal, lo que el legislador quiso decir cuando enunció la proposición normativa. Más bien lo que sucede es que el juez va más allá del sentido de las palabras de la ley (una interpretación textual) y se focaliza, en su lugar, en desentrañar y recuperar lo que quiso hacer el legislador cuando emitió el enunciado normativo: se trata, pues, de enfocarse en la teleología que informa la norma dentro del propio sistema del derecho.

Tomemos el ejemplo que ofrece Aristóteles en *Retórica* (1374a35-b1) para precisar un poco lo dicho hasta aquí de forma un tanto apresurada. Frente al caso en que, por un lado, un hombre lastime a otro con un puñetazo (teniendo un anillo en su mano) y, por el otro, una norma jurídica que dispone que "todo aquel que lesione a otro con un instrumento de metal será castigado con pena de multa de 1000 dracmas", no parece que

---

91 *EN* 1137b22-23.
92 *Cf.* Moore (1985: 339) y Zambrano (2009: 394).

el juez, al decidir si aplica la figura agravada del delito de lesiones, puede alcanzar un resultado justo si se limita a determinar la intención lingüística mediante una interpretación textual. En efecto, si desentrañara qué quiso decir el legislador con sus palabras se quedaría gravitando en torno a un plano acotado que, al no ofrecer otro criterio más que lo expresado en el enunciado de la ley, es insuficiente a los fines de llevar a cabo una rectificación de la norma y encontrar una respuesta que se adecue mejor y con más justicia al caso concreto.

Lo que tiene que hacer el juez es indagar la intención pragmática del enunciado normativo y ver si hay un exceso en cuanto a los fines a los que se dirige la intencionalidad del autor. Esto, vale aclarar, a veces es muy complejo, pues la intencionalidad no se dirige a un objeto único, sino a una cadena de fines y objetivos.[93] En nuestro ejemplo, la norma que pena con mayor dureza las lesiones ocasionadas mediante un elemento de metal ha sido promulgada con la intención inmediata de castigar con mayor dureza a quien se vale de un elemento de metal, porque su empleo en la agresión generaría mayor daño en la víctima. Ello, a su vez, se ajusta a la intención mediata de evitar que los individuos se dañen gravemente entre sí, lo cual a su vez puede ordenarse a la intención más remota de desalentar acciones delictivas y así hasta llegar a la intención mucho más general, que informa a todo el derecho, de alcanzar la paz social.

Hay que reconocer que Aristóteles es un tanto ajeno a este tipo de instrumental teórico que distingue intencionalidades en un acto de habla. Sin embargo, no resulta exagerado afirmar que el Estagirita tiene presente la idea en general y no desconoce estos distintos niveles que se pueden identificar en la norma. Una clara prueba de ello es, por un lado, la afirmación de que el juez equitativo juzga como "el propio legislador diría si estuviera allí presente" (ὃ κἂν ὁ νομοθέτης αὐτὸς ἂν εἶπεν ἐκεῖ παρών)[94] y, por el otro, el conjunto de las pautas interpretativas que guían la actividad del juez: mirar "al legislador" (τὸν νομοθέτην), su "inteligencia" (διάνοιαν), su "intención" (προαίρεσιν) y al "todo" (τὸ ὅλον), antes que quedarse en una interpretación parcial focalizada pura y exclusivamente en la "ley" (νόμον), su "letra" (λόγον), el "hecho" (πρᾶξιν) y "la parte" (τὸ μέρος).[95] Nos hemos ocupado de desarrollar este tema en la sección 2 de este capítulo, por lo que no hace falta volver sobre él. Sin embargo, nos interesa agregar aquí, de acuerdo con las ideas que venimos desarrollando, que mediante tales directrices el juez logra desentrañar la intención pragmática del legisla-

---

93   *Cf.* Zambrano (2009: 189).

94   *EN* 1137b22-23.

95   *Rh.* 1374b11-15.

dor y, al llevar a cabo eso, lo trae a los hechos: lo hace presente en el aquí y ahora que se juzga y, como si fuese el mismo juez, se le da la oportunidad para que subsane el defecto, voluntario o involuntario, de su obra.

Salir a la búsqueda de aquello que haría el legislador en una situación concreta a la luz de la intención pragmática, tomando como punto de partida las expresiones lingüísticas contenidas en la ley y como guía última los fines estructurales del régimen constitucional, es una operación fundamental del recurso de la equidad. Esta operación le permite al juez descubrir, ante un caso extraordinario, imprevisible y de difícil resolución, el sentido jurídico de la norma y el espíritu que la nutre con el fin de obtener, luego de su enderezamiento, una resolución adecuada, racional y justa. Así, el juez recupera y continúa la racionalidad deliberativa del legislador,[96] de un modo que atiende tanto el bien común del régimen como las demandas del momento oportuno que plantea el caso bajo su jurisdicción. No hay mejor forma de brindar homenaje a la ley que mediante el juicio de equidad. El juez no la juzga en modo alguno ni cuestiona su valor ni su validez.[97] Lo que hace es juzgar a partir de ella y con ella, de acuerdo con los criterios de ordenación establecidos y los valores morales y políticos sobre los que se apoya. Esto es algo que hemos dicho varias veces, pero que, al ser un punto central de la tesis de nuestro trabajo, nunca está de más insistir sobre él.

---

96 *Cf.* Zahnd (1996: 269).
97 *Cf.* Könczöl (2013: 169) y Vega (2013: 196-197).

CONCLUSIONES

Según la teoría política de Aristóteles, los hombres no se han asociado en comunidades políticas solo para vivir, sino para vivir bien. La riqueza, la simple vida, el comercio, el socorro y la guerra no son motivos de la conformación de la ciudad. La *pólis* que verdaderamente *es* (no de mero nombre) es aquella que procura la excelencia; de no ser así, sería una alianza que solo se diferenciaría de otras por estar en un mismo lugar y en la que la ley es un convenio incapaz de volver a los ciudadanos justos. La ley se constituiría en un simple contrato de los derechos individuales de aquellos que se acercan por comercio, riqueza o guerra: una garantía vacía de moralidad.

Así, hemos visto que en la *pólis*, concebida como una comunidad de ciudadanos en un régimen, las ideas de racionalidad y moralidad son muy importantes. También pudimos ver que, si el régimen político es el orden establecido en la ciudad referente a la distribución de las magistraturas y del ejercicio de la autoridad entre los ciudadanos, se requieren leyes para ordenar la vida comunitaria y poder, de este modo, alcanzar el *télos* que la inspira. Sin leyes dotadas de contenido moral y de fuerza coercitiva, la ciudad sería caótica y no se podría ofrecer un espacio adecuado que promueva la virtud y que permita alcanzar la felicidad y el bien común.

Con vistas a lograr y conservar un espacio para el buen vivir cívico, la actividad legislativa y la actividad judicial institucionalmente buscan orientar, desde distintos modos y diferentes lugares, la acción humana: la primera, desde lo universal y mediante el establecimiento de estándares genéricos de comportamiento con carácter prescriptivo; la segunda, desde lo particular y aplicando la ley, solucionando todos aquellos conflictos entre ciudadanos que atenten contra la convivencia comunitaria. Entre ambas instancias institucionales se debe mantener una continuidad fluida y, en este proceso, el juez adquiere un papel muy importante en la política misma, en especial como garante de la justicia. Sin embargo, lograr aquel *continuum* muchas veces no es tan sencillo, pues la ley se puede quedar a medio camino en la regulación justa de un caso extraordinario.

Este es el problema que busca superar la teoría de la equidad. En efecto, cuando la mera aplicación mecánica de la ley yerra, la *epieíkeia* se vuelve una exigencia dentro de la práctica hermenéutica de los jueces para enmendar lo justo legal, garantizar la justicia y, en última instancia, sostener los valores jurídico-políticos de la *pólis*. Tal criterio, que implica considerar no solo la norma, sino también las circunstancias especiales del caso, la praxis humana, sus contingencias e imprevisiones y, sobre todo, la razón que expresa la ley, permite que los jueces no caigan en un error práctico injusto. Esto no significa, como hemos tratado de demostrar, que en el ejercicio de la equidad el juez tenga amplios márgenes de creatividad interpretativa ni tampoco una capacidad inventiva libre en la que se deje de lado el *nómos*. Quienes se desempeñan en las magistraturas tienen que evitar innovar y, en caso de hacerlo, se encuentran muy condicionados por satisfacer el sentido de justicia que el legislador vuelca en la norma y en el sistema jurídico en su integridad. No hay en modo alguno lugar para los juicios basados en las meras preferencias personales o en intuiciones irreflexivas. La tarea del juez que practica la equidad es mantener incólume la ley, de manera de preservar la estabilidad del derecho mediante una sabia comprensión de la justicia que debe realizarse en el caso. Incluso, se puede decir que el objeto de la equidad es más denso o tiene un carácter más sustantivo que la estabilidad o la coherencia, pues da prioridad a los principios políticos de justicia.

Así como el estricto apego a la letra de la ley no es a veces un modo adecuado para resolver los conflictos intersubjetivos, tampoco es deseable que los magistrados se aventuren a tomar decisiones que vayan más allá de la razón que informa la norma. Ni uno ni otro extremo son virtuosos, sino que se debe mantener un término medio. En tal sentido, el modelo de juez que defiende Aristóteles en su tratamiento de la equidad es aquel que, ante todo, expresa una firme lealtad al legislador y que ve en la realización de la voluntad legislativa y los principios de la *politeía* la garantía para el dictado de decisiones justas, racionales y rectas.

El ejercicio de la equidad, lejos de ser una operación simple y sencilla, involucra varios aspectos. Siendo más precisos, se trata de un acto complejo en un doble sentido: por un lado, el terreno en el que trabaja ofrece grandes desafíos a nivel epistemológico y también respecto al ejercicio de las capacidades intelectuales; y, por el otro, su complejidad radica en que es una virtud cuyo despliegue implica distintos pasos. El enderezamiento de la ley se da luego de varias mediaciones que, en un movimiento oportuno que se direcciona hacia la realización de la justicia, integra la excepcionalidad, le da dinamismo a la norma y continúa la obra legislativa en el plano de lo particular, considerando en especial la figura del legislador y la intención pragmática del enunciado normativo. La importancia de apoyarse principalmente sobre el autor de la ley radica, por cierto, en que en esta figura se condensa un sabio ejercicio de la racionalidad deliberativa en consonancia con el conocimiento integral de las características del régimen político.

El juez *epieikés* considera las exigencias que le demanda el caso en concreto en consonancia con el imperio de la ley y el bien común, de manera de realizar la justicia sin arrogarse facultades que no le corresponden. La sabiduría práctica gobierna este procedimiento, en el cual opera especialmente un acto de comprensión que identifica las cosas justas que escapan a la norma por su excesiva generalidad. El juez es activo en el sentido de que avanza hacia un ejercicio de amoldamiento de la ley conciliando lo particular con lo universal, como si se tratara del trabajo de un orfebre cuando modela un material como la plata para hacer un bello objeto artístico. Bajo esta óptica, mediante un ejercicio correcto de sus capacidades intelectuales y la experiencia, el juez no confía ni se aferra ciegamente a la literalidad de las palabras de la ley, sino que va más allá: se dirige a sus fundamentos. En esto reside el carácter prudencial de la equidad, el cual permite que, al integrarse la excepción en la ley, esta siga conservando su imperio y gobierne en todos los casos. La posibilidad de lograr esto, desde el interior de la propia institucionalidad del derecho, es un gran homenaje a la legalidad.

ANEXO

La equidad en la institución del arbitraje bajo la virtud de la amistad

καὶ τοὺς μὴ μνησικακοῦντας, μηδὲ φυλακτικοὺς τῶν
ἐγκλημάτων, ἀλλ᾿ εὐκαταλλάκτους· οἴους γὰρ ἂν
ὑπολαμβάνωσιν εἶναι πρὸς τοὺς ἄλλους, καὶ πρὸς αὐτοὺς
οἴονται.

[Se quiere como amigos] también a los que no son rencoro-
sos ni a los que preservan los reproches, sino que están bien
dispuestos a la reconciliación, pues creen que como son con
los demás, así también serán con ellos mismos.
Aristóteles, Rh. 1381b4-6.

— 1 —
Introducción

Según la interpretación que defendemos en el libro, en la institución de la equidad la razón que inspira la ley y los principios sobre los que se apoya tienen un fuerte protagonismo. El juez equitativo, al abstenerse de aplicar con todo rigor y de forma automática la ley a casos excepcionales no regulados con propiedad en la norma, busca mantener la justicia; no lo que a su modo de ver puede resultar simplemente mejor. En este proceso, con el cual logra que la ley aún sea aplicable en situaciones extraordinarias, mantiene el imperio del *nómos*. Ahora bien, Aristóteles realiza en un breve pasaje de *Retórica* (1374b20-22) una conexión entre equidad y arbitraje (*díaita*), y dice que quien es equitativo prefiere someter el conflicto "a un arbitraje" (εἰς δίαιταν) antes que "a un juicio" (εἰς δίκην). Asimismo, agrega que mientras el juez mira la "ley" (νόμον), "el árbitro mira lo equitativo" (ὁ γὰρ διαιτητὴς τὸ ἐπιεικὲς ὁρᾷ), y que por esta razón es que se inventó la institución del arbitraje. Estos son todos los datos que Aristóteles nos ofrece respecto al tema, de manera que las razones de por qué el arbitraje es un espacio en donde se da con mayor fuerza la equidad son un tanto oscuras.

La elucidación de ese punto no es uno de aquellos que haya preocupado a la literatura especializada en general. No encontramos mucho más que unos pocos trabajos específicos[1] y algunas breves anotaciones en las traducciones y ediciones comentadas.[2] Estamos, pues, frente a un terreno que no solo ofrece grandes desafíos interpretativos, sino que, al ser poco explorado, no es tan fácil de transitar. Sin embargo, a pesar de tal dificultad, creemos que la tesis de Sucre (2013) va en la dirección correcta y que el arbitraje es más equitativo porque es el proceso de resolución de disputas que mejor materializa la amistad (*philía*).

Sobre la base de esta lectura, nuestro trabajo tiene el propósito de demostrar la *differentia specifica* de la equidad en el arbitraje, y su distinción con la equidad judicial, mediante varios movimientos que involucran ir del contexto al texto aristotélico mismo. Se busca dar cuenta de que, a diferencia de lo que sucede en una corte, en el arbitraje la identificación de lo justo se puede hacer mejor porque no hay que mediar el caso con una regla rígida fijada por la ley y porque además se tiene como horizonte privilegiado la *philía*, la cual representa un lazo más profundo que la justicia y de la que irradia la eticidad a todos los planos de la vida comunitaria.[3]

En lo que respecta a la estructura del trabajo, seguiremos estos pasos. En primer lugar, realizaremos una breve descripción de la institución del arbitraje en la Atenas clásica. En segundo lugar, veremos cómo este dispositivo de resolución de conflictos se estructura en función del valor de la amistad. Esto nos permitirá, en un tercer movimiento, explorar la caracterización de la institución como más equitativa a la luz de algunos rasgos de la teorización de la *philía* en Aristóteles. Así, tras destacar la naturaleza de la equidad en el arbitraje, pasaremos a las conclusiones.

— 2 —

El arbitraje como alternativa al juicio

En una comunidad bien ordenada y en la que se busca mantener un espacio de convivencia pacífica, se espera que los ciudadanos resuelvan los conflictos producidos entre ellos sin violencia. Esto no sería posible sin una institución esencial: el juez, es decir, un tercero imparcial que decida cómo se debe resolver el problema entre las partes. Sin duda, una comunidad deja de ser violenta si cuenta con esta figura autoritativa que ponga, de ese modo, un freno a la venganza ilimitada. Esto está muy bien representado en *Euménides* de Esquilo, donde se muestra que, con la conformación de un tribunal de ciudadanos para juzgar a Orestes por el asesinato

---

1   *Cf.* Shanske (2008) y Sucre (2013).
2   *Cf.* Grimaldi (1980) y Reeve (2018), entre otros.
3   *Cf.* Sinnott (2007: lxvi).

de Clitemnestra, se pone fin a la persecución de las Erinias y la venganza se sustituye por la justicia, la razón y la argumentación.[4] Tan importante es la institución del juez que, por ejemplo, Platón (*Lg.* 766d3-4) decía que "sin duda toda *pólis*, en la que los tribunales de justicia no estuvieran instituidos convenientemente, se volvería *ápolis*" (πᾶσα δὲ δήπου πόλις ἄπολις ἂν γίγνοιτο, ἐν ᾗ δικαστήρια μὴ καθεστῶτα εἴη κατὰ τρόπον).

Alejada del desorden y la ilegalidad de la barbarie, la democracia ateniense de los siglos V y IV a. C. celebraba y defendía el imperio de la ley,[5] y garantizaba a todo ciudadano que consideraba haber sufrido un agravio la posibilidad de someter el conflicto, ya sea mediante una acción privada (*díke*) o una pública (*graphé*),[6] ante un tribunal de justicia. Sin embargo, a pesar de contar con esta posibilidad, muchas veces no era necesario llegar a semejante instancia, con todos los problemas y riesgos que ello implicaba.[7] Al contrario, recurrir al diálogo o a una negociación previa, siguiendo ciertas formalidades, podía ser una alternativa eficaz e incluso con mejores resultados para ambas partes. A este respecto se destaca la institución del arbitraje, sobre la cual sabemos que en la Atenas clásica había dos tipos: uno privado y otro público. Sin entrar en todos sus detalles,[8] veamos de qué se tratan ambas variantes.

En el arbitraje privado, como indica la propia expresión, la voluntad de someter el conflicto a la autoridad del árbitro era una decisión pura y exclusiva de los ciudadanos. En caso de que acordaran recurrir a esa figura, que podía estar compuesta por uno o varios árbitros,[9] el procedimiento

---

4   *Cf.* Havelock (1983: 344).

5   *Cf.* Romilly (2004 [1971]), Ostwald (1986), Ober (1989: 299-304), Cohen (1995: 34-57) y Harris (2006b: 157-181), entre otros muchos autores.

6   La *díke*, reservada a los parientes de la víctima, y la *graphé*, disponible para todo ciudadano, constituían las dos principales acciones. Sin embargo, se subdividían en distintas clases de acuerdo con la materia que versaba el proceso, como, por ejemplo, la *díke phónou* (acción contra un homicidio), la *graphè asébeias* (acción contra impiedad) o la *graphè kakóseos gonéon* (acción contra el maltrato de los ascendientes). De forma paralela, también existían otras acciones públicas: *éndeixis*, *ephégesis*, *phásis*, *apographé*, *probolê*, *dokimasía*, *euthýnai*, *eisangelía*, *apóphasis* y *apagogé*. En relación con cada uno de estos tipos de procedimientos, ver Harrison (1971: 74 y ss.).

7   Un juicio podía ser muy lento. Además, la parte perdedora tenía que pagar una multa bastante onerosa que en asuntos públicos se elevaba considerablemente (hasta 1000 dracmas); en este último caso, también corría el riesgo de recibir penas muy severas, como exilio, confiscación de bienes y muerte. *Cf.* Roebuck (2001: 348) y Kapparis (2019: 226).

8   Al respecto, ver Bonner (1916), Harrell (1936), Gernet (1939), Harrison (1971: 64-68), MacDowell (1978: 203-211), Roebuck (2001), Phillips (2013: 35-36), Harris (2018) y Kapparis (2019: 225-227), entre otros.

9   Dem. 33.14 y 34.18.

comprendía, como explica Harris (2018: 214), dos pasos. En primer lugar, el árbitro, luego de que las partes fijaran las condiciones del arbitraje, intentaba reconciliarlas (*dialláttein*). Si ambos litigantes aceptaban una solución consensuada, realizaban un juramento respecto a su cumplimiento y los términos fijados. Si no se llegaba a una reconciliación, el árbitro preguntaba a los intervinientes si jurarían aceptar la decisión que él eventualmente tome, cualquiera sea.[10] En caso de tener una respuesta positiva, emitía una resolución y el problema se daba por cerrado. Era muy importante que antes de realizar su pronunciamiento, el árbitro también realizara un juramento; en caso contrario, la decisión no era válida.[11] Una vez llegado a este punto, con la previa aceptación de las partes, el caso no podía ser llevado a juicio.[12] Esto es muy razonable, pues si ambos expresaron su voluntad de someterse al proceso y de aceptar la decisión del árbitro como final, se esperaba que cumplieran con lo acordado y actuaran como si se tratara del veredicto de una corte.[13]

Muy probablemente para evitar la excesiva litigiosidad en los tribunales –lo cual, por cierto, era algo que caracterizaba a la Atenas clásica frente al resto de las ciudades griegas–,[14] y como un intento de "combinar las ventajas de ambos tipos de resolución de disputas y evitar las trampas de cada uno",[15] se estableció alrededor del 400 a. C. la institución del arbitraje público.[16] A diferencia de la variante privada, las partes eran obligadas a someter el caso, antes de ir a un juicio, a dicha institución, incluso contra su voluntad.[17] Los árbitros públicos intervenían en la mayoría de los casos en los que tenía competencia un grupo de magistrados llamados "los Cuarenta"[18] y eran ciudadanos de 60 años de edad, momento en el cual

---

10   Is. 5.31.

11   Dem. 20.58 y 52.30.

12   Lo que podía suceder, claro está, es que hubiera un incumplimiento de alguna de las partes de lo acordado en el arbitraje, y en tal caso, el perjudicado podía, por ejemplo, iniciar una acción por daños (*díke blábes*). *Cf.* Scafuro (1997: 129).

13   *Cf.* MacDowell (1978: 209). Al respecto, Demóstenes (21.94) cita una ley, de dudosa existencia, que establecía que, una vez elegido el árbitro de común acuerdo, las partes debían atenerse a su decisión sin posibilidad de sustanciar los mismos hechos ante una corte.

14   En lo que respecta a este punto, ver Lanni (2006: 79). Sin ir más lejos, Tucídides (1.77.1) llamaba a los atenienses *philódikoi* ("amantes de los juicios").

15   Harris (2018: 224).

16   *Cf.* MacDowell (1978: 207).

17   *Cf.* MacDowell (1978: 207). Sobre el arbitraje público, ver también Scafuro (1997:35-37), Harrison (1971: 66-68), Todd (1993: 128-129) y Lanni (2006: 36), entre otros.

18   También se los llamaba "jueces por demos". Después del año 399 a. C., su número fue elevado de 30 a 40 (de ahí su nombre), dejaron ser itinerantes y fueron reubicados en Atenas. Se encargaban de supervisar todos los juicios que implicaban arbitraje

terminaba su obligación de prestar servicio militar.[19] Ser árbitro era una obligación y solo se estaba exento si se desempeñaba otra magistratura o se estaba fuera de la ciudad; de no prestar dicho servicio, el infractor podía ser pasible de la pena de *atimía* (pérdida de derechos ciudadanos).[20]

El proceso del arbitraje público comprendía los siguientes pasos. Una vez que alguien sometía un caso a la jurisdicción de los Cuarenta, estos magistrados los repartían a los árbitros que se hallaban inscriptos. Con posterioridad a su designación, el árbitro, al igual que sucedía con el arbitraje privado, buscaba en primer lugar reconciliar a las partes y, si no se llegaba a un acuerdo, emitía una decisión.[21] Si uno de los litigantes no estaba de acuerdo con la resolución emitida, tenía la posibilidad de llevar el caso a una corte. En este supuesto, los documentos presentados en el arbitraje (leyes, decretos, contratos, testimonios, etc.) se resguardaban en unos jarros (*ekhînoi*) –uno para el demandante y el otro para el demandado– y, tras sellarlos y colgar por escrito la decisión del árbitro en una tablilla, se los entregaban a los cuatro miembros de los Cuarenta que pertenecían a la tribu del demandado. Estos presentaban luego el caso a un tribunal, que podía estar integrado por un número que iba de los 201 jueces hasta los 401, dependiendo del monto dinerario que estaba en juego. Los litigantes no podían usar en el juicio ninguna evidencia nueva más que la introducida en los jarros. Según MacDowell (1978: 209), el propósito de esta regla era buscar que se tomaran el arbitraje en serio; pues, de lo contrario, alguno o ambos podrían eludir el deber de presentar el caso correctamente ante el árbitro bajo la creencia de que de todas maneras podían ganarlo en un juicio.

Hay un rasgo común entre el arbitraje privado y el público que nos interesa destacar y es que el árbitro no estaría sujeto a resolver de acuerdo con lo que dice la ley,[22] salvo que sea, en la versión privada, uno de los términos fijados por las partes. Entonces, se tratarían, para emplear una terminología actual, de "arbitrajes de equidad" y no de "arbitrajes de derecho". Hay al menos dos argumentos, que se complementan entre sí, para sostener esta interpretación. En primer lugar, apelar a una ley en un juicio es algo facultativo de las partes y los jueces no siempre ni necesariamente deben

---

público obligatorio, los cuales en su mayoría eran de naturaleza privada. *Cf.* MacDowell (1978: 206-207) y Phillips (2013: 14).

19   *Cf.* MacDowell (1978: 207).

20   Arist. *Ath.* 53.5.

21   Arist. *Ath.* 53.2.

22   Este punto no está claro y se han ofrecido distintas interpretaciones. Al respecto, ver Scafuro (1997: 137), quien defiende un punto de vista ecléctico según el cual los árbitros combinaban en sus decisiones argumentos legales y argumentos de equidad.

resolver de acuerdo con ella; entonces, *a fortiori* en un arbitraje tampoco tendría un papel exclusivo. Semejante aspecto surge cuando Aristóteles enmarca la ley dentro de las pruebas "no técnicas" (ἄτεχνοί) de derecho y la equipara, dándole un *status* similar, a otros cuatro tipos de pruebas: los testigos, los contratos, las confesiones bajo tortura y los juramentos. Esta equiparación, por cierto, también está presente al momento en que Aristóteles explica que los litigantes en un arbitraje público deben depositar en jarros los testimonios, las leyes y otros elementos de prueba.[23]

El derecho de invocar o no una ley también parece estar presente, además, cuando en la misma obra Aristóteles analiza cómo esa ley debe emplearse. Al respecto, sostiene que, si la "ley escrita" (γεγραμμένος) no es favorable al caso, se debe recurrir a la "ley común y a [argumentos] de equidad como más justos" (τῷ κοινῷ χρηστέον καὶ τοῖς ἐπιεικέσιν ὡς δικαιοτέροις).[24] Sin ir más lejos, señala que la fórmula del juramento de los jueces que ordena decidir "con el mejor juicio" (γνώμη τῇ ἀρίστῃ) significa precisamente eso: que no hay que servirse en forma exclusiva de las leyes escritas.

Según Aristóteles, entonces, las partes y los jueces tenían, a la hora de construir sus alegatos y de juzgar, respectivamente, la posibilidad de apartarse de la ley positiva de la ciudad. En su lugar, podían recurrir a la ley común, la cual es identificada por el propio filósofo con lo "justo" (δίκαιος), lo "conforme a la naturaleza" (κατὰ φύσιν) y con la "ley no escrita" (νόμος ἄγραφος). Así, la ley escrita, lejos de constituir un mandato vinculante en la resolución de los conflictos, se limitaba a indicar una serie de pautas que los jueces y los litigantes podían seguir o no: era ni más ni menos que una herramienta de prueba que, como tal, resultaba facultativa.[25] En definitiva, se puede afirmar, siguiendo a Buis (2015: 68), que en Aristóteles "si la *pístis éntekhnos* por excelencia es la argumentación retórica [...], lo fundamental en el alegato no era la identificación de una ley que pudiera englobar la conducta delictiva imputada sino la construcción argumentativa de un razonamiento capaz de llevar al jurado hacia un voto favorable".

El segundo argumento por el cual en el arbitraje no se impone la aplicación de la ley se apoya en el pasaje 1374b20-22 de *Retórica*. En esta oportunidad, como adelantamos en la introducción, Aristóteles habla de dicha institución junto con la equidad y declara que el árbitro mira lo equitativo, mientras que el juez, la ley. Esto daría cuenta de que el árbitro no tenía que manejarse con toda fidelidad con un sistema de normas jurídicas, sino que se encontraba liberado de tal condición y, por eso, podía centrarse en la

---

23 Arist. *Ath.* 53.2.

24 *Rh.* 1375a28-29.

25 *Cf.* Todd (1996: 125).

ARISTÓTELES, EL JUEZ Y LA EQUIDAD

recomposición del conflicto ateniéndose fundamentalmente a los hechos, su saber y experiencia, y los intereses en juego. Muy probablemente, los árbitros mediaban y decidían de acuerdo con el mérito que encontraban en los intervinientes,[26] esto es, con aquello que los hacía merecedores de un bien (recibir una compensación) o de una carga (tener que resarcir a la contraparte).

Queda claro, a la luz de esta conceptualización simplificada del arbitraje, en qué consiste la institución en la Atenas clásica y, asimismo, que esta, a diferencia de lo que sucede en la actualidad con un arbitraje de derecho, no se caracterizaba por implementar la ley en un entorno informal, sino que ofrecía una alternativa más provechosa que la mera aplicación de una norma general a un caso en concreto. Con este desarrollo, pues, estamos en condiciones de pasar a elucidar por qué para Aristóteles constituye un acto equitativo someter un conflicto a un arbitraje antes que dirimirlo en un juicio. Veremos que la clave para entender semejante valoración, como hemos anticipado, descansa en el hecho de que el arbitraje utiliza las normas de la amistad para acercar a las partes a un acuerdo común con el fin de llegar a una reconciliación en la cual ambas salgan ganando y no haya vencedores o perdedores.

— 3 —

Arbitraje, reconciliación y la ideología de la amistad

En función de los propósitos fijados y el interés específico de centrarnos en la interpretación de un pasaje en concreto del texto aristotélico, parece bastante razonable, como primera medida, reponer muy brevemente el contexto en el que Aristóteles traza el vínculo entre la equidad y el arbitraje, y pasar a transcribir la sección en la que realiza la relación. Hay que señalar, ante todo, que ello no sucede en un contexto de teorización tan desarrollado como el que se ofrece en *Ética Nicomaquea* (V.10), sino que es algo que se hace un tanto al pasar. Más precisamente, Aristóteles establece el vínculo entre equidad y arbitraje al ofrecer una enumeración de actos que, según entiende, pueden ser tildados de equitativos. Así, el Estagirita enuncia que es propio de la equidad: las situaciones que ameritan una disculpa; mostrarse indulgente con las cosas humanas; mirar al legislador antes que a la ley, a su inteligencia y no a la letra, y a la intención en lugar del hecho; considerar el todo y no la parte; tener en cuenta cómo era uno la mayoría de las veces y no en un caso puntual; y valorar más, por un lado, los bienes recibidos antes que los males y, por otro, los favores recibidos

---

26   *Cf.* Roebuck (2001: 358).

que los realizados. A esta enumeración añade en 1374b18-22, como último supuesto, la equidad en el arbitraje de la siguiente manera:

καὶ τὸ ἀνέχεσθαι ἀδικούμενον. καὶ τὸ μᾶλλον λόγῳ ἐθέλειν κρίνεσθαι ἢ ἔργῳ. καὶ τὸ εἰς δίαιταν μᾶλλον ἢ εἰς δίκην βούλεσθαι ἰέναι· ὁ γὰρ διαιτητὴς τὸ ἐπιεικὲς ὁρᾷ, ὁ δὲ δικαστὴς τὸν νόμον, καὶ τούτου ἕνεκα διαιτητὴς εὑρέθη, ὅπως τὸ ἐπιεικὲς ἰσχύῃ.

Y [es propio de la equidad] soportar a quien comete una injusticia, preferir juzgarlo más de palabra que de hecho y desear someter [el caso] más a un arbitraje que a un juicio; pues el árbitro mira lo equitativo, mientras que el juez la ley, y a causa de esto se inventó el árbitro, a fin de que prevaleciese lo equitativo.

Lo primero que cabe destacar es que la expresión de Aristóteles de que los hombres equitativos prefieren "consentir en someter la cuestión a un arbitraje" indicaría que el filósofo tiene en mente la variante privada de la institución antes que la pública. Es muy probable que se refiera a ella en virtud de que, al tratarse de una decisión conjunta y voluntaria de las partes, se encarna con mayor fuerza la equidad y se la eleva a un nivel más alto que si fuese un arbitraje impuesto de forma compulsiva por la ley. Teniendo en mente este tipo de arbitraje, pasemos a indagar su conexión con la equidad y su caracterización de "más equitativo".

Los primeros pasos de nuestro trabajo interpretativo los marca Shanske (2008: 361-362), quien ofrece cuatro lecturas posibles sobre el pasaje en cuestión. En primer lugar, afirma que hay una relación directa con la costumbre que tomaban los litigantes atenienses, quienes preferían resolver el conflicto sin necesidad de ir a un tribunal de justicia.[27] En segundo lugar, sostiene que se puede ver una suerte de consejo acerca de cómo apelar al *êthos* del tribunal. Los atenienses se veían a sí mismos como una *pólis* que demostraba *epieíkeia*, de manera que la referencia a ella servía para colocar a los jueces en un cierto estado mental favorable al orador. Una tercera lectura es que Aristóteles destaca mediante la equidad un valor real asociado con la élite aristocrática que tendía a litigar en Atenas, a la cual el filósofo suscribiría. Según esta visión, el pasaje apelaría a una costumbre ligada con ese estrato social, respecto a la cual para el filósofo sería bueno que se utilice, dado su valor instrumental, y que sus estudiantes adscriban a ella y sean hombres de *epieíkeia*. Por último, se puede interpretar que Aristóteles, como suele suceder, parte de lo que ocurría en realidad en su comunidad, pero se mueve más allá, hacia la formulación de un análisis fi-

---

27 En igual sentido, Roebuck (2001: 178) en su interpretación del pasaje aristotélico afirma que "esto proporciona la mejor evidencia posible de las expectativas que un ciudadano ateniense podría tener del arbitraje en ese momento".

ARISTÓTELES, EL JUEZ Y LA EQUIDAD

losófico. En este sentido, frente a una noción tensa en el imaginario jurídico ateniense, que iba y venía desde el plano del derecho hacia el extrajurídico y viceversa,[28] el Estagirita trata de darle un lugar tanto en *Ética Nicomaquea* como en *Retórica* y fundamentarla en su explicación de la sabiduría práctica.

No existe entre todas estas lecturas una relación de exclusión; al contrario, pueden incluso complementarse entre sí. Sin embargo, si tenemos en cuenta el espíritu de Aristóteles de ofrecer una teorización antes que una descripción fiel de las instituciones, se puede decir que la cuarta es la que más peso tiene. Desde este enfoque, podemos plantear tres motivos que explicarían la caracterización aristotélica del arbitraje como más equitativo, los cuales van de la mano. En primer lugar, Aristóteles no desconoce que, si bien es importante atenerse a la ley y guiarse por lo que esta establece, hay situaciones en las cuales no es apta para regular algunos casos puntuales de la vida humana, y por eso los jueces, mediante su aplicación, correrían el riesgo de ir en contra de lo justo. Dicho desde otra perspectiva, los ciudadanos tienen el derecho de someter el caso ante un tribunal de justicia, pero ello puede generar consecuencias perjudiciales que a veces no son tan fáciles de evitar. Existe el peligro de que la celebración de un juicio se vuelva un instrumento de la injusticia, algo que no puede ser tolerado en una comunidad que tiene a la justicia como valor fundamental y estructurante de todo el derecho.

Entonces, la mejor forma de no someterse a los peligros de semejante proceso y la rigidez de la ley, y proteger incluso la institucionalidad del derecho mismo, es no pasar el caso bajo el entendimiento de un tribunal. Lo que hay que hacer es reemplazar a los jueces por árbitros, quienes tienen que confiar en su sentido de justicia absoluta[29] y resolver la contienda sin tener en cuenta las formalidades y el mandato que impone la ley dentro de una corte. Esto permitiría que el árbitro, con mucha más flexibilidad y con la posibilidad de concentrarse en la valoración de los hechos en concreto, identifique la justicia que brota del caso en un proceso de recomposición del conflicto que tiene especialmente en cuenta aquello que desean los involucrados. De este modo, entonces, el árbitro privilegia el interés propio de las partes, antes que el interés que aspira alcanzar una norma general contenida en una ley.

En segundo lugar, y sumamente relacionado con la primera razón dada, también en un arbitraje se puede tener en cuenta, como sugiere Aristóteles, la historia de vida de los individuos en conflicto: "no a cómo uno es ahora, sino a cómo uno era siempre o la mayoría de las veces" (μηδὲ ποῖός τις νῦν,

---

28 Ver capítulo II, sección 4.
29 *Cf.* Beever (2004: 47).

ἀλλὰ ποῖός τις ἦν ἀεὶ ἢ ὡς ἐπὶ τὸ πολύ).[30] Centrarse en el carácter del sujeto, no en un simple hecho aislado, sino en el patrón de sus acciones, puede ser un aspecto muy relevante en la búsqueda de una resolución equitativa. En un juicio no sería posible tal operación ni tampoco su dinámica mucho lo permitiría. En este espacio institucional, que mayormente resuelve problemas que surgen en las transacciones individuales, la determinación de lo justo tiene una lógica clara. Así, según el criterio de igualdad de la justicia correctiva, lo que importa es mirar la relación entre los bienes y/o daños que estén en juego; nada más. Veámoslo dicho por el propio Aristóteles en el pasaje 1132a2-6 de *Ética Nicomaquea*:

οὐδὲν γὰρ διαφέρει, εἰ ἐπιεικὴς φαῦλον ἀπεστέρησεν ἢ φαῦλος ἐπιεικῆ, οὐδ᾽ εἰ ἐμοίχευσεν ἐπιεικὴς ἢ φαῦλος· ἀλλὰ πρὸς τοῦ βλάβους τὴν διαφορὰν μόνον βλέπει ὁ νόμος, καὶ χρῆται ὡς ἴσοις, εἰ ὃ μὲν ἀδικεῖ ὃ δ᾽ ἀδικεῖται, καὶ εἰ ἔβλαψεν ὃ δὲ βέβλαπται.

No importa, en efecto, si el [hombre] bueno robó al malo o el malo al bueno, o si cometió adulterio el bueno o el malo, sino que la ley mira solo la naturaleza del daño[31] y trata [a ambas partes] como iguales, y [mira solo] si uno comete injusticia y otro la padece, y si uno causó daño y otro lo ha sufrido.

Desde el punto de vista de la equidad, tal proceso podría ser inadecuado. En efecto, como explica Sherman (1991: 21), "las circunstancias y los motivos pueden poner en entredicho no solo el carácter voluntario de una acción lesiva, sino también la razonabilidad de exigir que un transgresor, dados sus recursos y medios, pague la pena íntegra". Esto explicaría muy bien por qué Aristóteles, en la caracterización del hombre equitativo, enuncia que es quien sabe ceder, se aparta de la estricta justicia y su rigorismo, "aunque tenga a la ley como aliada" (καίπερ ἔχων τὸν νόμον βοηθόν).[32] A

---

30   *Rh.* 1374b15-16.

31   En realidad, la traducción de la expresión τοῦ βλάβους τὴν διαφορὰν sería "la diferencia del daño". El problema es que la expresión es poco clara. Así, siguiendo la traducción de Pallí Bonet & Calvo Martínez (2007) creemos que resulta mejor hablar de "naturaleza del daño", sobre todo para hacer hincapié en que a la ley solo le interesa la gravedad de la conducta desplegada.

32   *EN* 1138a1-2 y *MM* 1198b24-27. En *Ética Nicomaquea* hay un claro paralelismo con ese pasaje y el de 1136b20-21, en donde Aristóteles, en busca de una respuesta a si es posible que uno pueda cometer voluntariamente injusticia contra sí mismo, sostiene que tal acción es lo que "los hombres moderados parecen hacer, pues el [hombre] *epieikés* tiende a tomar de menos" (δοκοῦσιν οἱ μέτριοι ποιεῖν· ὁ γὰρ ἐπιεικὴς ἐλαττωτικός ἐστιν). El punto es que el filósofo rechaza la posibilidad de hacerse injusticia a uno mismo y no está muy clara, como bien advierte Guest (2017: 18-20), la forma de resolver la paradoja. Se podría decir, sin embargo, que las acciones equitativas aseguran el bien común, por lo cual "tomar menos" no es en realidad una pérdida, sino, al contrario, una ganancia.

diferencia de la persona que está dispuesta a exigir y elegir lo que merece con total exactitud, aquel subordina su ventaja inmediata a un bien mayor que repercute en su propio beneficio.

En tercer lugar, lo que pareciera suceder es que el arbitraje, de acuerdo con la interpretación ofrecida por Sucre (2013), promovería el valor de la *philía*,[33] la cual, como han reconocido varios autores, constituía un lazo afectivo fundamental en la cultura griega.[34] Vale aclarar, al respecto, que la *philía* no se reducía a una cuestión afectiva, sino que era un vínculo más fuerte. Así, Heath (1987: 73-74) explica que en la Grecia clásica era una obligación recíproca objetiva que no se cimentaba en una cuestión emocional; un *phílos* era un hombre obligado a ayudar a otro y a quien se podía acudir en caso de necesidad. En igual sentido, Goldhill (1986: 82) expresa que la categoría de *phílos* era utilizada para marcar no solo afecto, sino una serie compleja de obligaciones, deberes y reclamaciones. Veremos, en la próxima sección, que la caracterización de Aristóteles apunta hacia este lado y no se reduce a expresar una simple emoción o a una cuestión afectiva.

Dicho esto, y con miras a explicar el vínculo arbitraje/amistad señalado, conviene recordar como primera medida que el arbitraje privado es una institución que, como parte de su proceso, contempla un espacio para que los involucrados, bajo la autoridad del árbitro, puedan alcanzar una reconciliación; solo en caso de que las negociaciones fracasaran, aquel dictaba una resolución, pero antes de llegar a semejante extremo se esperaba poder arribar a un acuerdo pacífico. Esto muestra que había un especial interés por promover el diálogo para autocomponer pacíficamente el conflicto a través de la cooperación, la solidaridad y la búsqueda de la armonía social. La expresión que conservamos en las fuentes acerca de que el árbitro intentaba "conciliar [a las partes]" (διαλῦσαι)[35] exhibiría tal aspecto. Muy probablemente el proceso adquiría la forma de una mediación, en la que el árbitro ayudaba a los ciudadanos a encontrar puntos de consenso, a acomodar los intereses en pugna y a explorar arreglos que permitieran superar la disputa de una forma más productiva y amistosa.

La naturaleza del procedimiento del arbitraje ateniense y las reglas que gobernaban su desarrollo dan cuenta de semejante rasgo. En efecto, la institución se estructuraba en función de lo que Scafuro (1997: 131) denominó "la ideología de la amistad" (*the ideology of friendship*), la cual articulaba distintos ingredientes. Los árbitros solían ser amigos de las partes o un pariente de ellos. Se trataba de alguien *koinós*, esto es, "común" y que

---

33   Este vínculo, sin embargo, fue advertido con anterioridad por Georgiadis (1987: 168).

34   *Cf.* Konstan (1997 y 2006: 170).

35   Arist. *Ath.* 53.2.

expresara amistad no solo a favor de uno, sino de las dos partes de modo equitativo.[36] Esto muestra que el procedimiento prefería que decidiera la cuestión una persona con conocimiento íntimo de los litigantes y de sus disputas antes que alguien que podía ser imparcial.[37] Un árbitro privado debía ejercer con seriedad su rol, estar bien dispuesto con cada uno de los involucrados y ser equilibrado, evitando hacer interpretaciones sesgadas.

Un aspecto interesante de la ideología de la amistad que estructuraba la institución del arbitraje es la expresión ocasional de la compensación como si se tratara de un regalo (*dôron*). En una reconciliación, como advierte Scafuro (1997: 135), la entrega de un obsequio elimina la idea de la compensación como algo impuesto, indica un mayor espíritu de compromiso y muestra una sensibilidad del árbitro a los sentimientos del perdedor. Si el árbitro tuviera que emitir una decisión, ante el fracaso de un acuerdo entre las partes, adosar la entrega de un obsequio como parte del veredicto "podría señalar la sensibilidad a los sentimientos del 'perdedor' y, de hecho, podría representar un compromiso entre los miembros de un panel arbitral dividido equitativamente entre los representantes de ambas partes". Un buen árbitro privado o un grupo de árbitros debía elaborar una decisión en la que no hubiera ganadores ni perdedores,[38] y el empleo de aquel recurso sin duda era un elemento clave para lograrlo.

Todo ello permitía la rehabilitación del honor de uno mismo, lo cual podía ser tan importante como la restitución o compensación de lo que se pedía. También permitía dejar el pasado atrás. A tal fin, en el arbitraje se solía recurrir a una "cláusula de olvido". Demóstenes (59.46) nos ofrece un ejemplo de este punto. Así, respecto al conflicto entre Frinión y Estéfano, cuenta que los árbitros fijaron, entre otras cosas, que "durante el tiempo restante serían amigos entre sí y no guardarían rencor" (ἐκ τοῦ λοιποῦ χρόνου φίλους εἶναι ἀλλήλοις καὶ μὴ μνησικακεῖν). Bajo el mismo espíritu, en el arbitraje se establecían acuerdos de mantener buenas relaciones futuras entre los dos contendientes. Nuevamente, Demóstenes (36.15) ilustra ello en relación con Formión, a quien en el laudo arbitral se le impuso que "tuviese [a Apolodoro] como amigo antes que como enemigo en virtud de esto" (φίλον μᾶλλον ἔχειν τοῦτον ἢ διὰ ταῦτ᾽ ἐχθρὸν αὐτὸν εἶναι).

---

36   *Cf.* Roebuck (2001: 348).

37   Así, por ejemplo, ver Demóstenes (41.14).

38   *Cf.* Harris (2018: 219).

— 4 —
El arbitraje como espacio de una justicia "amigable"

El vínculo que hemos trazado entre el arbitraje y la amistad cobra un especial y muy significativo sentido si se considera la naturaleza de dicho bien y el lugar que tiene en el pensamiento ético de Aristóteles. No hace falta hacer un desarrollo exhaustivo de la teorización que realiza sobre la *philía* en los libros VIII y IX de *Ética Nicomaquea*, sino que resulta suficiente destacar, para nuestro propósito, algunos pocos rasgos. Así, en primer lugar, tengamos presente que para que exista *philía* es necesario que haya una buena disposición recíproca de los individuos[39] y que cada uno de ellos desee el bien del otro sin ignorar esto.[40] Esta relación de benevolencia recíproca asume distintas formas según cuáles sean las razones por las que se establece. Así, en correspondencia con el objeto susceptible de ser amado, ellas se reducen a tres: la utilidad (*khrésimos*), el placer (*hedýs*) y el bien (*agathós*). Dicho de otro modo, en el marco de un vínculo de amistad los amigos se aprecian por el provecho que obtienen de la relación, o porque la compañía les es placentera, o por la calidad de bueno del amigo. Esta última clase es la amistad perfecta (*téleios*), que se da entre los hombres buenos y semejantes en virtud.[41] Es la amistad más permanente y en la que se aprecia al amigo por lo que esencialmente es y no por lo que se obtiene de él, que es lo que se da en los otros dos tipos de amistades imperfectas y, en cuanto tales, de fácil disolución.[42]

En segundo término, nos interesa destacar que para Aristóteles la *philía* tiene una importancia crucial en la vida humana y es muy necesaria. Sin ir más lejos, en lo que respecta al hombre virtuoso, sería impensable con-

---

39 La reciprocidad como elemento esencial de la amistad, por cierto, tiene un fuerte paralelismo con su visión del hombre como animal social (*EN* 1097b11). De hecho, cuando Aristóteles (*EN* 1169b18-19) se pregunta acerca de si el hombre dichoso necesita o no de amigos, entre sus argumentos señala que "el hombre es, pues, un ser político y dispuesto por naturaleza a vivir con otros" (πολιτικὸν γὰρ ὁ ἄνθρωπος καὶ συζῆν πεφυκός).

40 *EN* 1156a9-10.

41 *EN* 1156b7-8, 1157a20 y 1158b7.

42 *EN* 1156a14-19. En estos dos tipos de amistad no se niega que exista, como sucede con la amistad completa, una voluntad genuina y desinteresada hacia los demás. Según Cooper (1977a: 629-634), lo que sucede es que hay una diferencia según la condición en la que se manifiesta dicha voluntad. En el caso de la amistad completa no hay condición alguna, pero en la amistad por utilidad o por placer los amigos muestran buena voluntad entre sí con la condición de que la amistad siga siendo útil o placentera. En este orden de ideas, los dos tipos de amistades imperfectas son una mezcla de altruismo y egoísmo: hay una buena voluntad, solo que ella se manifiesta en la medida que se cumplan ciertas condiciones.

cebir la felicidad sin ella. En efecto, si la felicidad es una actividad humana de acuerdo con la virtud a lo largo de una vida completa,[43] tal actividad no podría darse sin amigos.[44] Ellos son indispensables para que uno sea perseverante y constante en el desarrollo de un estilo de vida que apunte al crecimiento virtuoso. Todo se hace mejor con amigos y, además, al reflejarse uno en ellos, es posible tener un mayor entendimiento de las deficiencias del propio carácter y, por lo tanto, actuar con eficacia para remediarlo o mejorarlo.[45]

En tercer lugar, y desde un enfoque omniabarcador de las relaciones humanas, cabe decir que todo tipo de vínculo y toda comunidad, desde la familia hasta la comunidad perfecta, se sustentan en la *philía* de sus miembros, sea que entre ellos haya intereses homogéneos o heterogéneos (por ejemplo, uno actúa por placer y el otro por utilidad) y una situación de igualdad (entre ciudadanos) o de desigualdad (como el padre y el hijo). En el plano político, el Estagirita sostiene que la amistad mantiene unidas a las ciudades y que, por eso, los legisladores se empeñan arduamente en promoverla, incluso más que la justicia.[46] Ciertamente, la *philía* es una de las formas privilegiadas para pensar los vínculos que unían a los ciudadanos en el marco de la *pólis*. Ella es entendida como un modo adecuado de establecer la *homónoia*: la forma de vinculación especial entre aquellos que comparten los mismos valores y la ideología de la *pólis* en cuanto entidad perfectamente unida.[47] Tal es el valor de la amistad, que Aristóteles dice que cuando ella reina entre los hombres –refiriéndose a la amistad perfecta–,[48] no es necesaria la "justicia" (δικαιοσύνης) y, por el contrario, si ellos fueran "justos [aun así] necesitan de la amistad" (δίκαιοι [...] προσδέονται φιλίας).[49] Incluso, tan importante es que llega a catalogarla como "el mayor de los bienes para las ciudades" (μέγιστον [...] τῶν ἀγαθῶν ταῖς πόλεσιν).[50]

---

43 *EN* 1098a16-18.

44 Acerca de la argumentación ofrecida por Aristóteles sobre este punto, ver para más detalles el análisis de Kenny (1996: 43-55).

45 *Cf.* Pakaluk (2009: 481). La amistad proporcionaría medios adecuados para que alguien llegue a un conocimiento seguro de su propia vida y carácter. Así, según entiende Cooper (1977b: 299-300) respecto a este punto, la objetividad sobre nuestros amigos se alcanza con más seguridad que la objetividad directamente sobre nosotros mismos, pues es en el otro, en el "espejo de uno mismo", donde uno conoce la calidad objetiva de las propias acciones, el carácter y la propia vida.

46 *EN* 1155a22-28.

47 *Cf.* Jang (2018: 422).

48 *Cf.* Apostle (1975: 318) y Sinnot (2007: lxii).

49 *EN* 1155a27.

50 *Pol.* 1262b7-8.

En líneas generales, la *homónoia* expresa la "conformidad de sentimiento", el "pensar igual", la "unanimidad", la "concordia" o la "unión",[51] y se opone a la discordia como vicio destructor de la armonía cívica. Se trata del consenso absoluto en temas públicos, con plena cooperación en la búsqueda de los objetivos de la ciudad.[52] En el pensamiento de Aristóteles, la *homónoia* contiene una idea de reciprocidad que se sostiene sobre la base de la voluntad de querer lo mismo de manera común. Una ciudad que tiene concordia es aquella en la que sus ciudadanos tienen la misma forma de pensar sobre aquello que conviene a todos. Tal propiedad, vale aclarar, no opera de la misma manera en los diferentes tipos de regímenes políticos. Schollmeier (1994: 78-79) explica que en las constituciones rectas los gobernantes actúan esencialmente por el bien de los otros ciudadanos y, de modo accidental, por su propio bien. Hay, pues, un claro carácter altruista que guarda cierta semejanza con la amistad perfecta. En cambio, en las constituciones corruptas los gobernantes actúan accidentalmente por el bien de los demás y esencialmente por su propio bien. Se da en ellas, pues, una amistad egoísta basada en el provecho que se puede sacar del otro.[53]

La uniformidad de la *homónoia* se despliega en tres acciones: pensar, elegir y realizar lo que se ajusta al interés común. Esto no se puede dar de otro modo que mediante una disposición amistosa de los *polîtai*; de ahí que Aristóteles exprese que la *homónoia* es la "amistad política" (πολιτικὴ δὴ φιλία)[54] y aquella que, sobre tales bases, alcanza las cosas justas y convenientes. En relación con el valor de la *homónoia*, no es casual que en *Recuerdos de Sócrates* (4.4.16) de Jenofonte se destaque que es "el mayor bien para las ciudades" (μέγιστόν τε ἀγαθὸν [...] ταῖς πόλεσιν). Tampoco es extraño que Demócrito (DK B250) afirme que "desde la *homónoia* es posible para las ciudades llevar a cabo las grandes obras y las guerras; de otro modo, no" (ἀπὸ ὁμονοίης τὰ μεγάλα ἔργα καὶ ταῖς πόλεσι τούς πολέμους δυνατὸν κατεργάζεσθαι, ἄλλως δ᾽ οὔ).

El valor que le da Aristóteles a la *philía*, incluso por sobre la justicia, explica de algún modo la realización de la equidad, en su máxima expresión, en la institución del arbitraje. El arbitraje es el proceso de resolución de disputas que mejor materializa la amistad, y si bien la equidad, por ser

---

51   *Cf.* Liddell & Scott (1996), Bailly (2000) y Montanari (2018) s.v. ὁμόνοια.

52   *Cf.* Hahm (2009: 178).

53   Para poner un ejemplo del contraste que se da en materia de amistad entre un régimen recto y otro corrupto, se puede señalar el caso de la monarquía y de la tiranía. Así, Aristóteles (*EN* 1160b2-3) sostiene que mientras "el tirano mira lo que le conviene a él, el rey [mira] lo [que le conviene] a los gobernados" (ὁ μὲν γὰρ τύραννος τὸ αὑτῷ συμφέρον σκοπεῖ, ὁ δὲ βασιλεὺς τὸ τῶν ἀρχομένων).

54   *EN* 1167b2.

parte de la justicia, no es idéntica a la amistad, en razón de que es una justicia "amigable" se acerca mucho a la virtud superior de la *philía*.[55] Habría una oración que confirmaría de modo directo y expreso esta conexión entre *philía* y *epieíkeia*. Está contenida en el pasaje 1155a28, en el cual Aristóteles, tras decir que la amistad hace innecesaria la justicia, afirma: "y la justicia que es más justa parece pertenecer a la amistad" (καὶ τῶν δικαίων τὸ μάλιστα φιλικὸν εἶναι δοκεῖ).[56] Tiene razón Sinnot (2007: 284 n. 1531) acerca de que tal expresión es enigmática; sin embargo, se puede decir que muy probablemente Aristóteles se esté refiriendo a la equidad. Irwin (1999: 273) defiende esta posición y, así, entiende que la *epieíkeia* ilustra aquello que el filósofo tiene en mente.

La conexión directa entre amistad y equidad es lo que daría cuenta de la caracterización del arbitraje como "más equitativo". Ciertamente, el proceso del arbitraje ateniense, que como primera medida buscaba alcanzar una reconciliación, permitía que las partes pudieran comprenderse entre sí, alcanzar intereses en común y cooperar: comportarse como hombres de equidad. Este aspecto es fundamental, pues implica reconocer al otro como igual, como alguien con quien uno se identifica y al que, como tal, se le desee el bien. Se trata de dejar de lado las recriminaciones y de disponerse hacia el otro como a sí mismo: de verlo como un "otro yo" (ἄλλος αὐτός) al que, tras comprenderlo, se está dispuesto en afecto y buenos deseos como se está con uno mismo.[57]

Está claro que hablar del arbitraje como mecanismo amistoso de resolución de conflictos supone referirse a un espacio que permite a las partes hacerse amigos por la ventaja personal que implica solucionar la contienda, o quizá también por una cuestión de placer. Quienes se reconcilian asumen un acuerdo constituido por una decisión conjunta que apunta a cumplir un propósito común[58] que se ciñe a la superación del inconveniente que generó la disputa. No significa, y esto queremos remarcar, que se alcance una amistad perfecta. Semejante afirmación no tendría mucho sentido, pues quienes son verdaderos amigos no necesitan recurrir a arbitraje alguno; ni siquiera hace falta entre ellos, como vimos, la justicia. No hay que perder de vista que es muy difícil que se dé la amistad completa entre hombres, pues para ello deben ser buenos e iguales en virtud, lo cual es algo poco fre-

---

55 *Cf.* Sucre (2013).

56 En este caso puntual, se sigue la traducción de Irwin (1999).

57 *EN* 1166a30-34.

58 En tal sentido, Pakaluk (2009: 478) explica que algo tan simple como un acuerdo contractual fija un bien común: "si yo soy carpintero y tú eres agricultor, y tú y yo estamos de acuerdo en que te construiré un cobertizo a cambio de cien bushels de manzanas, esta coordinación acordada de nuestra acción es un bien común".

cuente en la vida en general. La gente común tiene un carácter que mezcla algunas cosas buenas y otras malas, y no cualifican para tal tipo de amistad. Sin embargo, esto no quita que se la tome como ideal que estructura las relaciones entre ciudadanos, aunque en su forma pura nunca se alcance. En tal sentido, como explica Cooper (1977a: 626-629), Aristóteles no hace de la amistad perfecta algo exclusivo de los hombres virtuosos; de lo contrario, la gente común estaría condenada a tener amistades de los otros dos tipos. En realidad, lo que sucede es que en la práctica hay muchas ocasiones en las cuales los individuos se aproximan de modo parcial a aquella clase de hombre y, en consecuencia, ello daría lugar a vínculos propios de la amistad perfecta. Si esto es correcto, entonces, se podría pensar que, en un proceso de reconciliación, las partes, aunque no sean virtuosas, puedan actuar como lo haría un hombre virtuoso: en circunstancias en que haya un buen trato mutuo, vivencias compartidas y un vínculo previo, no sería algo extraño que ello suceda. Situaciones de tal tipo, según Pakaluk (2009: 476), son reconocidas por el propio Aristóteles: así, por ejemplo, este ve que las personas que no son idealmente virtuosas suelen tratar a sus propios hijos de la misma manera que lo haría una persona virtuosa.[59]

Una vez que se advierte que la equidad guarda una relación de proximidad muy estrecha con la *philía*, como afirma Aristóteles en 1155a28, se entiende la expresión del filósofo de que es propio de la equidad que los litigantes resuelvan el conflicto en un arbitraje antes que en un juicio. En el marco de un litigio judicial frente a un tribunal de justicia no hay lugar para la amistad. En efecto, recurrir en un juicio a lo que determine la ley, tras ser interpretada y aplicada por el juez, puede ser justo; sin embargo, no es algo amistoso. No hay espacio para la reconciliación, y el juez debe sujetarse, como regla general, a la justicia legal, a los parámetros de racionalidad y moralidad fijados de antemano en el estándar de conducta normativo del *nómos*, lo cual a veces no es conveniente para alcanzar la mejor solución. En cambio, en el arbitraje, tanto el árbitro como las partes, al no estar sujetos a la ley, puede centrar toda su mirada al caso y determinar lo equitativo sin la mediación de una norma general.

— 5 —

Conclusiones

Hemos visto, a lo largo de este trabajo, las características del arbitraje en la antigua Grecia y también hemos llevado a cabo un ejercicio hermenéutico con el fin de desentrañar el sentido de la afirmación aristotélica de que

---

59   *EN* 1159a28-33.

es propio de la equidad someter un conflicto "a un arbitraje" (εἰς δίαιταν) antes que "a un juicio" (εἰς δίκην), y que "el árbitro mira lo equitativo" (ὁ γὰρ διαιτητὴς τὸ ἐπιεικὲς ὁρᾷ), mientras que el juez mira la "ley" (νόμον). En tal sentido, se ha intentado demostrar que la clave para comprender semejante afirmación está en la posibilidad que brinda la institución para encontrar lo justo que brota del caso dentro de un proceso que ofrece una estrategia de cohesión entre las partes y cuya dinámica se estructura con base en la amistad.

Si lo dicho en estas páginas es correcto, podemos avanzar, a modo de cierre, en la formulación de la diferencia entre la equidad en el campo de los tribunales de justicia y aquella que se da en el marco de un arbitraje. Así, se puede decir que, en el ámbito de la jurisdicción, la equidad es un criterio de interpretación del *nómos* que permite su rectificación para evitar en su aplicación una injusticia; en cambio, en el caso del arbitraje, lo que prima es la utilización de un dispositivo de resolución de las disputas entre particulares que, al estar libre de determinación legal previa, permite mirar con exclusividad el caso y sus circunstancias, y a partir de ahí y de los puntos que eventualmente puedan acordar las partes, alcanzar la equidad. Entonces, resulta muy importante destacar que el arbitraje, al contener dentro del proceso una instancia que promueve la reconciliación, deposita una fuerte confianza en los ciudadanos para que, comprendiéndose el uno con el otro, sean ellos mismos quienes resuelvan el conflicto. Bajo un dispositivo que privilegia la promoción de la amistad, los interesados no solo tienen la posibilidad de alcanzar un acuerdo mutuamente ventajoso, sino que además tienen la posibilidad de afianzar sus vínculos como buenos ciudadanos y hombres de equidad.

Vale señalar, sin embargo, que lo dicho en modo alguno significa, como dice Sucre (2013), que la equidad en el arbitraje se oponga a la ley. No hay antagonismo; solo se tratan de formas distintas en las que aquella se manifiesta, pero que tienen en común la realización de la justicia en el caso en concreto. Una, la equidad judicial, trabaja con lo universal y lo particular, y pone ambos planos en correspondencia; la otra, la equidad en el arbitraje, interviene pura y exclusivamente con lo particular. En este sentido, si el arbitraje permite focalizarse solo en los hechos, sus circunstancias especiales y las personas involucradas, esto explicaría, en cierta medida, por qué para Aristóteles tiene un gran valor: en este caso, la identificación de lo justo se puede hacer mejor y bajo la amistad, fuente privilegiada de eticidad que se muestra como un vínculo más fuerte que la justicia.

BIBLIOGRAFÍA

— 1 —
Bibliografía primaria

1.1. Ediciones de Aristóteles

Bywater, I. (ed.) (1988). *Aristotelis. Ethica Nicomachea*, Oxford: Clarendon Press.

Drossaart Lulofs, H. J. (ed.) (1965). *Aristotelis. De Generatione Animalium*, Oxford: Clarendon Press.

Gigon, O. (ed.) (1987). *Aristotelis Opera. Vol III: Librorum Deperditorum Fragmenta*, Berlín: de Gruyter.

Kassel, R. (ed.) (1976). *Aristotelis. Ars Rhetorica*, Berlín: de Gruyter.

Louis, P. (ed. & trad.) (1956). *Aristote. Les Parties des Animaux*, París: Les Belles Lettres.

Mathieu, G. & Haussoulier, B. (eds. & trads.) (1930). *Aristote. La Constitution d'Athènes*, París: Les Belles Lettres.

Ross, W. D. (ed.) (1936). *Aristotelis. Physica*, Oxford: Clarendon Press.

Ross, W. D. (ed.) (1956). *Aristotle. De Anima*, Oxford: Clarendon Press.

Ross, W. D. (ed.) (1957). *Aristotelis. Politica*, Oxford: Clarendon Press.

Ross, W. D. (ed.) (1958). *Aristotelis. Topica et Sophistici Elenchi*, Oxford: Clarendon Press.

Ross, W. D. (ed.) (1975). *Aristotle. Metaphysics*, 2 vols., Oxford: Clarendon Press.

Susemihl, F. (ed.) (1883). *Aristotelis. Magna Moralia*, Leipzig: Teubner.

Walzer, R. R. & Mingay, J. M. (eds.) (1991). *Aristotelis. Ethica Eudemia*, Oxford: Clarendon Press.

1.1.2. Ediciones comentadas, comentarios y traducciones modernas

Apostle, H. G. (trad.) (1975). *The Nicomachean Ethics*, Londres: Reidel.

Aubonnet, J. (ed. & trad.) (1960-1989). *Politique*, París: Les Belles Lettres.

Bien, G. (trad.). (1972). *Aristoteles. Nikomachische Ethik*, Hamburgo: Felix Meiner.

Calvo Martínez, J. L. (trad.) (2008). *Aristóteles. Ética Nicómaco*, Madrid: Alianza.

Castro Caeiro, A. (trad.) (2009). *Ética a Nicô-maco*, Lisboa: Quetzal Editores.

Chiron, P. (trad.) (2007). *Aristote. Rhétorique*, París: Flammarion.

Crisp, R. (trad.) (2004). *Nicomachean Ethics*, Cambridge: University Press.

Dirlmeier, F. (ed.) (1956). *Aristoteles. Nikomachische Ethik*, Berlín: Akademie Verlag.

Fermani, A. (ed. & trad.) (2008). *Aristotele. Le Tre Etiche*, Milán: Bompiani.

Frede, D. (trad.) (2020). *Nikomachische Ethik*, Berlín: de Gruyter.

García Gual, C. & Pérez Jimenez, A. (trads.) (2007). *Política. Aristóteles*, Madrid: Alianza.

Gauthier, R. A. & Jolif, J. Y. (coms.) (2002). *Aristote. L'Éthique à Nicomaque*, vol. 2, Louvain: Peeters.

Gigon, O. (trad.) (1972). *Aristoteles. Nikomachische Ethik*, Múnich: Deutscher Taschenbuch Verlag.

Granero, I. (trad.) (2007). *Aristóteles. El arte de la retórica*, Buenos Aires: Eudeba.

Grimaldi, W. (com.) (1980). *Rethoric I: A Commentary*, Nueva York: Fordham University Press.

Irwin, T. (trad.) (1999). *Nicomachean Ethics*, Indianápolis: Hackett.

Joachim, H. H. (com.) (1951). *Aristotle. The Nicomachean Ethics: A Commentary*, Oxford: University Press.

Kennedy, G. (trad.) (2007). *Aristotle. On Rhetoric: A Theory of Civic Discourse*, Oxford: University Press.

Livov, G. (trad.) (2015). *Aristóteles. Política*, Bernal: Prometeo/Universidad Nacional de Quilmes.

Newman, W. L. (ed. & com.) (1887-1902). *The Politics of Aristotle*, 4 vols., Oxford: Clarendon Press.

Pallí Bonet, J. & Calvo Martínez, T. (trads.) (2007). *Ética*, Madrid: Gredos.

Reeve, C. D. (trad.) (2014). *Aristotle. Nicomachean Ethics*, Indianápolis: Hackett.

Reeve, C. D. (trad.) (2018). *Aristotle. Rhetoric*, Cambridge: Hackett.

Robinson, R. (trad.) (1995). *Aristotle. Politics (Books III and IV)*, Oxford: Clarendon Press.

Ross, W. D. (trad.) (2009). *The Nicomachean Ethics*, Oxford: University Press.

Rowe, C. & Broadie, S. (trads.) (2002). *Aristotle. Nicomachean Ethics*, Oxford: University Press.

Santa Cruz, M. I. & Crespo, M. I. (trads.) (2007). *Aristóteles. Política*, Buenos Aires: Losada.

Simpson, P. (trad.) (2013). *The Eudemian Ethics of Aristotle*, New Brunswick: Transaction.

Simpson, P. (trad.) (2017). *The Great Ethics of Aristotle*, Nueva York: Routledge.

Sinnott, E. (trad.) (2007). *Aristóteles. Ética Nicomaquea*, Buenos Aires: Colihue.

Tricot, J. (trad.) (1959). *Aristote. Éthique a Nicomaque*, París: Vrin.

Wolf, U. (trad.) (2006). *Aristoteles. Nikomachische Ethik*, Reinbek: Rowohlt.

1.2. Ediciones y traducciones de otros autores griegos

Adams, C. D. (ed. & trad.) (1958). *The Speeches of Aeschines*, Cambridge: Harvard University Press (Loeb Classical Library).

Burnet, J. (ed.) (1905). *Respublica. Platonis Opera*, tomo IV, Oxford: Clarendon Press.

Burnet, J. (ed.) (1907). *Leges. Platonis Opera*, tomo V, Oxford: Clarendon Press.

Burtt, J. O. (ed. & trad.) (1962). *Minor Attic Orators II: Lycurgus, Dinarchus, Demades, Hyperides*, Londres: Heinemann (Loeb Classical Library).

Collard, C. & Cropp, M. (eds.) (2008). *Euripides. Fragments. Oedipus-Chrysippus, Other Fragments*, Cambridge: Harvard University Press (Loeb Classical Library).

Diels, H. & Kranz, W. (eds.) (1960). *Die Fragmente der Vorsokratiker*, 3 vols., Berlín: Weidmannsche Buchhandlung.

Dilts, M. R. (ed.) (2002-2009). *Demosthenis Orationes*, 4 vols., Oxford: University Press.

Forster, E. S. (ed. & trad.) (1927). *Isaeus*, Cambridge: Harvard University Press (Loeb Classical Library).

Fuhrmann, M. (ed.) (2010). *Anaximenes. Ars Rhetorica*, Berlín: de Gruyter.

Jaerisch, P. (ed.) (1987). *Xenophon. Erinnerungen an Sokrates*, Múnich: Artemis Verlag.

Jones, H. S. (ed.) (1898-1902). *Thucydidis Historiae*, 2 vols., Oxford: University Press.

Lamb, W. R. M. (ed. & trad.) (1967). *Lysias*, Londres: Heinemann (Loeb Classical Library).

Lloyd-Jones, H. & Wilson, N. G. (eds.) (1990). *Sophoclis Fabulae*, Oxford: Clarendon Press.

Maidment, J. K. (ed. & trad.) (1941). *Minor Attic Orators I: Antiphon & Andocides*, Cambridge: Harvard University Press (Loeb Classical Library).

Monro, D. B. & Allen, T. W. (eds.) (1902-1912). *Homeri Opera*, 5 vols., Oxford: Clarendon Press.

Murray, G. (ed.) (1902-1909). *Euripidis Fabulae*, 3 vols., Oxford: Clarendon Press.

Murray, G. (ed.) (1960). *Aeschyli. Septem Quae Supersunt Tragoediae*, Oxford: Clarendon Press.

Norlin, G. (ed. & trad.) (1954). *Isocrates*, 3 vols., Londres: Heinemann (Loeb Classical Library).

Perrin, B. (ed. & trad.) (1932). *Plutarch's Lives. Vol. III: Pericles and Fabius Maximus. Nicias and Crassus*, Londres: Heinemann (Loeb Classical Library).

Radt, S. (ed.) (1999). *Tragicorum Graecorum Fragmenta, Vol. IV: Sophocles*, Göttingen: Vandenhoeck & Ruprecht.

Rosén, H. B. (ed.) (1987-1997). *Herodoti historiae*, 2 vols., Leipzig: Teubner.

1.3. Ediciones y traducciones de textos latinos

Griffin, M. T. & Adkins, E. M. (eds.) (1991). *Cicero. On Duties*, Cambridge: University Press.

Barbado Viejo, F. (dir.) (1956). *Suma Teológica de Santo Tomás de Aquino*, edición bilingüe, 16 vols., Madrid: La Editorial Católica (Biblioteca de Autores Cristianos).

Spiazzi, R. (ed.) (1964). *Thomae Aquinatis. In Decem Libros Ethicorum Aristotelis ad Nicomachum Expositio*, Turín: Marietti.

— 2 —

Bibliografía secundaria

Alchourrón, C. & Bulygin, E. (2012). *Sistemas normativos*, Buenos Aires: Astrea.

Alexy, R. (2010). *Teoría de la argumentación jurídica*, Lima: Palestra.

Ambler, W. H. (1985). "Aristotle's Understanding of the Naturalness of the City", *The Review of Politics*, vol. 47, n.° 2, pp. 163-185.

Anagnostopoulos, G. (1994). *Aristotle on the Goals and Exactness of Ethics*, Berkeley: University of California Press.

Anscombe, G. E. M. (1981). "Thought and Action in Aristotle: What is 'Practical Truth'?", en *From Parmenides to Wittgenstein. Collected Philosophical Papers*, vol. 1, Oxford: Basil Blackwell, pp. 66-77.

Atienza, M. (2005). *Las razones del derecho. Teorías de la argumentación jurídica*, México: UNAM.

Atienza, M. (2013). *Curso de argumentación jurídica*, Madrid: Trotta.

Aubenque, P. (1999). *La prudencia en Aristóteles*, Barcelona: Crítica.

Austin, J. L. (1962). *How to do Things with Words*, Oxford: University Press.

Balot, R. (2015). "The Mixed Regime in Aristotles's Politics", en Lockwood, T. & Samaras, T. (eds.), *Aristotle's Politics. A Critical Guide*, Cambridge: University Press, pp. 103-122.

Baracchi, C. (2008). *Aristotle's Ethics as First Philosophy*, Nueva York: Cambridge University Press.

Barden, G. (1981). "Aristotle's Notion of Epieikeia", en Lamb, M. (ed.), *Creativity and Method*, Milwaukee: Marquette University Press, pp. 353-366.

Barker, E. (1959). *The Political Thought of Plato and Aristotle*, Nueva York: Dover.

Barnes, J. (1995). "Rhetoric and Poetics", en Barnes, J. (ed.), *The Cambridge Companion to Aristotle*, Cambridge: University Press, pp. 259-286.

Bates, C. A. (2003). *Aristotle's "Best Regime": Kingship, Democracy, and the Rule of Law*, Baton Rouge: Louisiana State University Press.

Bates, C. A. (2013). "Law and the Rule of Law and Its Place Relative to Politeia in Aristotle's Politics", en Huppes-Cluysenaer, L. & Coelho, N. M. (eds.), *Aristotle and the Philosophy of Law: Theory, Practice and Justice*, Dordrecht: Springer, pp. 59-75.

Beever, A. (2004). "Aristotle on Justice, Equity, and Law", *Legal Theory*, vol. 10, pp. 33-50.

Beiner, R. (2013). *Political Judgement*, Nueva York: Routledge.

Bertelloni, F. & Crespo, R. F. (2013). "Nota sobre la naturaleza 'política' de 'lo económico' para Aristóteles", *Philosophia*, vol. 73, pp. 103-110.

Berti, E. (1990). "Il metodo della filosofia practica", en Albertini, A. (ed.), *Studi sull'etica di Aristotele*, Nápoles: Bibliopolis, pp. 23-63.

Berti, E. (1998). *As razões de Aristóteles*, San Pablo: Loyola.

Berti, E. (2004). *Filosofia pratica*, Nápoles: Guida Editori.

Berti, E. (2012). *El pensamiento político de Aristóteles*, Madrid: Gredos.

Bertrand, J.-M. (2009). "À propos de la *Rhétorique* d'Aristote (I, 1373b 1-1374b 23),

analyse du processus judiciaire", *Cahiers du Centre Gustave Glotz*, vol. 20, pp. 7-27.

Bien, G. (1980). *Die Grundlegung der politischen Philosophie bei Aristoteles*, Múnich: Verlag Karl Alber.

Bobonich, C. (2015). "Aristotle, Political Decision Making and the Many", en Lockwood, T. & Samaras, T. (eds.), *Aristotle's Politics. A Critical Guide*, Cambridge: University Press, pp. 142-162.

Bodéüs, R. (1993). *The Political Dimensions of Aristotle's Ethics*, Nueva York: SUNY Press.

Bombelli, G. (2018). "Emotion and Rationality in Aristotle's Model: From Anthropology to Politics", en Huppes-Cluysenaer, L. & Coelho, N. M. (eds.), *Aristotle on Emotions in Law and Politics*, Dordrecht: Springer, pp. 53-89.

Bonner, R. J. (1916). "The Institution of Athenian Arbitrators", *Classical Philology*, vol. 11, n.° 2, pp. 191-195.

Brady, M. (2008). "The Irrationality of Recalcitrant Emotions", *Philosophical Studies*, vol. 145, pp. 413-430.

Brinton, A. (1988). "Pathos and the 'Appeal to Emotion': An Aristotelian Analysis", *History of Philosophy Quarterly*, vol. 5, n.° 3, pp. 207-219.

Brito, J. d. S. e. (2018). "Aristotle on Emotions in Ethics and in Criminal Justice", en Huppes-Cluysenaer, L. & Coelho, N. M. (eds.), *Aristotle on Emotions in Law and Politics*, Dordrecht: Springer, pp. 203-216.

Broadie, S. (1991). *Ethics with Aristotle*, Oxford: University Press.

Broadie, S. (2016). "Practical Truth in Aristotle", *American Catholic Philosophical Quarterly*, vol. 90, n.° 2, pp. 281-298.

Brown, L. (1997). "What is 'the Mean Relative to Us' in Aristotle's *Ethics*?", *Phronesis*, vol. 42, n.° 1, pp. 77-93.

Brunschwig, J. (1996). "Rule and Exception: On the Aristotelian Theory of Equity", en Frede, M. & Striker, G. (eds.), *Rationality in Greek Thought*, Oxford: University Press, pp. 115-155.

Buis, E. J. (2015). *La súplica de Eris: derecho internacional, discurso normativo y restricciones de la guerra en la antigua Grecia*, Buenos Aires: Eudeba.

Burns, T. (2011). *Aristotle and Natural Law Theory*, Londres: Continuum.

Cantarella, E. (1976). *Studi sull'omicidio in diritto greco e romano*, Milán: Giuffrè.

Cantarella, E. (1996). *Los suplicios capitales en Grecia y Roma*, Madrid: Akal.

Canto-Sperber, M. (2000). "Aristóteles", en Canto-Sperber, M. (dir.), *Filosofía griega: de Tales a Aristóteles*, Buenos Aires: Docencia, pp. 314-462.

Carawan, E. M. (1998). *Rhetoric and the Law of Draco*, Oxford: Clarendon Press.

Carey, C. (1994). "Rhetorical Means of Persuasion", en Worthington, I. (ed.), *Persuasion: Greek Rhetoric in Action*, Londres: Routledge, pp. 26-45.

Carey, C. (1996). "Nomos in Attic Rhetoric and Oratory", *The Journal of Hellenic Studies*, vol. 116, pp. 33-46.

Castoriadis, C. (1997). *El avance de la insignificancia*, Buenos Aires: Eudeba.

Chappell, T. (2009). "'Naturalism' in Aristotle's Political Philosophy", en Balot, R. (ed.), *A Companion to Greek and Roman Political Thought*, Oxford: Wiley-Blackwell, pp. 382-398.

Chroust, A.-H. (1942). "Aristotle's Conception of Equity (Epieikeia)", *Notre Dame Law Review*, vol. 18, n.° 2, pp. 119-128.

Chuska, J. (2000). *Aristotle's Best Regime. A Reading of Aristotle's Politics VII. 1-10*, Lanham: University Press of America.

Cleary, J. J. (2010). *Aristóteles. Acerca de los múltiples sentidos de prioridad*, Buenos Aires: Colihue.

Coelho, N. M. (2013). "Controversy and Practical Reason in Aristotle", en Huppes-Cluysenaer, L. & Coelho, N. M. (eds.), *Aristotle and the Philosophy of Law: Theory, Practice and Justice*, Dordrecht: Springer, pp. 87-108.

Cohen, D. (1995). *Law, Violence, and Community in Classical Athens*, Cambridge: University Press.

Cooper, J. M. (1977a). "Aristotle on the Forms of Friendship", *The Review of Metaphysics*, vol. 30, n.° 4, pp. 619-648.

Cooper, J. M. (1977b). "Friendship and the Good in Aristotle", *The Philosophical Review*, vol. 86, n.° 3, pp. 290-315.

Cooper, J. M. (1993). "Rhetoric, Dialectic, and the Passions", *Oxford Studies in Ancient Philosophy*, vol. 11, pp. 175-198.

Cooper, J. M. (1996). "An Aristotelian Theory of the Emotions", en Rorty, A. O. (ed.), *Essays on Aristotle's Rhetoric*, Berkeley: University of California Press, pp. 238-257.

Cooper, J. M. (1999). *Reason and Emotion: Essays on Ancient Moral Psychology and Ethical Theory*, Princeton: University Press.

Curren, R. R. (2000). *Aristotle on the Necessity of Public Education*, Lanham: Rowman & Littlefield.

D'Agostino, F. (1973). *Epieikeia: il tema dell'equità nell'antichità greca*, Milán: Giuffrè.

Davies, J. K. (1997). "The 'Origins of the Greek Polis': Where Should We Be Looking?", en Mitchell, L. G. & Rhodes, P. J. (eds.), *The Development of the Polis in Archaic Greece*, Londres: Routledge, pp. 25-38.

Destrée, P. (2015). "Aristotle on Improving Imperfect Cities", en Lockwood, T. & Samaras, T. (eds.), *Aristotle's Politics. A Critical Guide*, Cambridge: University Press, pp. 204-223.

Dow, J. (2007). "A Supposed Contradiction about Emotion-Arousal in Aristotle's Rhetoric", *Phronesis*, vol. 52, n.° 4, pp. 382-402.

Dow, J. (2011). "Aristotle's Theory of the Emotions: Emotions as Pleasures and Pains", en Pakaluk, M. & Pearson, G. (eds.), *Moral Psychology and Human Action in Aristotle*, Oxford: University Press, pp. 47-74.

Dow, J. (2015). *Passions and Persuasion in Aristotle's Rhetoric*, Oxford: University Press.

Duke, G. (2020). *Aristotle's Legal Theory: The Politics of Nomos*, Cambridge: University Press.

Dybikowski, J. C. (1995). "Is Aristotelian Eudaimonia Happiness?", en Irwin, T. (ed.), *Aristotle's Ethics*, Nueva York: Garland, pp. 111-126.

Echeñique, J. (2012). *Aristotle's Ethics and Moral Responsibility*, Cambridge: University Press.

Englard, I. (2009). *Corrective and Distributive Justice. From Aristotle to Modern Times*, Oxford: University Press.

Etcheverry, J. B. (2014). "Discrecionalidad judicial. Causas, naturaleza y límites", *Teoría y derecho: revista de pensamiento jurídico*, n.° 15, pp. 148-171.

Etcheverry, J. B. (2015). "Discrecionalidad judicial", *Enciclopedia de Filosofía y Teoría del Derecho*, pp. 1389-1418.

Fermani, A. (2018). "Per una giustizia dal 'volto umano'. Aristotele, l'equità e il modello del regolo di piombo", *Rivista di Filosofia Neo-Scolastica*, vol. 110, n.° 1-2, pp. 201-224.

Finnis, J. (2000). *Ley natural y derechos naturales*, Buenos Aires: Abeledo-Perrot.

Fossheim, H. (2011). "Justice in the Nicomachean Ethics Book V", en Miller, J. (ed.), *Aristotle's Nicomachean Ethics: A Critical Guide*, Cambridge: University Press, pp. 254-275.

Frank, J. (2006). "Aristotle on Constitutionalism and the Rule of Law", *Theoretical Inquiries in Law*, vol. 8, n.° 1, pp. 37-50.

Fuller, L. (1969). *The Morality of Law*, New Haven: Yale University Press.

Gadamer, H.-G. (2012 [1975]). *Verdad y método. Fundamentos de una hermenéutica filosófica*, Salamanca: Sígueme.

Gallego, J. (2009). *El campesinado en la Grecia Antigua. Una historia de la igualdad*, Buenos Aires: Eudeba.

García Marqués, A. (2017). "Tò tí ên eînai, tò tí esti, tò ón: su sentido y traducción", *Convivium*, n.° 29-30, pp. 49-77.

Gardner, J. (2000). "The Virtue of Justice and the Character of Law", *Current Legal Problems*, vol. 53, n.° 1, pp. 149-184.

Garver, E. (1994). *Aristotle's Rhetoric: An Art of Character*, Chicago: University Press.

Garver, E. (2011). *Aristotle's Politics: Living Well and Living Together*, Chicago: University Press.

Georgiadis, C. (1987). "Equitable and Equity in Aristotle", en Panagiotou, S. (ed.), *Justice, Law, and Method in Plato and Aristotle*, Edmonton: Academic Printing & Publishing, pp. 115-156.

Gernet, L. (1939). "L'institution des arbitres publics à Athènes", *Revue des Etudes Grecques*, vol. 52, n.° 246, pp. 389-414.

Gerson, L. P. (1987). "Aristotle's Polis: A Community of the Virtuous", en Cleary, J. J. & Wians, W. (eds.), *Proceedings of the Boston Area Colloquium in Ancient Philosophy*, Boston: University Press of America, pp. 203-225.

Gigante, M. (1956). *ΝΟΜΟΣ ΒΑΣΙΛΕΥΣ*, Nápoles: Edizioni Glaux.

Goldhill, S. (1986). *Reading Greek Tragedy*, Cambridge: University Press.

Gómez Lobo, A. (1996). "Exposición breve de la metafísica aristotélica", *Estudios Públicos*, n.° 62, pp. 309-327.

Grimaldi, W. (1972). *Studies in the Philosophy of Aristotle's Rhetoric*, Wiesbaden: Franz Steiner Verlag.

Guariglia, O. (1997). *La Ética en Aristóteles o la Moral de la Virtud*, Buenos Aires: Eudeba.

Guest, J. W. (2017). "Justice as Lawfulness and Equity as a Virtue in Aristotle's Nicomachean Ethics", *The Review of Politics*, vol. 79, n.° 1, pp. 1-22.

Guthrie, W. G. K. (1971). *The Sophists*, Cambridge: University Press.

Habermas, J. (2010). *Facticidad y validez*, Madrid: Trotta.

Hahm, D. E. (2009). "The Mixed Constitution in Greek Thought", en Balot, R. K. (ed.), *A Companion to Greek and Roman Political Thought*, Oxford: Wiley-Blackwell, pp. 178-198.

Hamburger, M. (1965). *Morals and Law: The Growth of Aristotle's Legal Theory*, Nueva York: Biblo & Tannen.

Hansen, M. H. (2013). *Reflection on Aristotle's Politics*, Copengahen: Museum Tusculanum Press.

Hardie, W. F. (1968). *Aristotle's Ethical Theory*, Oxford: Clarendon Press.

Harrell, H. (1936). *Public Arbitration in Athenian Law*, Columbia: University of Missouri.

Harris, E. M. (2006a). "The Rule of Law in Athenian Democracy: Reflections on the Judicial Oath", *Dike*, n.° 9, pp. 157-181.

Harris, E. M. (2006b). *Democracy and the Rule of Law in Classical Athens: Essays on Law, Society and Politics*, Cambridge: University Press.

Harris, E. M. (2013). *The Rule of Law in Action in Democratic Athens*, Oxford: University Press.

Harris, E. M. (2018). "Trials, Private Arbitration and Public Arbitration or the Background to [Arist.] Ath. Pol. 53,1-7", en Bearzot, C. *et al.* (eds.), *Athenaion Politeiai tra storia, politica, e sociologia: Aristotele e Pseudo-Senofonte*, Milán: LED Edizioni Universitarie, pp. 213-230.

Harrison, A. R. W. (1971). *The Law of Athens: Procedure*, Oxford: University Press.

Hart, H. (2009). *El concepto de derecho*, Buenos Aires: Abeledo-Perrot.

Havelock, E. A. (1983). *Dike. La nascita della coscienza*, Bari: Laterza.

Heath, M. (1987). *The Poetics of Greek Tragedy*, Stanford: University Press.

Heinimann, F. (1945). *Nomos und Physis. Herkunft und Bedeutung einer Antithese im griechischen Denken des 5. Jahrhunderts*, Basel: F. Reinhardt.

Hewitt, A. (2008). "Universal Justice and Epieikeia in Aristotle", *Polis: The Journal for Ancient Greek and Roman Political Thought*, n.° 25, pp. 115-130.

Hobbes, T. (2007 [1651]). *Leviatán: o la materia, forma y poder de una república eclesiástica y civil*, Buenos Aires: FCE.

Hobuss, J. (2010). "*Epieikeia* e particularismo na ética de Aristóteles", *Florianópolis*, vol. 9, n.° 2, pp. 163-174.

Horn, C. (2006). "*Epieikeia*: The Competence of the Perfectly Just Person in Aristotle", en Reis, B. (ed.), *The Virtuous Life in Greek Ethics*, Cambridge: University Press, pp. 142-166.

Huppes-Cluysenaer, L. (2018). "The Debate About Emotion in Law and Politics", en Huppes-Cluysenaer, L. & Coelho, N. M. (eds.), *Aristotle on Emotions in Law and Politics*, Dordrecht: Springer, pp. 3-10.

Hurri, S. (2013). "Justice *Kata Nomos* and Justice as *Epieikeia* (Legality and Equity)", en Huppes-Cluysenaer, L. & Coelho, N. M. (eds.), *Aristotle and the Philosophy of Law: Theory, Practice and Justice*, Dordrecht: Springer, pp. 149-161.

Irwin, T. (1988). *Aristotle's First Principles*, Oxford: Clarendon Press.

Irwin, T. (1996). "Ethics in the Rhetoric and in the Ethics", en Rorty, A. O. (ed.), *Essays on Aristotle's Rhetoric*, Berkeley: University of California Press, pp. 142-174.

Irwin, T. (2000). "Ethics as an Inexact Science: Aristotle's Ambition for Moral", en Hooker, B. & Little, M. (eds.), *Moral particularism*, Oxford: University Press, pp. 100-129.

Jang, M. (2018). "Aristotle's Political Friendship (politike philia) as Solidarity", en Huppes-Cluysenaer, L. & Coelho, N. M. (eds.), *Aristotle on Emotions in Law and Politics*, Dordrecht: Springer, pp. 417-433.

Johnstone, C. L. (1980). "An Aristotelian Trilogy: Ethics, Rhetoric, Politics, and the Search for Moral Truth", *Philosophy & Rhetoric*, vol. 13, n.° 1, pp. 1-24.

Johnstone, S. (1999). *Disputes and Democracy: The Consequences of Litigation in Ancient Athens*, Austin: University of Texas Press.

Jones, G. (2001). "Proper Judicial Activism", *Regent University Law Review*, vol. 14, n.° 1, pp. 141-180.

Jones, J. W. (1956). *The Law and Legal Theory of the Greeks*, Oxford: Clarendon Press.

Kalinowski, G. (1979). *El problema de la verdad en la moral y el derecho*, Buenos Aires: Eudeba.

Kantorowicz, H. (1965). "Las épocas de la ciencia del derecho", en Radbruch, G., *Introducción a la filosofía del derecho*, México: FCE.

Kapparis, K. A. (2019). *Athenian Law and Society*, Nueva York: Routledge.

Kennedy, D. (1997). *A Critique of Adjudication: fin de siècle*, Cambridge: Harvard University Press.

Kennedy, D. (2010). *Izquierda y derecho. Ensayos de teoría crítica jurídica*, Buenos Aires: Siglo XXI.

Kennedy, G. (1985). "Review of William A. Grimaldi, Aristotle, Rhetoric I: A Commentary", *American Journal of Philology*, vol. 106, n.° 1, pp. 131-133.

Kenny, A. (1979). *Aristotle's Theory of the Will*, Londres: Duckworth.

Kenny, A. (1996). *Aristotle on the Perfect Life*, Oxford: Clarendon Press.

Kerferd, G. B. (1981). *The Sophistic Movement*, Cambridge: University Press.

Keyt, D. (1987). "Three Fundamental Theorems in Aristotle's *Politics*", *Phronesis*, vol. 32, n.° 1, pp. 54-79.

Keyt, D. (1991). "Aristotle's Theory of Distributive Justice", en Keyt, D. & Miller, F. D. (eds.), *A Companion to Aristotle's Politics*, Oxford: Blackwell, pp. 238-278.

Khan, C. A. B. (2005). "Aristotle's Moral Expert: The *phronimos*", en Rasmussen, L. (ed.), *Ethics Expertise. Philosophy and Medicine*, vol 87, Springer: Dordrecht, pp. 39-53.

Kmiec, K. D. (2004). "The Origin and Current Meanings of Judicial Activism", *California Law Review*, vol. 92, n.° 5, pp. 1441-1478.

Knoll, M. (2017). "Aristóteles y el pensamiento político aristocrático", *Revista de filosofía*, vol. 73, pp. 87-106.

Könczöl, M. (2013). "Legality and Equity in the *Rethoric*: The Smooth Transition", en Huppes-Cluysenaer, L. & Coelho, N. M. (eds.), *Aristotle and the Philosophy of Law: Theory, Practice and Justice*, Dordrecht: Springer, pp. 171-201.

Konstan, D. (1997). *Friendship in the Classical World*, Cambridge: University Press.

Konstan, D. (2006). *The Emotions of the Ancient Greeks: Studies in Aristotle and Classical Literature*, Toronto: University Press.

Kraut, R. (2002). *Aristotle: Political Philosophy*, Oxford: University Press.

Kullmann, W. (1974). *Wissenschaft und Methode: Interpretationen zur aristotelischen Theorie der Naturwissenschaft*, Berlín: de Gruyter.

Kullmann, W. (1991). "Man as a Political Animal in Aristotle", en Keyt, D. & Miller, F. D. (eds.), *A Companion to Aristotle's Politics*, Oxford: Blackwell, pp. 94-117.

Lamas, F. A. (1991). *La Experiencia jurídica*, Buenos Aires: Instituto de Estudios Filosóficos Santo Tomás de Aquino.

Landemore, H. (2013). *Democratic Reason: Politics, Collective Intelligence, and the Rule of the Many*, Princeton: University Press.

Lanni, A. (2006). *Law and Justice in the Courts of Classical Athens*, Cambridge: University Press.

Lanni, A. (2017). "Las normas sociales en las cortes de un juicio ateniense", en Buis, E. (coord.), *Derecho griego antiguo, Revista Jurídica de Buenos Aires*, año 42, n.° 94, pp. 61-102.

Lazarus, R. S. (1991). "Cognition and Motivation", *American Psychologist*, vol. 46, pp. 352-367.

Leighton, S. R. (1982) "Aristotle and the Emotions", *Phronesis*, vol. 27, pp. 144-174.

Leighton, S. R. (2009). "Passions and Persuasion", en Anagnostopoulos, G. (ed.), *A Companion to Aristotle*, Oxford: Wiley-Blackwell, pp. 297-312.

Lell, H. M. (2017). "La equidad y la seguridad jurídica. El equilibrio como desafío a la ética judicial", *Lex Humana*, vol. 9, n.° 1, pp. 26-45.

Leyden, W. von (1985). *Aristotle on Equality and Justice: His Political Argument*, Nueva York: St. Martin's Press.

Lisi, F. (2000). "The Concept of Law in Aristotle's Politics", *Proceedings of the Boston Colloquium on Ancient Philosophy*, vol. 16, pp. 29-53.

Lloyd, G. (2008). *Aristóteles*, Buenos Aires: Prometeo.

Loomis, W. T. (1972). "The Nature of Premeditation in Athenian Homicide Law", *The Journal of Hellenic Studies*, vol. 92, pp. 86-95.

Losin, P. (1987). "Aristotle's Doctrine of the Mean", *History of Philosophy Quarterly*, vol. 4, n.° 3, pp. 329-341.

MacCormick, N. (2010). *Rhetoric and the Rule of Law: A Theory of Legal Reasoning*, Oxford: University Press.

MacDowell, D. M. (1999 [1963]). *Athenian Homicide Law in the Age of the Orators*, Manchester: University Press.

MacDowell, D. M. (1978). *The Law in Classical Athens*, Nueva York: Cornell University Press.

Maroney, T. A. (2018). "Judicial Emotion as Vice or Virtue: Perspectives Both Ancient and New", en Huppes-Cluysenaer, L. & Coelho, N. M. (eds.), *Aristotle on Emotions in Law and Politics*, Dordrecht: Springer, pp. 11-26.

Massini Correas, C. I. (1998). "La sistemática de la justicia en la filosofía de Aristóteles", *Persona y Derecho*, n.° 39, pp. 237-286.

Massini Correas, C. I. (2002). "La filosofía hermenéutica y la indisponibilidad del Derecho", *Persona y Derecho*, n.° 47, pp. 257-278.

Mayhew, R. (1997). "Part and Whole in Aristotle's Political Philosophy", *Journal of Ethics*, vol. 1, n.° 4, pp. 325-340.

McCormack, K. C. (2014). "Ethos, Pathos, and Logos: The Benefits of Aristotelian Rhetoric in the Courtroom", *Washington University Jurisprudence Review*, vol. 7, n.° 1, pp. 131-155.

McDowell, J. (1999 [1979]). "Virtue and Reason", en Sherman, N. (ed.), *Aristotle's Ethics. Critical Essays*, Lanham: Rowman & Littlefield Publishers Inc., pp. 121-143.

Michon, C. (2010). "L'epieikeia aristotélicienne comme correctif de la loi", *Annuaire de l'Institut Michel Villey*, vol. 2, pp. 33-49.

Miller, F. D. (1989). "Aristotle's Political Naturalism", *Apeiron: A Journal for Ancient Philosophy and Science*, vol. 22, n.° 4, pp. 195-218.

Miller, F. D. (1995). *Nature, Justice, and Rights in Aristotle's Politics*, Oxford: University Press.

Miller, F. D. (2013). "The Rule of Reason", en Deslauriers, M. & Destrée, P. (eds.), *The Cambridge Companion to Aristotle's Politics*, Cambridge: University Press, pp. 38-66.

Mirhady, D. C. (2007). "The Dikasts' Oath and the Question of Fact", en Sommerstein, A. & Fletcher, J. (eds.), *Horkos: The Oath in Greek Society*, Liverpool: University Press, pp. 48-59.

Montesquieu, C. L. de S. (1989 [1748]). *The Spirit of the Laws*, Cambridge: University Press.

Moore, M. (1985). "A Natural Law Theory of Interpretation", *Southern California Law Review*, vol. 58, n.° 1-2 , pp. 277-398.

Moreau, J. (1979). *Aristóteles y su escuela*, Buenos Aires: Eudeba.

Moss, J. (2012). *Aristotle on the Apparent Good: Perception, Phantasia, Thought, and Desire*, Oxford: University Press.

Mulgan, R. (1991). "Aristotle's Analysis of Oligarchy and Democracy", en Keyt, D. & Miller, F. D. (eds.), *Companion to Aristotle's Politics*, Oxford: Blackwell, pp. 307-322.

Natali, C. (2001). *The Wisdom of Aristotle*, Albany: SUNY Press.

Neu, J. (2000). *A Tear is an Intellectual Thing: The Meaning of Emotions*, Oxford: University Press.

Nino, C. (1997). *La Constitución de la democracia deliberativa*, Barcelona: Gedisa.

Nino, C. (2014). *Derecho, moral y política. Una revisión de la teoría general del Derecho*, Buenos Aires: Siglo XXI.

Nussbaum, M. & Rorty, A. O. (1995). *Essays on Aristotle's De Anima*, Oxford: Clarendon Press.

Nussbaum, M. (1990). "Aristotelian Social Democracy", en Douglass, R. B., Mara, G. M. & Richardson, H. S. (eds.), *Liberalism and the Good*, Nueva York: Routledge, pp. 203-252.

Nussbaum, M. (1993). "Equity and Mercy", *Philosophy & Public Affairs*, vol. 22, n.° 2, pp. 83-125.

Nussbaum, M. (1996). "Emotion in the Language of Judging", *St. John's Law Review*, vol. 70, n.°1, pp. 23-30.

Nussbaum, M. (2000). "Aristotle, Politics, and Human Capabilities: A Response to Antony, Arneson, Charlesworth, and Mulgan", *Ethics*, n.° 111, pp. 102-140.

Nussbaum, M. (2001a). *Ethics and Political Philosophy: Lecture and Colloquium in Münster 2000*, Münster: Lit Verlag, pp. 129-152.

Nussbaum, M. (2001b). *Upheavals of Thought: The Intelligence of Emotions*, Cambridge: University Press.

Nussbaum, M. (2004). *Hiding from Humanity: Disgust, Shame and the Law*, Princeton: University Press.

Nussbaum, M. (2012). *La terapia del deseo. Teoría y práctica en la ética helenística*, Barcelona: Paidós.

Oates, W. J. (1963). "Excursus: Evidence from the Rhetoric", en Oates, W. J. *Aristotle and the Problem of Value*, Princeton: University Press, pp. 335-351.

Ober, J. (1989). *Mass and Elite in Democratic Athens: Rhetoric, Ideology, and the Power of the People*, Princeton: University Press.

Olfert, C. M. M. (2014). "Aristotle's Conception of Practical Truth", *Journal of the History of Philosophy*, vol. 52, n.° 2, pp. 205-231.

Ostwald, M. (1986). *From Popular Sovereignty to the Sovereignty of Law: Law, Society and Politics in Fifth-Century Athens*, Berkeley: University of California Press.

Ottmann, H. (2001). *Geschichte des politischen Denkens*, vol. 1/2, Stuttgart: J. C. B. Metzler.

Owens, J. (1969). "The Grounds of Ethical Universality in Aristotle", *Man and World*, vol. 2, pp. 171-193.

Pakaluk, M. (2005). *Aristotle's Nicomachean Ethics: An introduction*, Cambridge: University Press.

Pakaluk, M. (2009). "The Nature and Goals of Rhetoric", Anagnostopoulos, G. (ed.), *The Blackwell Companion to Aristotle*, Oxford: Blackwell, pp. 471-482.

Pakaluk, M. (2010). "The Great Question of Practical Truth, and A Diminutive Answer", *Acta Philosophica*, n.° 19, pp. 145-160.

Pangle, T. (2013). *Aristotle's Teaching in the Politics*, Chicago: University Press.

Pellegrin, P. (2012). "Aristotle's Politics", en Shields, C. (ed.), *The Oxford Handbook of Aristotle*, Oxford: University Press, pp. 558-588.

Pepe, L. (2012). *PHONOS. L'omicidio da Draconte all'età degli oratori*, Milán: Giuffré.

Perelman, C. (1978). "L'usage et l'abus des notions confuses", *Logique et Analyse*, vol. 21, n.° 81, pp. 3-17.

Phillips, D. (2013). *The Law of Ancient Athens: Law and Society in the Ancient World*, Ann Arbor: University of Michigan Press.

Pinho, F. (2018). "On Logos, Pathos and Ethos in Judicial Argumentation", en Huppes-Cluysenaer, L. & Coelho, N. M. (eds.), *Aristotle on Emotions in Law and Politics*, Dordrecht: Springer, pp. 133-153.

Pohlenz, M. (1953). "Nomos und Physis", *Hermes*, vol. 81, n.° 4, pp. 418-438.

Popper, K. (2017). *La sociedad abierta y sus enemigos*, Barcelona: Paidós.

Poratti, A. R. (1992). "Arete y virtud", *Signos Universitarios*, vol. 11, n.° 21, pp. 79-100.

Price, A. W. (2006). "Acrasia and Self-Control", en Kraut, R. (ed.), *The Blackwell Guide to Aristotle's Nicomachean Ethics*, Oxford: Blackwell, pp. 234-254.

Price, A. W. (2009). "Emotions in Plato and Aristotle", en Goldie, P. (ed.), *The Oxford Handbook of Philosophy of Emotion*, Oxford: University Press, pp. 121-142.

Ralli, T. (2013). "Intellectual Excellences of the Judge", en Huppes-Cluysenaer, L. & Coelho, N. M. (eds.), *Aristotle and the Philosophy of Law: Theory, Practice and Justice*, Dordrecht: Springer, pp. 135-147.

Rapp, C. (2009). "The Nature and Goals of Rhetoric", en Anagnostopoulos, G. (ed.), *The Blackwell Companion to Aristotle*, Oxford: Blackwell, pp. 577-596.

Rapp, C. (2010). "Aristotle's Rhetoric", en Zalta, E. N. (ed.), *The Stanford Encyclopaedia of Philosophy*. Disponible en https://plato.stanford.edu/entries/aristotle-rhetoric/#4.2 (Consultado el 31 de mayo de 2021).

Rapp, C. (2018). "Dispassionate Judges Encountering Hotheaded Aristotelians", en Huppes-Cluysenaer, L. & Coelho, N. M. (eds.), *Aristotle on Emotions in Law and Politics*, Dordrecht: Springer, pp. 27-49.

Rapp, C. (2021). "Whose State? Whose Nature? How Aristotle's Polis Is 'Natural'", en Adamson, P. & Rapp, C. (eds.), *State and Nature. Studies in Ancient and Medieval Philosophy*, Berlín: de Gruyter, pp. 81-118.

Raz, J. (1972). "Legal Principles and the Limits of Law", *The Yale Law Journal*, vol. 81, n.° 5, pp. 823-854.

Raz, J. (1982). *La autoridad del derecho. Ensayos sobre derecho y moral*, México: UNAM.

Reale, G. (1999). *Guía de lectura de la "Metafísica" de Aristóteles*, Barcelona: Herder.

Reeve, C. D. (2009). "The Naturalness of the Polis in Aristotle", en Anagnostopoulos, G. (ed.), *A Companion to Aristotle*, Oxford: Wiley-Blackwell, pp. 512-525.

Ricoeur, P. (2003). *Sí mismo como otro*, México: FCE.

Rodríguez, J. L. (1999). "Lagunas axiológicas y relevancia normativa", *Doxa*, n.° 22, pp. 349-369.

Roebuck, D. (2001). *Ancient Greek Arbitration*, Oxford: Holo Books.

Romilly, J. de (2004 [1971]). *La ley en la Grecia clásica*, Buenos Aires: Biblos.

Romilly, J. de (1979). *La douceur dans la pensée grecque*, París: Les Belles Lettres.

Rorty, A. O. (2011). "Aristotle on the Virtues of Rhetoric", *The Review of Metaphysics*, vol. 64, n.° 4, pp. 715-733.

Rosen, F. (1975). "The Political Context of Aristotle's Categories of Justice", *Phronesis*, vol. 20, n.° 3, pp. 228-240.

Rosler, A. (2005). *Political Authority and Obligation in Aristotle*, Oxford: Clarendon Press.

Rossi, A. E. (2007). "Afianzar la justicia", *El Derecho*, tomo 223, pp. 849-852.

Rossi, A. E. (2008a). "Equidad *stricto sensu* y derecho natural", *El Derecho*, tomo 226, pp. 930-935.

Rossi, A. E. (2008b). "La virtud de la equidad. Sus dos vicios opuestos", *El Derecho*, tomo 229, pp. 925-930.

Ruíz-Gallardón, I. (2017). "La equidad: una justicia más justa", *Foro. Revista de Ciencias Jurídicas y Sociales*, vol. 20, n.° 2, pp. 173-191.

Sanders, E. (2016). "Persuasion through Emotions in Athenian Deliberative Oratory", en Sanders, E. & Johncock, M. (eds.), *Emotion and Persuasion in Classical Antiquity*, Stuttgart: Franz Steiner Verlag, pp. 57-73.

Scafuro, A. C. (1997). *The Forensic Stage: Settling Disputes in Graeco-Roman New Comedy*, Cambridge: University Press.

Schillinger, D. (2018). "Aristotle, Equity, and Democracy", *Polis: The Journal for Ancient Greek Political Thought*, n.° 35, pp. 333-355.

Schollmeier, P. (1989). "Aristotle on Practical Wisdom", *Zeitschrift für philosophische Forschung*, vol. 43, pp. 124-132.

Schollmeier, P. (1994). "Other Selves: Aristotle on Personal and Political Friendship", Albany: State University of New York Press.

Shanske, D. (2008). "Revitalizing Aristotle's Doctrine of Equity", *Journal of Law, Culture and the Humanities*, vol. 4, pp. 352-381.

Sherman, N. (1991). *The Fabric of Character: Aristotle's Theory of Virtue*, Oxford: Clarendon Press.

Shiner, R. (1994). "Aristotle's Theory of Equity", *Loyola of Los Angeles Law Review*, vol. 27, n.° 4, pp. 1245-1264.

Siegfried, W. (1942). *Der Rechtsgedanke bei Aristoteles*, Zúrich: Schultess.

Sigmund, P. E. (1971). *Natural Law in Political Thought*, Cambridge: Winthrop Publishers.

Soares, L. (2002). "El carácter 'por naturaleza' de la politicidad aristotélica", *Areté*, vol. 14, n.° 1, pp. 55-75.

Solomon, R. (1976). *The Passions: Emotions and the Meaning of Life*, Nueva York: Anchor Press/Doubleday.

Strauss, L. (1974). *Natural Right and History*, Chicago: University Press.

Stroud, R. S. (1968). *Drakon's Law on Homicide*, Berkeley: University of California Press.

Sucre, A. (2013). *Aristotle's Conception of Equity in Context* [Tesis de maestría, University of Missouri-St. Louis]. Disponible en https://irl.umsl.edu/thesis/201 (Consultado el 15 de agosto de 2021).

Tale, C. (2011). *La equidad o epiqueya (Concepto, criterios y aplicaciones)*, Córdoba: Trejo y Sanabria.

Thorp, J. (2021). "La sorpresiva explicación de Aristóteles sobre la justicia natural", *Circe, de clásicos y modernos*, vol. 25, n.° 2, pp. 105-121.

Todd, S. C. (1993). *The Shape of Athenian Law*, Oxford: University Press.

Todd, S. C. (1996). "Lysias against Nikomachos: The Fate of the Expert in Athenian Law", en Foxhall, L. & Lewis, A. D. E. (eds.), *Greek Law in its Political Setting: Justifications not Justice*, Oxford: Clarendon Press, pp. 101-131.

Trott, A. M. (2014). *Aristotle on the Nature of Community*, Cambridge: University Press.

Trude, P. (1955). *Der Begriff der Gerechtigkeit in der Aristotelischen Staatsphilosophie*, Berlín: de Gruyter.

Untersteiner, M. (1996). *I sofisti*, Milán: Bruno Mondadori.

Urmson, J. O. (1973). "Aristotle's Doctrine of the Mean", *American Philosophical Quarterly*, vol. 10, n.° 3, pp. 223-230.

Varela, L. E. (2014). *Filosofía práctica y prudencia. Lo universal y lo particular en la ética de Aristóteles*, Buenos Aires: Biblos.

Vecchio, G. del (1952). *La justicia*, Buenos Aires: Depalma.

Vega, J. (2011). "Aristóteles, el derecho positivo y el derecho natural", *Anuario de filosofía del derecho*, n.° 27, pp. 281-317.

Vega, J. (2013). "Legal Rules and Epieikeia in Aristotle. Post-positivism Rediscovered", en Huppes-Cluysenaer, L. & Coelho, N. M. (eds.), *Aristotle and the Philosophy of Law: Theory, Practice and Justice*, Dordrecht: Springer, pp. 171-201.

Vega, J. (2014a). "Reglas prácticas y equidad en Aristóteles", *Anuario de filosofía del derecho*, n.° 30, pp. 413-463.

Vega, J. (2014b). "La actualidad de la equidad de Aristóteles. Doce tesis antiformalistas sobre el derecho y la función judicial", *Cuadernos Electrónicos de Filosofía del Derecho*, Universidad de Valencia, n.° 29, pp. 113-144.

Vegetti, M. (2005). *La ética de los antiguos*, Madrid: Síntesis.

Vernengo, R. (1974). "Sobre algunas funciones de la equidad", *La Ley*, tomo 155, pp. 1200-1209.

Viano, C. (2018). "Ethical Theory and Judicial Practice: Passions and Crimes of Passion in Plato, Aristotle and Lysias", en Huppes-Cluysenaer, L. & Coelho, N. M. (eds.), *Aristotle on Emotions in Law and Politics*, Dordrecht: Springer, pp. 217-236.

Vigo, A. (2006). *Estudios aristotélicos*, Barañáin: EUNSA.

Villey, M. (1981). *El pensamiento jus-filosófico de Aristóteles y Tomás de Aquino*, Buenos Aires: Ghersi.

Volpi, F. (1999). "Rehabilitación de la filosofía práctica y neo-aristotelismo", *Anuario Filosófico de la Universidad de Navarra*, vol. 32, pp. 315-342.

Waldron, W. (1995). "The Wisdom of the Multitude: Some Reflections on Book 3, Chapter 11 of Aristotle's Politics", *Political Theory*, vol. 23, n.° 4, pp. 563-584.

Wardy, R. (1998). *The Birth of Rhetoric: Gorgias, Plato and their Successors*, Londres: Routledge.

Wiggins, D. (1997). "Incommensurability: Four Proposals", en Chang, R. (ed.), *Incommensurability, Incomparability, and Practical Reason*, Harvard: University Press, 1997, pp. 52-66.

Wisse, J. (1989). *Ethos and Pathos: from Aristotle to Cicero*, Amsterdam: Hakkert.

Woods, E. (1990) "Aristotle on Akrasia", en Albertini, A. (ed.), *Studi sull'etica di Aristotele*, Nápoles: Bibliopolis, pp. 227-261.

Wörner, M. H. (1990). *Das Ethische in der Rhetorik des Aristoteles*, Múnich: Verlag Karl Alber.

Yack, B. (1993). *The Problems of a Political Animal: Community, Justice, and Conflict in Aristotelian Political Thought*, Berkeley: University of California Press.

Zagal Arreguin, H. & Ramos-Umana, L. (2020). "Justicia o equidad: Aristóteles y la jurisprudencia", *Praxis Filosófica*, n.° 51, pp. 133-150.

Zahnd, E. G. (1996). "The Application of Universal Laws to Particular Cases: A Defense of Equity in Aristotelianism and Anglo-American Law", *Law and Contemporary Problems*, vol. 59, n.° 1, pp. 263-296.

Zambrano, P. (2009). "La interpretación jurídica como co-creación", *Problema. Anuario de Filosofía y Teoría del Derecho*, vol. 3, pp. 375-414.

— 3 —

Instrumenta studiorum

Bailly, A. (2000). *Dictionnaire Grec-Français*, París: Hachette.

Beekes, R. (2010). *Etymological Dictionary of Greek*, 2 vols., Leiden: Brill.

Benveniste, E. (1969). *Le vocabulaire des institutions indo-européennes*, tomo 2, París: Éditions de Minuit.

Chantraine, P. (1999). *Dictionnaire étymologique de la langue grecque. Histoire des mots*, París: Klincksieck.

Fernández Galiano, M. (1969). *La transcripción castellana de los nombres propios griegos*, Madrid: Sociedad Española de Estudios Clásicos.

Garner, B. (ed.) (2009). *Black's Law Dictionary*, St. Paul: West Group.

Höffe, O. (2005). *Aristoteles-Lexikon*, Stuttgart: Kröner.

Liddell, H. G. & Scott, R. (1996). *A Greek-English Lexicon*, Oxford: Clarendon Press.

Montanari, F. (2018). *The Brill Dictionary of Ancient Greek*, Leiden: Brill.

Pellegrin, P. (2007). *Dictionnaire Aristote*, París: Ellipses.

Smyth, H. W. (1984). *Greek Grammar*, Cambridge: Harvard University Press.

Wartelle, A. (1982). *Lexique de la "Rhétorique" d'Aristote*, París: Les Belles Lettres.